"国培计划"优秀成果出版工程·陕西系列

轻松突破作文瓶颈

构建范畴思想下的作文思维

李旭山 著

西南师范大学出版社

全国百佳图书出版单位　国家一级出版社

图书在版编目（CIP）数据

轻松突破作文瓶颈：构建范畴思想下的作文思维/
李旭山著 . —重庆：西南师范大学出版社，2017.1

ISBN 978-7-5621-8406-5

Ⅰ.①轻… Ⅱ.①李… Ⅲ.①作文课－中小学－教学
参考资料 Ⅳ.①G634.343

中国版本图书馆 CIP 数据核字（2016）第 284906 号

名师工程系列丛书

编委会主任：马　立　宋乃庆
总策划：周安平
策　划：李远毅　卢　旭　郑持军　郭德军

轻松突破作文瓶颈——构建范畴思想下的作文思维
李旭山　著

责任编辑：梁　丽　钟小族
特约编辑：祁篆萍
封面设计：天之赋设计室
出版发行：西南师范大学出版社
地址：重庆市北碚区天生路 1 号
邮编：400715　市场营销部电话：023-68868624
http://www.xscbs.com
经　销：新华书店
印　刷：重庆共创印务有限公司
开　本：720mm×1030mm　1/16
印　张：19
字　数：331 千字
版　次：2017 年 1 月　第 1 版
印　次：2017 年 1 月　第 1 次印刷
书　号：ISBN 978-7-5621-8406-5
定　价：35.00 元

序 言

范畴思想启思维，语文教育开新篇

追求学理的实践化和实践的学理化，是一个优秀教师的必备品格。但一段时间以来，由于各种原因，导致此种追求几近奢求。李旭山先生则是目前国内语文界能在实践与理论间自由往来的少数特级教师之一，他在诸多方面做出了可贵的探索，尤其在作文指导方面成绩卓著。

李旭山先生的《轻松突破作文瓶颈——构建范畴思想下的作文思维》，是一部既适合老师阅读，又适合学生阅读、学习的著作。著作的理论思考部分适合研究者和广大老师阅读，作文分类训练部分适合师生共同阅读。书中丰富的作文例题分析、精美的范文都能给广大读者带来各种启发。

一、这是一部极具开创性的语文教育专著，它开启了一个智慧的窗口。不仅反思了我们以往的思维的缺陷，而且还指出了修补这种缺陷的有效方法：运用范畴思想，将"一分为二"简单思维拓展为"一分为三"。例如，作者指出的重大项目提请批准的报告，应由目前通行的"必要性－可行性"两部分完善为"必要性－可行性－预测性"三部分，这不仅是思维的完善，也具有很强的实践指导意义，可以有效避免形象工程、政绩工程硬性上马。

在范畴思想下，对语文教材中经典作品的主题结构做了揭示。主题结构，是使作品主题分层逐步深化的整体结构。许多经典作品的主题结构深深隐藏于文章之中而不为人所知。一旦揭示出这些隐蔽的主题结构，我们就会对经典作品的鉴赏达到新的高度，如本著作中对《归去来兮辞》《赤壁赋》《再别康桥》《滕王阁序》《将进酒》《墙上的斑点》等经典主题结构的揭示，让人有醍醐灌顶、豁然开朗之感。

揭示主题结构既是阅读教学的核心任务，也是写作教学的核心任务。经典作品蕴含了无穷的表达智慧，主题结构是经典作品表达智慧最简洁的体现。学习经典有许多着眼点，学习主题结构具有很好的写作借鉴意义！

主题结构的谋划确定，是影响写作的最重要因素之一。

二、这是一部力图填补语文教学思维训练空白的著作。对于语文思维训练，不仅课堂教学严重缺乏，就连语文课程标准也没有给出具体的标准和训练要求，只是笼统地说语文课应该培养学生的思维。而本书旗帜鲜明地提出思维训练的具体任务和具体方法。更难能可贵的是，全书不是在技术层面来谈思维，而是在思想理念层面谈思维；不是在依靠现有的形式逻辑来训练思维，而是回到最基础的范畴层面训练思维。这种训练找到了中国学生最薄弱的地方，即找到了影响思维品质培养的原点。

这部著作对作文类型做了更符合教学规律的分类。这里没有按照题材来分类，也没有按照体裁来分类，而是按照文本的功能来分类，分为励志类作文、托物言志类作文、寓言哲理类作文、现象材料类作文、建议劝说类作文、过程描述类作文等。这样的分类既照顾了写作的需要，也反映了认知的规律。在功能角度下的作文分类，有助于进行对应的思维训练。彻底抛弃了将作文对象化的体裁划分法，将写作者的主体放在了极重要的地位，对写作的意图给予了实实在在的尊重。彻底抛弃了将作文思品化的题材划分法，将训练思维确定为语文的任务，而不是将对某种思想表达自己的态度当作语文的任务。

三、这是一部深入揭示语文基本属性的著作。作者着力为语文的工具性提供更大的空间。也就是说，语文的工具性最大的体现就是将"语用"由句子句群的层面推向文章的层面，如何审题立意、如何结构文章也是"语用"的重要内涵，摆脱了狭义的"语用"解释，摆脱了"语用"技术化的嫌疑。近年来，在语文教育界存在大量非语文现象：只讲思想不讲思维，只强调人文不强调工具，只顾开发教师的专长而不顾文本本身，只倾情于文化传统而不研究现代表达，只追求文以载道而不探索载道之文的古老智慧。这些偏离语文正道的做法亟需更有说服力的思想与方法来扭转。李旭山老师将思维训练作为教学核心任务，为我们展示了正确的思路。

四、这是一部对学生作文极具指导意义的著作。励志类作文、托物言志类作文、寓言哲理类作文、现象材料类作文、建议劝说类作文、过程描述类作文是近年来中考、高考中常见的作文类型。常见的作文书籍总在素材、技法和满分作文上下功夫，总是教给学生一些应试策略，其中也充斥者大量投机取巧的东西。其实，中国学生写作文不缺少素材，也不缺少技巧，缺少的是思维，缺少起码的思维品质。本书则从最基础的思维层面解

决学生的作文问题，既找到了病根也给出了良方。广大中学生如果阅读本书后按照本书思维训练的原则，借鉴各类作文思维范式进行写作训练，一定会使作文水平得到根本性提高。

　　愿更多的老师和学生能分享到这部著作的思想和智慧。

李华平

引　言

一、作文到底该怎么教?

这是个不该问的问题。因为每一位教师都有他对作文教学的独特理解和独特教法，文无定法，自然教也无定法；因为对学生写作影响最大的是阅读，而不是教师教给学生的技法，好作文不是教出来的。优秀的语文教师能让学生喜欢阅读、喜欢写作。如果学生能投身于大量的阅读和勤奋的写作，教师就可高枕无忧，不用愁学生写不出像样的文章；如果学生不喜欢阅读和写作，那教师也毫无办法，再急也无济于事。看来，优秀教师却是"不作为"的教师。

优秀作文教学中，教师真的无可作为吗?

教师要想有作为，就得搞清楚作文中什么靠自学最难掌握。

思想、思维、技法、语言是作文的四大体现。对于作文教学来说，最薄弱的环节是思维。思想情感虽说是作文最重要的体现，但它不是通过作文教学来形成的，作文教学只能通过阅读来对学生进行思想情感的熏染；技法，学生读得多了、写得多了自然就会形成符合自己个性的技法；语言，学生原本就有很强的自觉意识，阅读中最吸引学生的也是语言，学生自学效果最好的恰好也是语言；而思维的进步，远远比不上以上三个环节，自学难度最大，思维事实上已成为学生写作中最薄弱的环节。思维的质量决定了文章的质量，只有思维才能看出作者的智慧和水平。所以，思维训练才是当前作文教学最需要教师下功夫、最需要教师有所作为的。

当前思维训练存在的问题是什么?

我们似乎从来没有意识到思维在教学中的地位和意义，因为我们是诗歌和散文的国度，诗情自在无需思；因为我们是崇尚辩证的国度，自认为掌握了辩证思想就获得了应有的思维能力，辩证在手无需思。

我们有良好的形象思维的传统，尚直觉，重体悟，善类比。但是我们缺少抽象思维的基因，只在文以载道的写作目的上体现我们的理性精神，只在正反对比、一分为二的层面上来显示我们的抽象思维品质。

我们高喊创新思维的口号，却很不科学地把创新思维称为"发散思维"。在学生那里，因为缺少科学训练，创新思维虽然处在一种被肯定的地位，但也摆不脱自生自灭的命运；在教师那里，对创新思维也缺少引导规范的意识和能力，使得中学生作文思维水平的提高只能凭借学生自身的学习来实现。在教学范文选择上，也只能选择高考满分作文，至于高考满分作文中简单幼稚、华而不实的缺陷，则不能及时发现并加以纠正。学生自己选择的"新概念""创新作文"等大赛的文章，大多存在态度大于思考、表述过分标新立异、思想浅薄等问题，自然无法成为思维训练的样板。

二、如何突破思维训练的瓶颈？

学生经常用"媳妇、母亲都掉河里，到底先救谁"这个两难问题来取乐，认为这是一个无解难题。殊不知，这是一个将价值观和方法论混淆的游戏。今天情况紧急，必须首先从方法论上想对策：在保证全救活的前提下，先救最危险的或先救刚落水靠岸近的；若客观判断只能救活一个，那就先救容易救的那位。这时考验的是智慧和能力，而不是感情的轻与重。如果分离不出价值观与方法论这两个范畴，就会永远视这个问题为两难选择的典型例子。学生也经常嘲笑"白马非马"的论断，却并不明白"非"既可解为"不是"，也可解为"不属于"。不懂得从概念关系层面用范畴思想来思考问题，也会永远把公孙龙这位超级智者当成只会诡辩的无赖。我也经常让高一新生给"鞋子"分类，近十分钟时间学生都不能完成。分类偏小，类别交叉，大类遗忘，可能出现的错误都出现了，没有一届新生能很好地完成这个分类。连最熟悉不过的事物都不会分类，充分看出范畴思想的严重缺乏，充分看出范畴思维训练的重要。

我每一次问学生：孟子"民为贵，社稷次之，君为轻"中的"社稷次之"有什么意义？学生几乎都认为没什么意义，认为表述为"民为贵，君为轻"，态度立场更为鲜明；个别学生说这是因为孟子爱写排比句。我说：对，写排比是第一意义，排比形成了递进语势、磅礴之气、逻辑力量。第二意义是孟子把"社稷"放在了第二的位置，只有把"社稷"放在第二，"民"才能升为第一。这同所有统治者和文人的观点正好对立。如果"社稷"是第一，在"民"之上，"君"就会以"社稷"的名义来损害老百姓的利益，孟子的批判是何等的深刻，就是对今天也有警示意义。孟子在"民""君"这对对立范畴间加入了"社稷"，形成了对整个社会的透彻思考，而不只是对"民""君"对立关系的精辟议论。我把孟子的这种做法称作"一分为三"，它比老子的"一分为二"、孔子的"二合而一"又进了一大步。孟子的这种"一分为三"思维，在他的许多文章中都有体现，这点对我们的作文思维训练有很强的借鉴意义。所以我们的范畴思维训练不妨从"一分为三"开始。

三、形成范畴思想下作文思维训练体系

十几年来，我用分类来训练学生思维，但不够深入和系统。自从五年前重读康德开始，我自觉运用范畴分类思维，从学习孟子的"一分为三"开始进行作文思维训练，并将这些训练做了系统整理，形成了"范畴思想下作文思维训练"的系列讲座。数届学生作文教学的检验，几年"国培计划"骨干教师班讲座的交流，这个系列训练成效显著，深受广大师生欢迎，这坚定了我将"范畴思想下作文思维训练"整理成书的信心。最近我注意到，美国近年来从小学就开始训练孩子的排序思维，在排序思维基础上训练分类思维。假如这种分类由客观类别上升到主观认识下的内在类别，那么这种分类训练就是范畴思想的训练。这一来自大洋彼岸的相同做法更加坚定了我将"范畴思想下作文思维训练"整理成书的信心，而且提出范畴训练的理论主张，以"范畴思想"给我的系列讲座冠名。

作文教学中存在的思维问题，其实也是整个社会存在的问题，反映在日常思考与表达中，甚至也反映在国家教育指导思想的基本表述中。如《国家中长期教育改革和发展规划纲要（2010－2020年）》中关于课堂观"教师为主导，学生为主体"的粗糙表述，高中语文课程标准中关于语文性质"工具性和人文性的统一"的混搭表述，就是很好的证明。因此，我又对缺乏范畴思想的日常表现进行了分析，对缺乏范畴思想的上述两个表述进行了检讨，并提出了我的主张。因而本书在作文思维系列训练之前，加入了范畴思想的基本阐释和缺乏范畴思想的理论反思，并作为作文系列训练的理论支撑。

　　本书的读者，以中学语文教师为主，中学生读者则可以跳过理论阐释部分，直接阅读训练部分的内容。尽管我对本书投入了大量的精力，总结了我十年来的作文教学经验，但是仍免不了浅陋与错谬，希望能得到广大读者的批评指正。

目 录

第一章　范畴思想的基本意义及其理论反思

第二章　作文审题思维训练范畴探索

第一章
范畴思想的基本意义及其理论反思

　　范畴是反映事物本质属性和普遍联系的基本概念。范畴思想是一种分类思想。在分类学中，范畴是最高层次的类的统称。通俗来讲，范畴就是力求更概括、更有高度的分类。运用范畴思想，就是要对事物进行再分类、再分析，发掘我们未曾看到的事物属性，并将这些显性属性和发掘出来的隐性属性重新梳理，按照它们之间的内在联系，建立逻辑关系，最终形成对事物深刻全面而又清晰的认识。

第一节　范畴思想的基本意义及其运用中存在的问题

一、范畴思想的基本意义

范畴是反映事物本质属性和普遍联系的基本概念。在哲学中，范畴概念被用于对所有存在的最广义的分类。如时间、空间、数量、质量、关系等都是范畴。在分类学中，范畴是最高层次的类的统称。它既不同于学术界对于学问按照学科的分门别类，又有别于百科全书式的以自然和人类为中心的对知识的分类，范畴论是着眼于存在的本质区别的哲学分类系统。

范畴思想是一种分类思想。比如，我们把世界分为物质和精神，把世界存在的形式分为时间和空间，把事物存在的形式分为数量和质量。通俗地讲，范畴就是力求更概括、更有高度地分类。

范畴思想的运用，就是我们不满对事物的总体把握，不满事物的现成分类，对事物进行再分类、再分析，发掘我们未曾看到的事物属性，并将这些显性属性和发掘出来的隐性属性重新梳理，按照它们之间的内在联系，建立逻辑关系，最终形成对事物深刻、全面而又清晰的把握。如我们评价某事做得如何，就可用"目的评价—过程方法评价—效果结论评价"这样的模式，迅速做出判断分析。

因而，运用范畴思想分析事物，最重要的是主观性。在范畴化理论看来，所有客观事物都是不能独立于人的认知的，不但人类社会如此，自然存在的事物也不例外。因为在日常生活中，没有一成不变的范畴，范畴的构建取决于不同因素的影响。也就是说，某一客体到底属于哪一范畴，要根据具体情况而定。只要充分发挥我们的主观能动性，再简单的事物，只要我们不断去追问，再习以为常的地方也会出现疑问；只要我们不断打量，再不经意的地方也会发现新意。于是简单的事物也就不简单了，于是我们的认识就更进了一步。再复杂的事物，只要我们不断去归纳整理，就会使纷繁复杂变得清晰起来；只要我们不断去分析解剖，就会在总体归纳的基础上，实现重点突破、微观透视。

范畴的主观性主要体现在以下三个方面。

1. 认知主体的情感影响着范畴分类

客观世界中的范畴、特征、关系都是主观与客观世界互动的产物。认知是大脑对客观世界及其关系进行处理从而能动地认识世界的过程，是通过心智活动将对客观世界的经验进行组织，将其概念化、结构化的过程。因此，在范畴形成的过程中，认知主体的情感起着重要的作用。情感在思维活动中经常体现为关心、兴趣、注意力、挑战欲、执着、苦恼、迷茫、厌恶等情绪状态。不管是正面情绪还是负面情绪，都会影响我们的认知效果：喜悦会冲昏头脑，反感则会走向偏见、简单。所以我们应合理利用这些情绪，使自己的思维走向开阔和深刻，并且形成一种逻辑结构，最终形成新的认知成果。如对某一事物反感，那么马上应思考：反感的原因有哪些？其中哪个原因是根本原因？反感的影响有哪些？其中最严重的影响是什么？

2. 认知主体的视角影响着范畴分类

认知的视角不同，认知主体对相同客体的范畴化的结果就不同。这不单在于我们利用某一独特角度，而在于得到独特角度的灵感应该建立在范畴分类的基础上。没有由大类到小类的范畴划分，你就会失去灵感的基础和方向。苏轼的《题西林壁》："横看成岭侧成峰，远近高低各不同。不识庐山真面目，只缘身在此山中。"前两句是描写任何人都能捕捉到的庐山的不同形态的变化，在山中任何一个观察点，都能感受到庐山山色和气势的远近差异，在山中任何一个观察点，都能领略到从正面和从侧面看庐山山岭的大不相同，因而对庐山的认识、把握存在无穷的可能。当这些无穷可能大大依赖于客观特点和客观观察点时，人们就会希望摆脱对客观特点和客观观察点的依赖，跳出"此山中"，进行主观化的总结与归纳，最终形成几个大类角度，形成对庐山的完整认识。跳出"此山中"后，仍然需要从不同的角度来把握。山中、山外的差异，是小角度和大角度的差异、复杂角度和简单角度的差异。

3. 认知主体的认识影响着范畴分类

人的认知系统和认知能力，支配和制约着对客观事物内部特征的把握和对概念的提炼。范畴与客观世界之间的关系并不是机械的一一对应关系。换句话说，范畴并不是客观世界在认知主体大脑中的镜像，而是认知主体结合自己的经历和体验，在一定目的的指导下，通过抽象思维对已有认知模式进行的新的理解和解释。康德把范畴作为先天的理性，正是由于范畴的存在，我们才能够将经验转化为知识，并提出一个范畴体系。所谓先天的理性，就是强调范畴并不是客观世界本身的特点，而是人们认识客观世界的一种内在的分类能力，当然这不是说每个人与生俱来就会范畴法。这种内在的分类能力有两个特点：一个是藏于人的内心，因人而异；一个是通过学习训练才能真正获得。因此，训练范畴思想应该是人们学习的必要课程。

二、范畴思想运用中存在的问题

我们由于受庸俗辩证法的影响，错误地将属于思维起点的辩证法当作思维的终点，在范畴分类时犯简单化错误，对范畴思想的运用不自觉、不重视、不广泛、不深入，没有把范畴思想当作方法论来对待。所以，就有了下述几种表现：

第一，我们只重视一级范畴，而不重视甚至不知道二级、三级范畴。如我们清楚"内容"与"形式"这一对范畴，但对更具体的"内容"和"形式"中的二级、三级范畴并没有关注和探索；我们对"观点"与"材料"这一对范畴有较多关注，但对观点内部、材料内部的低级范畴关注不够，甚至没有关注；我们注意到了辩证思想中的"对立"与"统一"这一对范畴，但不能将"对立"和"统一"分别再进行范畴分析。

第二，我们习惯于用传统的二元范畴思考问题，而不习惯用多元范畴来思考问题。如我们习惯使用"目的"和"手段"这一对范畴，却不习惯使用"目的""手段""结果"这一组范畴；我们知道"必要性"与"可行性"是一对范畴，却不知道"必要性""可行性""预测性"是一组范畴；我们知道"现象"与"本质"是一对范畴，却不知道"现象""原因""影响"是一组范畴；我们知道"感性"与"理性"是一对范畴，却不知道"感性""知性""理性"是一组范畴。

第三，我们熟悉矛盾范畴的对立统一性，却不熟悉矛盾范畴的递进深化特点。如我们习惯使用"正反对比"来组织主张类议论文，却不习惯用"必要性""可行性""预测性"这一组范畴来论证自己的主张；我们习惯使用"顺境"与"逆境"这一对范畴来描述人的成长与发展,却不习惯用"顺境""进退不定""逆境"这一组范畴来描述完整的人生历程;我们习惯使用"悲伤"与"喜悦"这一对范畴,却不习惯使用"悲伤""忧愁""喜悦"这一组范畴递进分析人的情感;我们习惯使用"朋友"与"敌人"这一对范畴进行对比,却不习惯使用"朋友""路人""敌人"这一组范畴组织文章;我们习惯使用"激动"与"平静"这一对范畴描述人的情绪,而不习惯使用"激动""低沉""平静"的递进关系来描述人的情绪;我们习惯使用"浪漫主义"和"现实主义"这一对范畴来区别艺术表现形式,却不懂使用"浪漫主义""现实主义""自然主义"这一组范畴来区别艺术表现形式的差异;我们习惯使用"华丽"与"朴实"这一对矛盾范畴来评价语言,却不习惯使用"华丽""凝练""朴实"这一组递进关系来比较语言风格的多样性。

第四,我们习惯用"一对一"的范畴关系来思考问题,却不习惯用"一对多"的范畴关系来思考问题。如我们习惯把"坚强"与"脆弱"当作一对反义范畴,却不习惯把"坚强"与"怯懦""忧郁""自卑"等反义词分别建立起对立关系;我们习惯把"科学"与"迷信"当作一对反义范畴,却不知道"科学"和"技术"也属于反义范畴关系,更不知道"科学"与"宗教""艺术""哲学"能形成四个互补范畴;我们习惯把"迷信"的反义范畴当作"科学",却不知道"迷信"的反义概念还有"宗教";我们知道"实践"的对应范畴是"理论",却不知道"实践"还有一个对应范畴"活动"(如婴儿的无意识的动作行为);我们知道"实践"是"认识"的反义范畴,却不知道"体验"也是"认识"的反义范畴。

第五,我们重视范畴内的对立统一性,却忽略了范畴与范畴的关联性。如我们知道小说的"环境""人物""情节"是一组范畴,却不能将此与"小说主题""作者态度""叙述手法"这一组范畴对应起来,形成"环境与主题—人物与作者态度—情节与叙述手法"的新关系;我们重视"观点"和"材料"范畴的内部关系,却不能将其与"人生认识""人生体验"结合起来,而使文章失去了感染力;我们重视"长句"与"短句"这对结构范畴的对比与转换,却不能将此与"抒情"和"叙述"这对功能范畴进行对应发挥,形成"长句与抒情—短句与叙述"的新关联。

第六,我们重视概念的内涵,却不重视概念的外延间的范畴关联。如对待"文化"一词,我们要么笼统地说文化无所不包,是社会价值系统的总和，要么列举"文化"的外延——文字、语言、建筑、饮食、工具、技能、知识、习俗、艺术等，而很少对"文化"载体进行范畴分类，如文化实际上主要包含器物（物质文化）、制度（制度文化）、观念（精神文化）、习俗（心理结构）四个方面，也很少对文化功能与人的关系进行分类，如文化指生物在其发展过程中逐步积累起来的跟自身生活相关的知识或经验，是其适应自然或周围环境的体现，是其认识自身与其他生物的体现。

第七，我们重视观点与论据之间的关系，而不注重论据链条间的关系。如评价一个优秀人物，我们习惯从他的影响来评价，而不习惯从"经历""修养""追求""贡献"几个方面展开评价；我们对所做事情进行评价，也习惯从影响角度评价，而不习惯从"目标评价""过程评价""结果评价"展开；我们劝说别人去做某事，往往注重"认识"而忽略"认识""态度""做法"之间的关联，往往强调"重要性"而忽略对"必要性""可行性""预测性"的全面考虑；我们用伟人例子来进行人生教育时，习惯信手拈来数个名人以证明自己的观点，而不知道在这些名人间寻找差异来深化主题。

第八，我们重视线性推理，而不重视立体推理。我们习惯单一因果的演绎推理，而不习惯多因一果的归纳推理；我们习惯简单枚举归纳推理，而不习惯完全归纳推理、科学归纳推理；我们习惯单一相似对应的比喻思维，而不习惯将比喻思维升格为多点相似对应的类比思维；我们习惯单一目标下的单一思维法，而不习惯多重目标下的组合思维法（成对组合法、辐射组合法、形态分析组合法）；我们习惯对寓言哲理进行印证式推理，而不习惯对寓言哲理从接受、发挥、质疑方面进行全新的认识。

上述错误不仅出现在日常思维活动、日常教学中，甚至出现在《国家中长期教育改革和发展规划纲要（2010—2020年）》（以下简称《纲要》）、高中语文课程标准这些最高级别的教育改革的文件中。如《纲要》中将教师和学生的关系界定为"以学生为主体，以教师为主导"，高中语文课程标准将语文的性质界定为"工具性与人文性的统一"。这是两处最能反映教育改革新认识、教育改革新方向的地方，这些地方就是万人瞩目、万人重复的要害之处，然而就是这个需要反复推敲斟酌的地方，出现了一些违反范畴逻辑原则的错误。这些错误显示出中国教育改革还是一个缺乏科学思维的粗糙的改革，在需要进行深思熟虑表述的地方，却处理得非常随意，反映出中国教育改革只从教育现实弊端的反义来展示教育未来前景，还不能真正思考教育改革最本质、最内在的问题。

真正思考中国教育改革，就不得不修正违反范畴思想的思维方式，运用范畴思想来检查我们的表述，发现我们思考改革最重要的问题时的简单和随意。

下面我们就以"以学生为主体，以教师为主导"和"语文是工具性和人文性的统一"为例展开讨论，进而揭示范畴思想与教育改革的关系。

第二节　范畴思想下的师生观和教学观

"以教师为中心"的错误观念已被我们彻底抛弃，但"以学生为中心"的新观念并未随之生根。有人挖空心思证明"以学生为主体，以教师为主导"的科学性，有人干脆借用政治术语"民主"来显示"以学生为中心"时代的到来。但对新观念的急切表述往往存在着缺陷。

"以学生为主体，以教师为主导"的关系模式随着课改的深入，越来越显示出它只是一个改革模式，而不是成熟模式，所以我们应该在对话主义哲学思想指导下，将课堂中的师生关系确定为"师生互为主体"关系模式，让"师生互为主体""谁提问就谁主导"成为我们的师生观。

"语文民主课堂"的提法虽然很新，但更多的只是一种朴素的愿望和冲动，经不起严密的推敲。所以我们应唤醒和发掘学生学习语文的巨大需求，树立"因需施教""师生互为主体"的教学观。

一、师生互为主体的师生观

（一）对"以学生为主体，以教师为主导"的反思

"以学生为主体，以教师为主导"这一定位，不仅没有真正解决传统课堂"以教师为中心"的问题，而且无法处理教改后新课堂中的师生关系。实践证明，教师如果积极主导，就有重新回到传统老路上的危险；如果消极主导，教师就缺少和学生交流的热情。

实践中的这种尴尬，源于理论上的粗糙。改革历来是寻求实践的出路，而非寻求理论的科学完善。急于推进改革实践的理论，难免存在一些

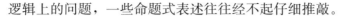

逻辑上的问题，一些命题式表述往往经不起仔细推敲。

"以学生为主体，以教师为主导"，从逻辑角度看，"主导"的对立概念是"跟从""响应"等，"主体"的对立概念是"客体""边缘"等，因而"主导—主体"的结合，显然是一种混搭，而且存在严重逻辑缺陷的混搭。假如这里的"主体"是"客体"的反义词，那么教师就成了课堂中的"客体"；假如这里的"主体"是"主体工程"里"主体"的意义，那么它的对立概念自然是"边缘""附属""附件"，看来教师真要成为附属了。

"主导"与"主体"这一不伦不类的混搭，弱化甚至排除了教师与学生之间相互倾诉与倾听、表现与欣赏的关系。在教师和知识面前，显然知识被看得重，是目的性的，教师被看得轻，是手段性的，只要学生会学，教师就可以不教。"支架式"教学模式，"'教'是为了'不教'"的新观念将教师逐出了交流的核心位置。这种功利主义倾向，使"以人为本"演化成了"以我为本"。"情境教学"也好，"抛锚式教学"也好，教师已由授予学生鱼、渔技转变成带学生来渔场了，学生一定会有兴趣也有机会捕到预料中或预料外的鱼虾，那教师也就可以躺在沙滩上晒太阳了。晒太阳的教师还有和学生交流的热情、交流的必要吗？把学生带到渔场，自己晒太阳的教师，还需要很高的学识水平吗？当教师被手段化时，知识也随之会被手段化，也就是除了"我"之外一切都是手段。

更为严重的是，明确了"谁在学"的主体地位，却模糊了这个"谁"的社会角色；强化了"如何学"，却弱化了在"如何学"之外"如何做人"；丰富了"如何学"的手段，却简化了"为什么学"的目的；学生接受了教师为他争取到的自主学习权利，却将这权利当作随意攻击教师的对抗权利。只要会学，不管为什么学，成了教师对学生的唯一期待；只要权利，不尽义务，成了学生对教育改革的最大期待。

因此，我们必须在理论上纠正"主导—主体"的混搭关系，建立新型的学生观和教师观：学生既与知识互为主体，又与教师互为主体，是平等对话中的二重主体。

（二）对师生互为主体的探索

1. 提问与解答间的互为主体

"谁提问就谁受益"，并不仅仅意味着"会叫唤的孩子多吃奶"，而且在于"叫唤"本身的意义，即"谁提问就谁主导"成了可能。大量隐性问题被学生托出水面，大量生成问题被学生充分利用，将"谁提问就谁主导"变成现实。连续几节课，就某一篇文章让学生整堂提问，针对学生的问题进行解答或组织讨论带来的巨大收获，在一定情境中会使学生成为课堂的主导，教师则成为解答、讨论的主体。

问题无法也没必要全部预设，真正有价值的问题，总是"意外"地产生于正在进行的课堂中。学生是生成问题的主体，生成的问题又主导着课堂，而课堂的质量往往决定于提问者能否主导课堂。

教师在教学设计中预留若干个隐性问题，积极鼓励学生在个性化阅读的前提下，能自己提出这些问题或其他问题；就教材或补充阅读，利用若干课时，让学生提问，教师组织解答、讨论。调查结果显示，在这样的课堂上，学生收获非常大。

作文教学，可以让学生提供题目和作文材料，然后规划学段作文教学任务；或者作文课堂讨论前，让学生将他们新组织的题目写在黑板上，由教师讲解或组织讨论；或者上课开始，现场征题，现场进行作文审题思维训练，突出生成特点，强化现场挑战感。

2. 辩论探索中的互为主体

积极鼓励反思与质疑，学生就会将自己的独特感受、个性化的思索、从其他渠道得来的认识当作挑战课堂预设观点的武器。教师就会和学生展开辩论，并把敢于与教师辩论的学生理解为表现最好的学生，会把这种师生对垒辩论的课堂理解为最佳课堂。师生间这种对练式教学关系，也就是互为主体的关系。教学相长的新步伐将就此开始。

因而，教师与学生平等辩论就成了教师最迫切的选择，也是最佳选择，就成了新课堂中讨论课的最高层次。平等辩论中的互为主体，不管是主动选择，还是逼出来的选择，它都将变成未来课堂的常态。

辩论中的回应质疑，才是真正积极的态度，才能和学生真正交流而不流于无原则的肯定；辩论中的回应质疑，才能使质疑碰撞出创造的火花，才能触动学生质疑的核心而不流于简单的否定。辩论中的回应，也事实上使课堂的辩论双方成为互为主体的关系。

3. 欣赏与创作中的互为主体

在赏析艺术作品时，欣赏者需要全方位地投入，需要个性化地解读，需要将作者当作共鸣的第一分享者。艺术作品赏析是再度创作的活动，无法用"主导与主体"的提法来衡量。当教师像赵忠祥一样深情诵读课文，像于丹一样精彩解读作品，像朱光潜一样细腻描述意境，像林庚说"木叶"一样讲述艺术现象，像余秋雨一样复原文化残片时，他难道不是彻底沉浸在艺术欣赏中的主体吗？教师难道要为了体现主导身份，而放弃这种一气呵成的完整鉴赏吗？假如是学生在完成上述艺术鉴赏，教师能主导得了吗？教师能随意打断吗？所以"谁鉴赏就谁是主体"就是情理之中的事情。

艺术创作，更无法用"主导与主体"的提法来衡量。所有的艺术创作都是个性化的过程。如果是教师在创作，也无法保证做到示范的作用，当教师为了示范而写作，那一定不会写出真正的好作品；如果是学生在创作，那教师无法主导，也不应该主导，只能是帮助学生实现他们的意图，是指导而不是主导。

学生独特的艺术感知方式和表达方式也许是与生俱来的，也许是艺术修养的综合体现，但不管是哪一种，都无法让外在的要求来主导。代沟形成的共鸣差异、趣味差异、话题差异，越来越使教师的主导出力不讨好。几乎所有的语文教师都承认，好作文不是教出来的，像福楼拜教莫泊桑写作那样的文学佳话是无法在中学课堂复制的。一个人如果成功"主导"了一群"主体"创作，那这些"主体"充其量也只是群众演员。因此，在艺术创作教学中，教师与学生是"指导与写作"的关系，而不是"主导与主体"的关系。

毕竟教育的本质是交流，毕竟教育需要真正的智慧交流，只有师生间的智慧交流，才能使中国教育成为真正的教育。

二、师生互为主导的教学观

（一）"语文民主课堂"的预警

"语文民主课堂"这一提法，借用了"民主"这个政治术语，其用意是与"专制"形成对立，以显示语文课堂的革命性变化。于是，"民主"在语文课堂中自然就有了两层含义：教师放权给学生，突出师生平等关系；让更多的学生获得发言权，变精英教育为大众教育。语文课堂走向民主无疑是对旧课堂师生关系的革命，然而这个民主却无法摆脱师生对立的格局，甚至在暗示对立的时时存在。看来民主难以消除师生之间的各种对立关系。

课堂中的民主，自然会落实到学生的参与权和决策权上。参与，就是加入到他人设定好的活动中。不管什么样的参与，似乎总在打别人的主意，而不是提出适合自己的任务，似乎总想在别人的锅里分一杯羹，不是自己另起炉灶，做合自己口味的饭。作为参与权的高级形式——决策权又到底能体现多少呢？如果是一个任务，有足够的时间慢慢来做，让学生参与到学习内容的选择决定和最后讨论的总结上来就有了可能。然而要打造高效课堂的今天，彻底阻断了这种可能。多任务、高强度、快节奏是当今课堂的常态，学生根本没有什么决策权，即使有那么一点点民主，也是"被民主"。

因此，我们必须从教学任务、教学内容开始就将选择权交给学生。

（二）对"因需施教"，"师生互为主体"的探索

在"以学生为本"的新理念下，如何满足学生特殊的教育需求？如何预知学生不断增长的求知欲？"因材施教"这一颠扑不破的原则，显得有些无能为力，既不能满足特殊需要，也不能预知新的求知欲，还逐渐暴露出教师为主的强烈色彩。因而"因需施教"就应该成为新课堂的重要原则，从出发点上尊重学生，教师真正扮演服务者的角色。

1. 准备课堂，变"要我学"为"我要学"

作为主体的学生，如果仍然是在主导者的导学下进入所谓的民主课堂，那学生的主体也是伪主体，还处于"要我学"的状态中。让"我要学"取代"要我学"，就是要激发学生的学习热情和真实需求，使之变成课堂的基本动力。只有这样，哪怕是应试教育的备考课堂，也能显示新课堂的全新意义，否则即使是素质教育下的非功利课堂，也会回到课改前的老路之中。要彻底实现这一转变，教师必须同时扮演激励者和答疑者两个角色。

我的最初尝试是通过"我最需要解决的问题"调查表来征集"因材施教"的教学要点。学生填写的内容是"最需要解决的问题""由谁来解决"两大块。"由谁来解决"又分为"自己解决"和"老师帮助解决"两部分。这一活动大大激发了学生自觉、主动学习的热情，大大突出了"我最需

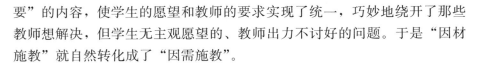

要"的内容，使学生的愿望和教师的要求实现了统一，巧妙地绕开了那些教师想解决，但学生无主观愿望的、教师出力不讨好的问题。于是"因材施教"就自然转化成了"因需施教"。

2. 启动课堂，变"教师提出问题"为"学生提出问题"

教师提问下的问题导引法、导学案法等这些目前流行的新教法，仍不能摆脱乐于预设的做法，仍不能体会与"意外"新问题"相遇"的喜悦。所以"因需施教"，首先得改变教师预设问题导引整个课堂的做法，让学生积极、主动地提出各种问题。

阅读教学中，追求个性化阅读并发现新的有价值的东西，以新问题的数量和层次来评价教学质量。新问题的不断发现与提出，正好能显示经典著作的魅力，正好能显示学无止境的意义，正好能激发学生不断发现的激情。于是，由解决问题向提出问题过渡就有了更强的动力。

在课堂中，我给学生留足提出隐性问题的时间，甚至连续几节课就某一篇文章让学生整堂提问，并针对学生的问题进行解答或组织讨论。这种由"教师提出问题"向"学生提出问题"的转变，使高质量的问题比比皆是。

如在教授《林教头风雪山神庙》的课堂上，学生问："林冲杀了陆谦、富安、差拨后，为什么还要把他们的头割下来放到庙里的供桌上？"如在教授《林黛玉进贾府》的课堂上，学生提出："贾母为什么没有在大门口迎接林黛玉？"再如，我在做《就英法联军远征中国给巴特勒上尉的信》文本解读及教学设计中预留了9个隐性问题，在我积极鼓励学生进行个性化阅读的前提下，学生能自己提出这些问题或其他问题。

3. 升级课堂，变"规定教学内容"为"学生提供教学内容"

教师在组织教学时，可对教材做必要的调整和取舍。最能反映学生需求的教学内容莫过于学生直接提供的内容和素材，因而我不仅大量吸收学生提供的内容和素材作为教材的补充，而且将学生提供的内容和素材编成教材。

我的作文教学以分类专题训练为主，每个类型用若干节课，主要有如下几种做法：第一种，在划定的某一类型作文范围内，学生提供题目和作文材料，然后规划并实施学段作文教学任务；第二种，作文课堂讨论前，学生将他们新讨论的题目写在黑板上，我到教室后讲解或组织讨论；第三种，上课开始现场征题，现场进行作文审题思维训练，课后才完成教案。第三种课型，由于生成特点突出，现场挑战感强，我被推荐上了若干次这种公开课。

如2010年在"全国中语会第六届西部行"活动中，我在外校借班上作文公开课——"现象类材料作文审题思维训练"。导语说完，学生就积极奉献题目"伪娘"，于是我就以"伪娘"为题，以"表现—原因—影响—建议"为结构展开了讨论。十几分钟后，学生又开始用这一模式对"偷菜"进行了评说。最后，我又让学生选择当年高考题中的作文进行了训练，进一步掌握这次训练的原则和精神。

"因需施教"原则下学生提供教学内容，不仅能满足学生的需求，激发学生的热情，而且能使课堂生成的价值最大化。

4. 深化课堂，变"学以致用"为"满足求知欲、挑战欲"

学生最大的需求是全面发展的需求，然而，主宰中国教育的实用主义大大限制着学生的天性，只考虑读书的"有用""有意义"，不考虑读书的"有意思"。在遭到新一轮"读书无用论"的冲击时，读书的"有用""有意义"就显得苍白无力，无法消除孩子的厌学情绪，无法减少偏远地区辍学孩子的数量。一味强调学以致用，是教育改革最大的潜在阻力，是戕害当代教育的功利主义恶魔。

我们注意到，当前对探究式学习提出了这样的要求：是否有利于整合旧知识？是否有利于学以致用？这就意味着人们在拷问探究式学习能否经得起当前实践和社会需要的检验，就意味着探究式学习能否最大限度地向基础教育靠拢，这是一种妥协，无形中给探究式学习增加了额外的衡量标准，让探究式学习向传统式教育屈服。其直接后果是，"学以致用"会排斥那些纯兴趣的、纯抽象的、纯理论的研究题目，否定那些目前无法证明其价值的研究。最终结果是，减弱了学生的探究热情，压制了学生求知探索的天性，再一次将教改拖回到实用主义潮流中。

因而，我们必须坚决反对学以致用的实用主义思想，防止来之不易的探究式学习滑向传统式教学。无条件地肯定发现意识、怀疑精神、求异习惯等学习品质，让它们成为学习的最基本动力源泉，让它们尽显人类面对宇宙大千世界时最美好、最可爱的天性。旗帜鲜明地用读书的"有意思"代替"有用""有意义"，消除孩子的厌学情绪、减少辍学孩子的数量，抵制功利主义恶魔对当代教育的戕害，维护教育的神圣。

我们要理直气壮地说："教育是人的目的，而不是人的手段。"学习是每个人永不停息的生命形式，知识与问题吸引学生向各自的方向探索前行，在功利之外、崇高之中，在恬静的心绪之下，陶冶情操，净化心灵，体验审美，提高境界。

师生互为主体、互为主导，不仅是理论的思考，也是实践无法回避的问题。

第三节　范畴思想下
语文性质的三个统一

一、确立"三个统一"，理清有关哲学关系

"三个统一"即"工具性和目的性（审美性）的统一""基础性和创造性（或应用性）的统一""科学性和人文性的统一"。我们只有深刻认识这"三个统一"，才能充分认识语文的特性，才能指导语文教学完整、全面地体现语文的功能。

（一）"三个统一"的六个基本概念

1. 工具性

语言是交流的工具，语文是服务者，是技能手段。通过语文学习，学生能够认识社会、认识人生。

2. 目的性（审美性）

学语文就是为了满足天性、陶冶情操、体验审美、提高境界。

3. 基础性

语文除了工具性的意义外，还为日后文章与文学的学习、研究及写作奠定基础。当然，基础性还和应用性形成对应范畴。

4. 创造性

语文教学要注重培养发现与创造的能力。在阅读中发现，在阅读中再

创作；激发写作热情，实现与众不同的创造。

5. 科学性

语文是一个科学的系统。语文教学要遵循语言思维逻辑，揭示文章的思维规律，进行科学思维训练，培养严谨治学的精神。

6. 人文性

语文教学要重视对人的关爱、对感性的尊重、对文学艺术的热爱、对人类文明史的关注。

（二）基本概念间呈互补关系，不能互为代表

1. 对立关系的概念不能互为代表

所谓"统一"，就是对立互补关系。工具性与目的性（审美性）、基础性与创造性（或应用性）、科学性与人文性，这三组概念各自间是典型的对立互补关系，不可分割，不可代替。

工具性，与生俱来；基础性，不能超越；科学性，不能违背。这三个概念，以客观理性为总体特征，侧重对语文学科对象的描述和界定。目的性，生命需求；创造性，力所能及；人文性，强调责任。这三个概念，以主观能动性为总体特征，侧重对语文学习者的要求。因而，工具性、基础性、科学性这三个概念和目的性、创造性、人文性这三个概念，总体上也呈对立互补关系。

2. 相近关系的概念不能互为代表

（1）工具性不能代表基础性和科学性。

既然工具性、基础性、科学性有共同的理性特征和描述对象的共同任务，那么工具性能不能代表基础性和科学性？不能，前者和后者之间仍然存在互补关系，不能互为代表或相互代替。

就概念来说，工具性重视的是操作与技术性，基础性和科学性则都着眼于对规律的揭示与把握，因而工具性是技术活动中要体现的，基础性和科学性是科学活动中要体现的，技术可以创造和改造，而科学不能创造和改造，只能发现。所以工具性不能代表基础性和科学性。

工具性更多指的是思维工具——语言的特性。

就思维流向来说，语言的工具性体现在人对自我的认识与把握上，由

灵魂（意识）到思想再到语言是一个逐渐明晰化的过程，由语言到思想再到灵魂（意识）则是一个逐步深入的过程。而基础性和科学性更多体现在对交流表达的研习上，它们关注的是语言由初级表达再到高级表达的过程。

就思维内容来说，语言的工具性往往更多针对感性内容。灵魂中有感悟认识、情感情绪、难以描述的感觉和潜在意识。思想是对灵魂中感悟的命题式总结，语言既要对命题进行描述，还要对感性内容进行传达。而基础性和科学性更多针对理性内容，研究的是成功范例和一般规则，体现的是语言的社会性功能。

就思维形式来说，语言的工具性体现着很强的归纳思维特征。灵魂是原汁原味的原生态，思想是对灵魂的模式化，语言是对思想的符号化。而基础性和科学性体现着更鲜明的演绎思维特征，总是从语言文章的一般规律出发，来指导语言的应用和创新。

（2）人文性不能代表目的性和创造性。

既然人文性、目的性、创造性有共同的感性特征，而且都针对学习者，那么，为什么人文性不能代表目的性和创造性呢？因为前者和后者之间同样存在互补关系，不能互为代表或相互代替。

人文性倒是能将目的性中审美的一部分内容加以概括，然而最具语文特点的目的性被代表了，语文就有可能不是"语文"，而成"文科"了，因为人文性是文科的总特征。

从价值的根本取向上看，人文性总体面向过去，目的性体验现时也更多指向未来；人文性往往只注重语言背后的事件，目的性还强调品味语言本身；人文性关注文科的总体特征，目的性则强调语文的本质属性。

从价值的实际功效来看，人文性总给人保守的暗示，目的性则总能摆脱束缚，放飞想象力；人文性因内容明确，因而要求读者、学生去接受，而目的性因内容模糊，则鼓励读者、学生去发现。

从读者主体性来看，面对艺术作品，人文性总提醒人"敬而远之"，读者似乎无法摆脱"看客"的身份，而目的性总吸引读者积极参与创作，读者往往是创作与再创作的主人。

从思想方法来看，人文性重视总结评价，目的性重视创新的体验；人文性重接受，目的性重发现、发挥。

人文性和创造性、应用性的差距就更大了，更无法代表它们，其理由本文不再赘述。

（三）"三个统一"之间呈哲学递进关系，不能互相代替

工具性和目的性（审美性）的统一，更能反映语言和文学这两个语文主要内容的本质属性：工具性规范着人的思维和想象，目的性（审美性）则可使人冲破规范，解放自由天性，因而语文是关于人的存在的学问。

基础性和创造性的统一，反映人的基本能力和人要改造的客观世界的关系，因而语文是关于人的发展的学问。

科学性和人文性的统一，是对客观与主观的平衡统筹，是对社会发展与文化遗产的互映，是对人类活动的鸟瞰，因而语文是关于人的反思的学问。

因此，"三个统一"不仅能全面反映语文的基本特征，也能从哲学高度来把握语文的基本性质。

二、运用"三个统一"纠正偏差，全面反映语文丰富内涵

（一）工具性参考下的目的性（审美性）

对工具性我们并不陌生，本文只用它的反义来寻找目的性（审美性）的意义。

语文除了工具性的"有用""有意义"等功利意义外，还有"有趣""有意思"等非功利意义。语文能使人在功利之外、崇高之中，在恬静的心绪之下，陶冶情操，净化心灵，体验审美，达到更高的境界。小到儿歌的优美旋律，大到古风律诗的磅礴气势、抑扬顿挫，小说情节的引人入胜，散文情怀的意蕴隽永，戏剧矛盾冲突的紧张激烈，无不作用于人天性的需求。短短的唐诗宋词让我们百读不厌，不断体验那意境传递出的无穷的审美意趣；鸿篇巨制的小说，让我们废寝忘食，掩卷后仍久久回味，一次次顺着主人公的故事和命运来完成自己的艺术想象与生命体验。猜谜语、对对联，激发我们的好奇心和创造欲；山歌对唱、民谣接龙，将创作与欣赏完美结合；主题朗诵、公开演讲，体验现场情绪，受到感染；清晨的公园、傍晚的河边，响起的琅琅书声，不只是关心家事、国事、天下事，它更有诵读者的忘情体验和自我陶醉；逢年过节、冬去春来，互发短

信早已不是简单的问候与联络，而成了创造语言和欣赏语言的分享形式；就连针砭时弊的辛辣段子，其批判的实用功能也大大弱化，那些被讽刺和被挖苦的对象竟然成了制作和传播的主力军，几乎所有的人都在这嬉笑怒骂中得到了本能的宣泄与释放。

（二）基础性对创造性的意义

基础性，在于语言交流的基本能力的培养，在于理论中枢指导价值，在于实践干细胞功能。

如我们不仅要知道小说三元素——环境、人物、情节，而且要清楚环境与主题、人物与作者的情感态度、情节与艺术手法的关系；不仅要知道散文的"形散而神不散"，而且要清楚形神关系总在托物言志、借景抒情、借古讽今、因事言理等手法中体现；不仅要知道诗歌的意境美，而且要清楚感觉、意象、语言的渐次"翻译"关系，感觉美、意象美、语言美这诗歌美的三个特点。

（三）科学性与人文性互相参考、补充

对人的关爱、对感性的尊重、对文学艺术的热爱、对人类文明史的关注，这些人文性的基本内容，目前在课标中不明确，在教材中不完整，在教学中不平衡，存在把人文性狭隘化为"文化性""历史性"的倾向，甚至有回到"政治性"的老路上的危险。阅读和写作中，情感方式、情感态度，艺术感觉、艺术修养，审美体验、审美个性，创作灵感、创作冲动，崇高追求、崇高释放，人道意识、人道情怀，这些人文性中的实质只有在科学性的参考下才能真正凸显出来。

其实，在科学性和人文性的互相参考下，语文教学中的许多问题都会变得清晰起来。二者在对比、参考中会有如下对应情况：理性与感性、客观性与主观性、分析与感悟、语法与语感、思维训练与艺术感觉培养、演绎归纳与类比象征、清晰与模糊、维护真理至上与致力于对人的关怀。

（四）科学性与思维训练

科学性主要体现在思维训练中，思维训练主要体现在作文训练中。用范畴思想对所涉概念论题进行考量分析，对纷繁的社会现象进行分类比照，对课堂本身进行科学的统筹，采用如社会评论类作文的"表现→原因

→影响→对策"，建议类作文的"必要性→可行性→预测性"，主张类作文的"主张→正反对比→结论"，寓言类评论作文的"接受寓意→发现新寓意→颠覆原寓意"，励志类作文的"主题拆分→人物拆分→时空拆分"，托物言志类作文的"喻体分析→本体分析→本喻相似分析"等思维模式，在教学实践中进行钻研和应用。

然而，这些行之有效的思维训练不能真正展开，其根源还是我们在理论上不承认语文思维训练的重要性。在整个高中语文课程标准里只字未提"科学性"和"思维训练"，无论课程设置还是教材编订，都没有给思维训练留下一席之地。似乎思维训练不属于语文学科的任务，而是政治学科的专利，似乎懂得唯物辩证法就意味着接受了思维训练。教师在教学实践中自然不会重视思维训练，教师也无法进行思维训练教学，甚至无能力进行思维训练教学。

因而，缺失科学性、不重视思维训练，是新课标的最大漏洞，是教学实践的最大空白。

三、坚守"三个统一"，预防大批判运动对语文性质的再次扭曲

历次语文教育大讨论，其主导思想都带有大批判的朴素冲动、大批判的简单逻辑、大批判的片面结论。语文大讨论催生的对语文课程性质的界定是一个头疼医头、脚疼医脚式的定义，是一个朴素冲动下违反逻辑规则的片面结论。这一结论的症结在于缺失了范畴思想，进而违反了对立统一规律。

以叶圣陶为代表的老一代教育家最初提出的工具性，有助于我们从缺乏实用性的文言中走出，从文以载道的贵族化束缚中走出，将语言和文字还与大众，使它在大众的日常工作、生活、学习中发挥广泛的作用，并且强调工具性，从某种程度上也抵御了新形势下政治对语文的侵扰。20世纪末，因为声讨应试教育，就将在考试中扮演主要角色的工具性当作罪魁祸首，对其大加批判，同时急不可耐地把批判者自认为语文中缺少的人文性当作语文反思的新成果加到对语文性质的描述中，并把这一成果迅速巩固到高中语文课程标准里，反映到新教材的编订中，体现在教学改革实践中。然而近年的实践证明，这场改革无论是课标、教材还是教学，都很明显地暴露出矫枉过正的倾向，而且这一倾向还在不断强化，如有"两会"

代表竟然连续几年提出"在义务教育阶段增加繁体字教育",这些倾向极有可能引发新的语文教育大讨论、大批判。

所以对语文性质的理解与界定,我们必须树立"三个统一"的思想,避免理论创新中缺啥补啥的简单做法,避免实践中从一个极端到另一个极端的来回震荡,防止社会舆论的情绪化冲动对语文教育改革的再次挟持。在工具性的参考下,体现语文不同于其他学科的本质特征;在科学性和人文性的相互参考下,弥补目前理论和实践中缺少思维训练的缺憾,纠正对人文性的理解偏差;突出基础性的意义,改变语文应用的无能和创造的乏力的状况。

同时我们也希望,今后的语文讨论能在严谨的学术语境中进行,遵守科学思维规律,摆脱行政干预,摆脱外行的聒噪,最起码避免在自己咬文嚼字时却犯语言文字的常识错误。但愿辛勤实践的语文教师,不要只做课程标准的学习者,还要做课程标准的完善者,放弃教条,尊重规律,固守良知,排除干扰,将语文教育改革引向深入。

第二章
作文审题思维训练范畴探索

　　思维训练已经成了语文教学的瓶颈。我们必须引入范畴思想来提高学生的思维品质，学生才能写出真正深刻的文章。依照文章功能的差异，我们将作文大致归纳为"励志类""托物言志类""寓言哲理类""社会现象类""建议主张类"和"过程描述类"等六类，通过列举大量的文题，展示范文、学生优秀作文、下水作文，让学生掌握范畴思想指导下的作文方法。

思维训练已经成了语文教学的瓶颈。缺少范畴思想和将范畴思想简单化的那些做法，对作文教学，对学生思维品质训练极为不利。要想摆脱这一不利局面，必须引入范畴思想来提高学生的思维品质，引导他们写出真正深刻的文章来。接下来我们将在分析思维教育现状基础上，结合中学考试作文来讨论范畴思想在作文教学中的运用。

我们的基本做法是，首先做好作文类型的划分工作，然后再根据各类型进行范畴讨论。具体方法是，对文题所涉问题进行分类，建立一级范畴模式，然后再进行二级分类，建立二级范畴模式，并找到最适合自己发挥的角度；还可对"二元范畴"进行多元转化，对矛盾范畴进行递进式转化，对"一对一"范畴进行"一对多"的训练，对范畴与范畴进行关联融合。在此基础上，将作文题目的审题立意、内容关联、基本结构进行范畴法拆分，以达到思想深刻、内容丰富、结构富有逻辑的效果。

本章的作文分类，既不以文体来分，也不以主题来分，而是以文章的基本功能来分，一来可以照顾学生日常作文训练及考试，二来可以避免文体分类太粗和主题分类太个别的缺陷。依照文章功能的差异，我们将作文大致归纳为"励志类""托物言志类""寓言哲理类""社会现象类""建议（劝说）主张类"和"过程描述类"。

本章将举出大量的文题案例。其中有相当一部分是中考或高考作文试题，这样做是为了靠近学生实际，便于发现学生的思维积习。其中也提供了相当一部分训练题，以弥补考试题的不足。

本章也将附上若干篇范文。这些范文都出自名家或新锐之手，能代表我们这个时代的智慧。我们放弃了选用中考、高考满分作文，其理由是满分作文绝大部分无法和真正的范文相比，不能做教学范文。但是我们也选择了一些非中考、高考的学生的优秀作文，从质量上看一点都不逊色于那些满分作文，起码在思维品质上远远高于满分作文。本章也附上了一些我和其他教师的下水作文，以示我对文题的体会与把握。

第一节　分类范畴化，朽木生奇葩

——励志类作文审题思维训练

励志类作文是常见的中学生作文题类型，涉及的都是励志、修身等人生教育的大主题。近年来，全国各地中考作文题励志类的比例最大，大约占总数的一半。全国各卷高考作文题励志类的数量也在增加，寓言哲理类作文独霸高考的局面被彻底打破。将认识世界转向关注自我，将思想认识转向情感态度和价值观，这种转向其实也是一种导向，体现了社会对年轻人的关怀和期待：在日益残酷的竞争现实下，年轻人踏入高校走向社会前要有足够的思想准备，以应对越来越难以适应的社会竞争，这就需要不断地自我磨炼、自我激励、自我塑造、自我引导。

与其他类型作文相比，励志类作文审题难度低，立意是题目直接赋予的，无须再加思考就能作文，题目里彰显的正确价值观是从小就被浸染过无数遍的永恒主题，今天只不过是自己亲口再说一遍而已。然而降低了审题难度，并不意味着就给写出高水平的文章扫清了障碍，事实上恰恰相反，它将所有作者都推向了简单化甚至幼稚化的边缘，励志类话题大都是些无须证明的公理，励志类的写作几乎都在重复。在写作实践中，要么行文空洞、简单例证，如用一些尽人皆知的名人励志故事来"充实"文章；要么对励志题目产生厌恶、反感的情绪，认为写这类文章就是讲真理级别的废话，或废话级别的真理。

我曾有几次在外校上作文公开课，让学生推荐最不喜欢的题来现场展开讨论，无一例外，被学生推荐的最讨厌的题目都是励志类题目。

由此看出，励志类作文反映的问题，不单单影响着作文，也影响着做人，所以我们必须彻底解决这一问题。

近年来，我与易朝芳老师合作，摸索出的经验是，运用范畴分类思想来对作文题目所涉及的主题、人物和时空进行审题分类拆分，或对话题进行其他的范畴分类，在范畴分类的基础上展开作文，可以使文章既有实在的内容，又有深入的思考和清晰的逻辑，彻底摆脱励志类作文陷入的困境。

励志类作文的范畴分类原则：第一，拆分后力求形成并列互补或递进互补关系；第二，拆分角度宜大类优先，追求大类穷尽。

一、主题的范畴分类训练

主题的范畴分类，是将题目主题进行拆分或对话题对象进行拆分。这种拆分，需综合运用分析和归纳两类相反的思维形式，在审题训练时，不断变化分类角度，不断突破常规思维，不断逼近问题的实质，因而一方面，它的难度很大，需有良好的范畴思维习惯；另一方面，一旦分类拆分成功，会使文章进入一个全新的境界。所以加强这种训练，可以让文章内容丰富、结构完整，而且对学生思维品质的提高意义深远。

（一）考题分析

1. 2016 年中考上海卷"没想到，真没想到"的主题拆分

从事物结构角度拆分为递进式：

> 没想到这事竟然会出现
>
> 没想到其过程竟然这样
>
> 没想到其结局竟然这样

作为一篇典型的记叙文，不能满足于说某件事情整体上的"没想到"，而要写出"出乎预料，产生期待，期待又每每落空"的记叙文效果。然而作为考场作文，写出这样的曲折甚至离奇着实不易，因而我们借用记叙文的开端、发展、结局的结构范畴讲述"没想到"，就会在几个关键节点充分体现。

2. 2016 中考山东威海卷"沉淀"的主题拆分

递进互补式：

> 智慧沉淀为习惯
>
> 勤奋沉淀为自然
>
> 顽强沉淀为平常

"沉淀"很难构思出一篇适合中考的完整记叙文，因而我们补出"沉淀"的不同主语，形成一个并列式的结构。结晶成长中的美好品质，是我们容易捕捉的主题。成长中的美好品质，还要形成递进或互补的关系，才能使全文思想较为统一，因而我们选择"智慧""勤奋""顽强"，使开始的并列设想提升到递进互补的层次。假如在这组关系中出现"诚信"这样的小主题，就破坏了文章的递进互补逻辑。

"沉淀"反映出不浮游、不翻腾这样的平静自然之常态，因而我们将"智慧""勤奋""顽强"的沉淀指向了"习惯""自然""平常"。

3. 2015 年中考北京卷"对话"的主题拆分

（1）递进式：

> 化解矛盾
>
> 增进了解
>
> 加强合作

（2）并列式：

碰撞智慧

开阔眼界

审视自我

这个主题学生容易写成故事性的文章。作为考场作文，我们一般建议选择更好驾驭、更能出彩的议论性或抒情性文章。不管选什么文体，在写之前要充分审题，首先想到"对话"的功能。想到一个功能就急于下笔是学生常见的情况，这样容易造成视野狭窄，容易错失更能写好的角度。因此，在审题时应将"对话"的主要功能加以穷尽，形成一个或递进或互补的关系，然后再将这个递进或互补的结构当作文章的主题结构来展开文章，或者在"化解矛盾""增进了解""加强合作"中选择自己最能发挥的一个主题展开写作。

4.2013年中考陕西卷"热情，让青春灿烂"的主题拆分

学习的热情，让青春灿烂

研究的热情，让青春灿烂

社会实践的热情，让青春灿烂

这个主题也容易写成一个故事或名人例子集锦。学生在考场中一般首选最先获得的立意和设想，就急于动笔完成作文，因为本题给学生的印象是没有什么审题难度，"热情，让青春灿烂"主谓式表述相当清楚，没有任何费解的地方，写作时只要给"热情"安排个"主人"就成，于是"我的故事"或"同学的故事"或"某名人的故事"很自然地就倾泻在试卷上。其结果是绝大部分学生写得非常平庸，故事编写简单幼稚。当绝大部分学生选择了讲故事，也就意味着绝大部分学生选择了出力不讨好的记叙文文体。考场上一般是写不出好的记叙文的，记叙文对作者的要求远远要比其他文体的要求高，读者对记叙文的期待值也最高，让故事吸引人真不是一件容易的事。因此我们将题目的主题进行拆分就可将记叙文写成抒情性或议论性散文，以情动人远比以故事吸引人要容易得多。主题拆分后，视野更开阔了，主题更深刻了，当然也便于学生在考场中操作。

5.2013年中考长沙卷"我不相信眼泪"的主题拆分

并列式：

我不相信眼泪能抚平伤痛

我不相信眼泪能疏导积郁

我不相信眼泪能换来同情

较之上一个题目，"我不相信眼泪"相对容易避开记叙文陷阱，直接用抒情立意。抒情立意是考场作文的最佳选择，它易于结合议论性文体的长处，易于调动写作时必要的情绪。饱满的情绪不仅可以以情动人，而且可以使语言优美，更可以触动常态下并不敏感的意义和角度。从流淌眼泪的原因看，有对自己的伤心、痛苦甚至喜悦，有对别人的感谢、感动和同情。这些流泪的原因，并不都能和本题隐含的"要坚强乐观"的主题一致，如"喜悦""感动""感谢"就与主题不合。留下的是"伤心""痛苦"和"同情"，就可组成一个一分为三的并列结构，可是"伤心"和"痛苦"的含义过分接近，必须去掉一个，然而去掉后就剩下了两个，不符合我们一分为三的训练追求。于是我们再换一种思维，从流泪的功能看，流泪不仅可以抚平伤痛，可以换来同情，而且能疏导一些慢性负面情感，于是我们找到了"积郁"，于是完成了一分为三的拆分，并为整个文章丰富内容、扩张结构奠定了坚实的基础。

6.2013 年中考武汉卷"看见"的主题拆分

（1）并列互补式：

模糊的看清晰了

复杂的看简洁了

隐蔽的看明显了

（2）递进互补式：

现象我看全了

原因我看透了

影响我看远了

（3）递进互补式：

看见了事由的源头

看见了事实的真相

看见了事态的可能

这是一个很受欢迎的题目，既可以写眼睛看见的情景，也可以写思考、判断、结论，还可以写直觉洞察事物的本质，甚至可以写联想到的情景。"眼见""判断""洞察""联想"这些词都可以被理解为"看见"的引申义，于是学生就很好发挥了。然而真要将"判断""洞察""联想"逐一展开，就会造成偏题倾向，因为"看见"显然要我们说出"看见"的结果，而不是"看见"的方式，因而我们将"看见"的内容做一下范畴拆分，就会避免偏题。

（1）（2）（3）三个思路都展示的是"看见"的结果，而非"看见"的方式。思路（1）在描述量的效果，思路（2）（3）在揭示质的结果。思路（1）巧借近义词"看清"来分类，视力不好"看不见"往往指的就是"看不清"，而看不清的原因一般就是"模糊""复杂""隐蔽"，找到了看不清的三个原因，也就能确定整个思路了。思路（2）是将传统的"透过现象看本质"的二元思维改造成多元思维，完成了由"一分为二"向"一分为三"的飞跃。思路（3）将记叙文三要素的"起因""经过""结果"改造成"过去时""现在时""未来时"，合并"经过"和"结果"为"真相"，增加一个"看"得更透的"事态可能"，这样既利用了现成范畴模式，又创新了范畴模式，也就是改造旧有的一分为三为新创的一分为三。

借反义之力，借旧有模式，推出新的范畴，是这几个思路总的特点。推陈出新，既有一定难度，又有先天的方便，不失为训练思维的好方法。

7.2013年中考黑龙江卷"美在不期而遇"的主题拆分

互补式：

A.　　　　壮美的山河扑入我的视野中

　　　　　优美的田园隐于柳暗花明处

　　　　　谐美的动物藏在我的必经路

B.　　　　自然美美不胜收与我不期而遇

　　　　　人间美处处生发与我不期而遇

　　　　　艺术美出人意料与我不期而遇

若给"不期而遇"进行范畴分类，难度比较大，若给"美"分类，就容易多了。审美中的三大类型壮美、优美、诙谐美，为A思路提供了现成的分类基础，以此为基础再顺便对"不期而遇"也做一下分类，设定一些不期而遇的情景。艺术对象物或载体的不同为B思路提供了帮助，而"美不胜收"是自然美的特点，"处处生发"是人间美的特点，"出人意料"则是艺术美的显著特征，而这几个特征又恰好和"不期而遇"密切相关。这两个思路的启发是，发掘比较现成的分类，然后建立完整的表述。

8.2012 年中考山东卷"昂起头来真美"的主题拆分

通过昂起头来的形体状态看出精神状态：

乐观

坚强

期待

好奇

这是个很别致的题目。最常见的做法是开头特写，描述一个人昂起头的神态，然后进入人物故事的倒叙之中，"阳光少年颂"自然会成为主题。这样的选择有两个缺陷：一个是立意简单，一个是叙述化。根据一分为三的训练原则，我们不能满足于笼统的"阳光"，应设法从"昂头"的原因发掘更多的意义。昂头中的"乐观"之态、"坚强"之态容易捕捉，"期待"和"好奇"则需要通过"伸脖子探望"的原因来获取。因此本题的基本方法是"一果溯多因"。建立一果多因关系不仅是思维训练的要求，也是内容丰富化的要求，在这个要求下，"美"才会变得丰富多彩，生活才会变得丰富多彩。

9.2016 高考天津卷"我的青春阅读"的主题拆分

并列互补式：

A.　　　　富有理想，为未来奋斗而阅读学习

　　　　　富有生机，不断发掘潜力阅读学习

　　　　　富有个性，为开拓创造而阅读学习

B.　　　　　面向世界，我努力读书

　　　　　　面向未来，我努力读书

　　　　　　面向现代化，我努力读书

C.　　　　诗歌的幻想让我看到美和自由的绚丽前景

　　　　　散文的真情使我感受人间温情，永不孤单

　　　　　小说的新奇使我视野大开，于曲折中勇往直前

思路 A 抓取了"青春"的特点，也为写青春的许多文章呈现了母版范式。思路 B 指向了青春阅读的历史使命。思路 C 则从阅读内容角度选了以文体来组织的思路，同时指出了不同文体的不同阅读功能。

10.2012年高考广东卷"我愿意出生在这个时代"的主题拆分

（1）并列式：

能给我充分自由的时代

能使我心情愉悦的时代

能让我尽情创造的时代

（2）递进互补式：

（魏晋人）回归故乡

（魏晋人）回归自然

（魏晋人）回归自由心灵

（3）递进式：

（初唐）思考人与宇宙

（盛唐）思考人与社会

（晚唐）思考人与自我

在"这个时代"的社会特征里，寻找"我"喜欢的理由。要求对这个时代的概括要富有哲学感，也就是概括更具有范畴思想。如果无法概括"这个时代"的特征，那么就思考"这个时代"能给"我"什么，"这个时代"能让"我"实现什么样的个人价值，所以由易到难依次思考（1）（2）（3）。

思路（1）有两个优点：第一个是反映了年轻人的普遍理想，且归纳难度不太大；第二个是这个思路放在任何时代都可以。

思路（2）借陶渊明的归隐思想的内涵、归隐的步骤来概括魏晋的时代特征。在陶渊明的《归去来兮辞》里完整清晰地反映了回归故乡、回归自然、回归自由心灵的三个层次，只要认真研读这篇文章，就能看出这个层次。许多经典的逻辑启发不为我们所注意，这是我们阅读中的一大遗憾，我们一定要重视经典的逻辑智慧。

思路（3）借唐诗主题的时代变化来概括唐代的时代特征。初唐百废待兴，但知识分子还找不到自己的社会角色，找不到个人的未来方向，于是以张若虚、陈子昂、王勃为代表的中国诗人就将智慧的思考投向了人和宇宙的哲学关系。盛唐繁荣蓬勃，知识分子能很快确定自己的社会角色和未来发展方向，在机会遍地、黄金遍地的开元盛世，知识分子自然会将目光对准社会现实，时刻想着建功立业，就连李白、杜甫这些巨人也始终关注的是人和现实的关系。晚唐人消沉失意，知识分子已经不愿意扮演盛唐时那样的社会角色，社会也不再给他们提供更多的政治参与机会，以李商隐为代表的中国知识分子则走向了执着关注内心世界的道路。这个题目给我们提出了更高的要求。

11. 2011年高考江苏卷"拒绝平庸"的主题拆分

（1）从平庸的原因分析入手

A. 递进互补式：

> 社会无需求
>
> 自身不渴望
>
> 条件欠成熟

B. 并列互补式：

> 有劲无处使
>
> 自由遭限制
>
> 机会被错过

（2）从对平庸的不同理解来分析

C. 并列互补式：

> 淡泊名利与平庸
>
> 享受生活与平庸
>
> 和谐处事与平庸

这是当年被批为"最平庸的高考作文题目"，我分析人们批评这个题目平庸有如下理由：一是作为励志类作文立意不够高，情感态度和价值观保守。应该让学生有更高的追求，"法乎上取其中，法乎中取其下"。二是"拒绝"一词在显示"平庸"是外界施加给人的外来之物，将描述人的主体属性的概念错当成了描述客体的概念。这种主客体混淆的错误，尽管人们还没有认清其实质，但朴素的感觉告诉人们，这绝不是一个严谨的说法。三是学生作文一片平庸，几乎找不出什么真正优秀的作文，绝大部分考生掉进记叙文陷阱，其余考生也只能举几个例子说明拒绝平庸的意义。最好的也只是说做不同事情都要拒绝平庸，这似乎能够进行范畴拆分了，但又过分简单。若对"平庸"的基本原因进行分析，我们就会得到范畴分类的好机会。

思路A指出一个人之所以平庸的三大原因，三大原因形成三大角度。难度大的是归纳出"社会需求"，"时势造英雄""生不逢时""怀才不遇"

等词都在说明社会需求对成才的重要影响。假如达·芬奇没有美术方面的成就，单凭超越时代数百年的各种精巧设计，他绝不会被世人认可；可笑至极的堂吉诃德如果回到战乱的中世纪，保不准还能成就一番事业；神童方仲永悲剧的根本原因是，社会之所以欣赏他，是因为"童"，而非"神"，一旦不属于"童"，哪怕再有本事也未必会引起社会的多大关注。

思路B从时间、范围、程度几个方面指出摆脱平庸失败的原因。当然，对于励志类作文我们会认识到，"有劲无处使"只是相对于眼下和局部而言，"自由遭限制"只是一定程度的限制，"机会被错过"只是暂时与机会擦肩而过，并非永久与机会无缘。

思路C通过厘清和"平庸"貌似的几个概念，来讨论和平庸相关的一些人生态度，使我们的认识更加全面和深刻，而不是只图解这个命题。审题和写作中，我们有可能想到一些超脱境界、一些幸福体验、一些与人为善，非积极进取者其实并非消极平庸，因而我们就应抓住这些独立思考的成果，将讨论引向深入，摆脱非褒即贬的简单化做法。当我们和命题人难以达成一致时，我们既不要违心说假话，也不要冒失否定命题，要寻找缓冲的中间地带，其实这样也是一分为三的努力。

12. 2011年中考山东卷"借口"的主题拆分

A. 递进互补式：

撒野有借口

（做过了头）惩罚有借口

侵犯有借口

B. 并列互补式：

自身条件限制

（没有做好）任务过分艰巨

外部环境恶劣

C. 并列互补式：

满足了有借口

（不愿意做）懈怠了有借口

劳累了有借口

畏惧了有借口

这个考题，有写找借口骗父母而深表忏悔的，有写借口忙疏远朋友而深感歉意的，甚至有的写美丽谎言煽情的。写作这个主题的作文，如果纯叙述立意就会掉入记叙文陷阱；抒情立意，假如感情欠充沛，就会在记叙文陷阱里无法自拔。若从人们找借口的原因入手则会是另一番天地。

A、B、C 三个思路分别从"做过了头""没有做好""不愿意做"三大方面归纳找借口的原因，基本特征是先大类后小类。

思路 A"撒野""惩罚""侵犯"是强势之人做强势之事的递进呈现，写作时容易调动感情，抒情与议论相得益彰。思路 B 分别从主体、客体、环境三个范畴来归纳"没有做好"的原因，更具有示范意义。思路 C 找的是"不愿意做"的理由，"满足""懈怠""劳累""畏惧"不仅仅是"不愿意做"的借口，而且是"不愿意做"的内在理由，充分触及事物的复杂性，因而主题得到了深化。

13. 2011 年中考遵义卷"_____的路"，补充为"高原上的路"之后的主题拆分

（1）可按照高原的地貌特征，分别描写：山间弯路、旷野直道、草地浮桥。

（2）可根据高原风土特色分层描述：行车天路、牧人晚归小道、羚羊迁徙通途。

（3）可根据高原之路的实用功能逐层抒写：生命补给线、经济大动脉、边防国道。

地貌、风土、功用的大结构呈现为价值的递进关系，也是描写地域文化散文最常见的一种结构。如蒙古族散文家鲍尔吉·原野曾阐发聆听长调民歌的三种境界：第一听出的是悠远，第二听出的是苍凉悲抑，第三会听见蒙古人那绸子一样柔软的心肠。再比如，肖复兴在《史可法的扬州》一文里依次写了游览眼下时的史可法的扬州、历史记载中的史可法的扬州、后人情感记忆里的史可法的扬州。本题也是一个需要逐层抒情、逐层阐发地域意义的题目，在递进结构中借景抒情，就会像高原气魄一样势不可挡。

14. 2010 年中考福建卷"走过风雨"的主题拆分

"走过"可拆分为递进式：

熬过了多变、狂暴、凄冷的风雨

体验了多变、狂暴、凄冷的风雨

战胜了多变、狂暴、凄冷的风雨

超越了多变、狂暴、凄冷的风雨

"走过风雨"是一动宾短语，我们很容易在宾语"风雨"里寻找各种意义，如"多变""狂暴""凄冷"。然而这个题目毕竟是个动词短语，我们不应忽视动词"走过"的含义。"熬过""体验""战胜""超越"充分解释了"走过"的丰富意义，并且在递进结构中展示了一个人的成长、成熟过程。

15. 2010年中考南京卷"我做主"的主题拆分

递进互补式：

> 追求自由，我的选择我做主
> 追求独立，我的事情我做主
> 趋于成熟，许多事情我做主
> 勇于负责，大家事情我做主

做各类事情可以"我做主"，那么就容易举出各种事情来体现主题，然而这样做只是一种取巧的做法，思维训练的意义不大。因此我们仍然要对动词"做主"蕴含的成长信息加以揭示，从"追求自由"开始到"勇于负责"，完成一个大写的"人"的成长过程。

16. 2010年高考江西卷"找回童年"的主题拆分

并列互补式：

> 摆脱束缚找回自由
> 丢掉"实际"尽情幻想
> 卸去担子享受无忧
> 寻找真情体会温暖

这个题目审题的关键在于对"童年"特点的归纳概括。考生容易只抓一个角度就急于展开作文，而忘了其他几个角度，看似简单，实则容易犯简单化的错误。最难的可能是第四点"寻找真情体会温暖"，和成年相比，童年确实是在关怀和呵护中长大的。第二点"丢掉'实际'尽情幻想"也反映出成年和童年之间的最大区别，一个现实，一个富有幻想。第一点和第三点相对简单，只要将成人和童年的特点进行逐一对比就可找出来。总之，本题的核心方法就是对比。通过对比，发现各自的特点，不比不知道，一比吓一跳，以前从未注意的意义就被发现了。

17. 2009 年中考成都卷"心里的风景"的主题拆分

A. "风景"从时间维度拆分为递进式：

记忆中的风景

企盼中的风景

天天感受的风景

B. "风景"从空间维度拆分为递进式：

心底的自然风光

心底的人间祥和图景

心底的艺术图景

思路 A 将"风景"放在时间维度里来观赏，用"记忆""企盼""感受"这几个动词来强调它的抒情性。

思路 B 将"风景"放在空间维度里来欣赏，所不同的是，这个空间是引申化的立体空间，这样风景就丰富多彩了。思路 B 的范畴示范意义在于，所有的风光和美都可以用这组范畴来分析，学生应该学会并熟练掌握。

18. 2008 年中考眉山卷"战胜自己，坚强起来"的主题拆分

将"战胜自己"拆分为并列互补式：

战胜自己的怯懦，坚强起来

战胜自己的自卑，坚强起来

战胜自己的忧郁，坚强起来

这也是一个藏有记叙文陷阱的作文题目，而且学生往往只会想到"脆弱"这个反义词，而不知道"坚强"的反义词除了"脆弱"，还有"怯懦""自卑""忧郁"等。从反义词角度寻找突破，是第一步；将反义词的同义词进行发掘，是第二步。

19. 2008 年高考天津卷"人之常情"的主题拆分

A. 递进互补式：

本能的反应是人之常情

正常的欲求是人之常情

合理的做法是人之常情

B. 并列互补式：

受惠于人感恩回报是人之常情

受害于人心存怨意是人之常情

面对强者敬而远之是人之常情

面对弱者易生怜悯是人之常情

C. 递进式：

从"人之常情"看人生艰辛

从"人之常情"看世态炎凉

从"人之常情"看人性弱点

看似简单，实则难，是本题的显著特点。捕捉"人之常情"的外延和概括"人之常情"的内涵都较为容易，学生立刻能想到好多人之常情的事例，也会概括出"可以理解、认可的行为和情感，都是人之常情"这一内涵。而归纳"人之常情"的外延并与内涵靠近则比较难。本题审题思维最有价值的部分就是对其外延的归纳。

思路 A 很好地承担了这一重任，在内涵和外延间建立起了枝干联系，而且形成一个递进互补的关系。

思路 B 的"受惠""受害"是一分为二，"面对强者"与"面对弱者"是一分为二，都不能完成一分为三，因而我们就学习老子，将两组或两组以上的一分为二并列在一起，形成"一分为二群"。

思路 C 用"人之常情"来表达对人世的无奈，毕竟"人之常情"既不是褒扬崇高品格，也不是贬斥低俗人格，它是崇高和低俗的妥协。

学生在进行主题拆分时，最常见的问题是拆到两个，不容易想到第三个、第四个。我们一定要引导学生突破瓶颈，突破的方法就是补，在两个概念后再补一个。比如，个人、家庭，再补个社会；浪漫主义、现实主义，再补个自然主义；理性、感性，再补个知性。实在不好补，就找两个概念的中间概念。比如，顺境、逆境，还应有进退不定；朋友、敌人，还应有毫无关系的路人；理论、实践，还应有理论实践结合；素质教育、应试教育，还应有素质教育、应试教育交叉。另外，还可以通过反义词来找到拆分的角度，如"战胜脆弱"。

学生中的写作高手极有思想，总是爱评价社会现象，大多从"现象、本质"两方面来谈。我们可以引导学生把本质再拆分为"原因、影响"。比如，对追星现象的评论，就可从"表现、原因、影响"展开。

表现：哪些人？（老人、青少年、低龄幼童）什么地方？（发达地区、落后地区甚至偏远山区）什么情况下追星？（悠闲娱乐时追星、学习工作时也追星）

原因：青春自我爱恋的反映；追逐时尚的本能；一举成名走成功捷径的时代哲学，成功心理；商家的推波助澜；技术条件的进一步改变。

影响：有利——丰富追星族文化生活，在一定程度上缓解了时代给自己的心理压力。不利——忽略了严肃的科学文化学习，耽误了学业；助长了追逐时尚、快捷成名的急功近利的社会风气。

这样的引导，就会使学生的作文内容丰富、主题深刻、富有逻辑。如此训练后，学生会慢慢摸索到主题拆分一分为三的方法。

不仅学生在写作中可以运用主题拆分，教师的教学也离不开主题拆分。比如，说课就是一个主题拆分的例子。我们以前只重视说教材、说教法，而忽略说学法。生活中也是一样。想买房，考虑一下必要性（刚性需求，得有房住）、可行性（有钱、有贷款条件）、预测性（方便生活，一定升值），只要达到这三条，就可放心买房了。还比如，劝说别人，可以说认识、说态度、说做法，让对方接受你的主张；评价一件事情做得如何，可以进行目的评价、过程评价、结果评价。

（二）范文展示

简约之美

王如明

悠悠万世，何为至美？非姹紫嫣红，非桃红柳绿，非气象万千。简约之美，乃为至美。姹紫嫣红，逞一时之芳；桃红柳绿，逞一时之盛；气象万千，逞一瞬之奇。而简约之美，万古不废。

人类精神硕果之一的文字，就是从繁芜走向简约的，其中，尤以汉字为最。然一味泥古，我们将裹足寒行。千百代人的化繁为简，千百代人的去芜存菁，千百代人的美妙化育，形成今日雪白纸面上的美丽符号。文字的简约、便捷，是人类攀登文明高峰的阶梯；文字的简约之美，是人类进步的标志。

在我们追求文字的简约之美时，也在不懈地追求着语言的简约之美。古有欧阳修只用六字便记述一则故事，他的"逸马球杀犬于道"也成了经典。无数文人墨客更有"吟安一个字，捻断数茎须""两句三年得，一吟双泪流"的执着。他们追求的是"辞约而简达"，讲究的是"清水出芙蓉，天然去雕饰"。所以韵味隽永、流传千年的精美散文和诗词能让人百读不厌，陶醉迷情。这是什么力量？是简约之美！如今的白话文，并不是不要简约，一作家将他200万字的小说压缩成40万字，就是追求简约；反过来说，若有人将40万字硬弄成200万字出版，人们肯定不买账，那是"注水猪肉"，像黑心商贩在坑蒙拐骗。大凡"沈浸浓郁，含英咀华"之作，无一不是简约之美的典范。

南宋时有一画家，姓马名远，他的《寒江独钓图》非常有名。画中一叶扁舟漂浮水面，一渔翁船上独自垂钓，寥寥几笔微波，其余大部分皆为空白，登峰造极的简约之美有力衬托出江面空旷寥廓、寒意萧条的气氛，给人留下意蕴无限的想象空间。齐白石的虾，无比简美，炉火纯青的艺术造诣，使他寥寥数笔，就把活灵活现又意趣盎然的虾呈现在人们面前。现代的抽象派、印象派画作，也是把简约之美用到极致，让人观赏后遐想无限。

自然科学更具有简约之美。自然科学的意义，就是从纷繁复杂的现象中看出简单的规律，将其一步步简化，最后得到一组最简单的定律。自然科学家都是简约之美的魔幻大师！

生活在物欲横流的今天，我们更应该追求心灵的简约之美。清除心灵的冗赘和臃肿，剔除心灵的无谓羁绊，斫除心灵的名缰利锁，扫除心灵的尘埃污浊，什么繁文缛节，什么浓妆艳抹，什么矫情伪饰，什么仰人鼻息，什么艳美奢华，什么斗富摆阔，统统见鬼去吧！保持内心的散淡和简明，活得淳朴、自然、本真、笃定，比什么都好。就是有些大款、大腕们，被名利二字压得喘不过气来时，不也想返璞归真吗？其实，追求心灵的简约之美，应是所有人的追求。"上善若水"，脸上充满阳光，心底一片纯净，是人生之最高境界。

【点评】

本文是散文家王如明的名篇。全文从文字、艺术、科学三大方面论述了简约之美的魅力。人认识世界、把握自我需要纷繁复杂的过程，使之简约的主要手段是符号化，本文就选取了文字表意、艺术表达、科学表述三大符号系统，以此为分论点话题对象并结构全文。

二、人物的范畴分类训练

人物的范畴分类，就是将行为的主人进行拆分。人物范畴分类降低了审题难度，但须避免名人大集结的简单并列做法，假如选择了列举名人事例的做法，就必须揭示名人事例的差异。因此，拆分角度宜大类优先，拆分追求大类穷尽，力求拆分后形成互补或递进关系，尤其要注意列举人物时形成递进互补关系。人物拆分对递进互补关系的要求更甚于主题拆分。举类优于举例。举例忌讳并列，必须追求递进。递进不成，则用对比揭示不同人物例子的差异。

（一）考题分析

1.2016 年中考滨州卷"温暖的旅程"的人物拆分

递进互补式：

> 所到之处的东道主给了我温暖
>
> 旅行队伍内给了我温暖
>
> 我也付出关爱，让其他人获得温暖

我们将旅行程中释放温暖的人的类别做了强调，尤其是强调"我"时，使主题得到了升华。这不仅显示了递进的升华，也显示了无人不释放温暖的互补升华。

2.2013 年中考广州卷"出错"的拆分

人物拆分为递进互补式：

> 设计者出错（无法想象灾难后果）
>
> 建造者出错（无法消除无穷后患）
>
> 使用者出错（无法挽回巨大损失）

主题拆分：

> 出错的表现
>
> 出错的原因
>
> 出错的影响

如果按照主题拆分法，可将作文从记叙文陷阱的边缘引开，并形成规范的范畴结构。如果无法做到主题拆分，而且无法远离记叙文陷阱，我们就对"出错"者进行拆分，并力求形成递进互补的关系。当我们把目光投向种种安全事故等"大错"时，就会发现工程、设备等灾难大凡与设计者、建造者、使用者这三类人有关。要想预防灾难的出现，必须从这三类人抓起，这三类人形成的递进互补关系，恰好说明只要抓好这三类人，就可根绝事故的隐患。确立递进互补关系，人物拆分的意义就充分显示出来了。

3.2013 年中考湖北卷"善待他人"的人物拆分

递进互补式：

> 强者对弱小者要善待
>
> 势力相当者互为善待
>
> 弱小者对强者也要善待

不管你是否为强者，都要善待他人，只有在递进互补中才能证明这个命题。突破"强者""弱者"这种一分为二的思维，在二者之间加入第三种"势力相当者"，既实现了一分为三的范畴要求，又使"善待他人"的主体完整无遗漏，使思维更加严密，论证更加有力。这是一个处理人际关系的题目，因而不管是讨论哪一方，都是针对另外一方的，强化了关系这一核心。

"弱小者对强者也要善待"有两个意义：连弱者都要善待他人，那么就无人不该善待他人了；网络时代的网络暴力往往是弱小的网民施加给强者公众人物的，因而必须提出弱小者也应有善待他人的品质。善待他人不应是强者的专利与优越，应是所有人的共同品质。

4.2012 年中考南京卷"带一本书去旅行"的人物拆分

并列式：

> 画家带一本书旅行，获得实景与想象的立体享受
>
> 诗人带一本书旅行，实现身体与心灵的双重自由
>
> 学子带一本书旅行，展示激扬文字指点江山的豪情

多浪漫的一个题目。浪漫之事要浪漫之人去做，画家、诗人首先会跳入我们的脑海，接着就是可能成为画家、诗人或同样具有浪漫幻想的学子。一个并列式结构就轻松地建立起来了。难度大的还是主题的揭示，画家带着一本书旅行，诗人带着一本书旅行，学子带着一本书旅行，其意义一定不能重复。做到不重复，最好的办法就是抓取三类人各自不同的特点，画家旅行寻求的就是写生和创作，诗人旅行寻求的就是放逐心灵于自

然之中，学子旅行寻求的就是体会"我"和世界谁主对方之沉浮。这样一来，一个浪漫的题目就能写得不仅浪漫，而且深刻。

5.2012年高考上海卷"被舍弃的微光"的人物拆分

A.   渔夫撒网时看见小鱼泛起的涟漪
              农民除草时听到幼苗根断的声音
              商人清货时发现存货角落的灰尘

B.   愤世嫉俗者不经意的被人感动
              忧患不绝者入梦时的美好家园
              及时行乐者醉酒后的沉重呓语

反映被抑制和遮蔽的真善美，是这个题目的主题。微弱的正面价值，总是被人舍弃，被人遮蔽，珍藏和放大它们才是我们的正确选择。充分运用对比法，使思路A中各种恻隐变得明显，使思路B中已经深埋的美好被唤醒。思路A列举的都是生产者，只有动用他们的"心灵"才能捕捉到那些为他们创造了财富而牺牲的弱小者。思路B列出的人，沉静在执着的、与众不同的精神气场中，而不易被与执着相反的东西所打动，但是他们终究还是被这些东西打动了，泛起了心灵的微光。

6.2012年高考广东卷"活在当下"的人物拆分

A. 在"当下"的反义下，人物可拆分为并列互补式：
        回不到的过去，伤不起的未来的人，无奈地活在当下
        既能穿越过去，又能憧憬未来的人，自如地活在当下
        既不依赖过去，又不奢望未来的人，执着地活在当下

B. 在"当下"的特征下，人物可拆分为并列互补式：
        占有资源的人，免受残酷竞争，就能悠闲地活在当下
        垄断信息的人，无惧知识爆炸，就能滋润地活在当下
        掌有大权的人，不靠人脉网络，就能高贵地活在当下
        （弱势群体又是怎样地活在如此的"当下"？）

这个题目能很好地激发学生的真情实感，不管是"活"也罢，"当下"也罢，学生都有深切的体会。当然，"当下"自然会引出"过去""未来"加入到对比中，在"过去""未来"对比关系中的人又有A中的三种。思路A的难点在于，我们运用对比思维归纳出"回不到的过去，伤不起的未来"和"既能穿越过去，又能憧憬未来"，实际是完成了一分为二的思维，

第三种情况很难想出来。不过前两种情况都是对"过去"和"未来"都很在意的，如果能补上一个对"过去"和"未来"都不在意的情形，就会形成一分为三的并列互补关系，于是我们就找到了"既不依赖过去，又不奢望未来"这种人。三种人刚好是"无奈""自如""执着"的三类人。

思路B用"活"来衡量"当下"的特点，我们还是较容易概括出"当下"的时代特征的，竞争、知识信息、关系，这三大因素大大影响着当今的国人。如果我们从时代受益者的强势群体那里分类，就会找出"占有资源的人""垄断信息的人"和"掌有大权的人"，他们自然活得优越、幸福。那些弱势群体自然远离资源、信息和权力，自然无法获得悠闲、滋润、高贵等幸福感了。

7.2011年中考广州卷"游戏"的人物拆分

递进互补式：

> 幼儿出于天性的游戏
> 孩童模仿成人的游戏
> 青年进取性游戏（电游）
> 中年攻防式游戏（麻将）
> 老年健身式游戏（空竹）

游戏并非孩童所独有，若能将视角指向成年，"游戏"就会有更丰富的意义。而成年的游戏带有极强的功利性，无不在守卫和获取中寻找快乐。孩童游戏的绝大部分是在模仿成年人，孩童在模仿成年人中寻找快乐。中国式的全民游戏，未必是全民快乐，而是陷入了浮躁的功利追求中。

8.2010年北京大学自主招生作文"少年行"的人物拆分

并列式：

> 令狐楚少年行，不拟回头望故乡，出征时的深情
> 李白少年行，赤心用尽为知己，行进中的至诚
> 王维少年行，一身能擘两雕弧，大隐前的豪迈

少年行，首先会让我们想到唐诗中的《少年行》，不同作者，"少年行"的情怀也各不相同，有深情，有至诚，有豪迈。假如寻找什么可比的角度或线索，那就抓住"行"这个动词做文章，"行"包括开端、行进和归宿，于是就有了三位诗人及诗句的递进顺序。这个思路的可贵之处在于

在只能并列的关系中巧妙赋予递进的意义。

9. 2010 年中考广州卷"奖励自己"的人物拆分

并列式：

> 国家干部奖励自己的方式是出国考察
>
> 央企老总奖励自己的方式是年薪过百万
>
> 知名学者奖励自己的方式是到百家讲坛露露脸
>
> 中小学生奖励自己的方式是能饱饱地睡一觉
>
> 农民工奖励自己的方式是春节回家能买一张坐票

需要什么就奖励什么，才最有意义；自己奖励自己，那一定是力所能及的；能力的大小不同，奖励自己的也就各不相同，不同的自我奖励展示出社会之巨大差距。也许学生一想到奖励自己，就会想到社会带来的巨大压力，就会联想到社会的不公，因此乘机释放一下这种情绪也未尝不可。这个递进式的奖励图，也许会让学生发挥得非常精彩。

10. 2008 年中考河南卷"学会合作"的人物拆分

A. 类比递进式：

> 蜜蜂学会合作，才完成了采蜜和筑巢
>
> 狮子学会合作，才成了草原之王
>
> 人学会合作，才有利于共同发展

B. 并列互补式：

> 游戏中的人，要学会合作
>
> 工作、生活中的人，要学会合作
>
> 学习中的人，要学会合作

C. 递进式：

> 流水线上的固定伙伴，必须学会合作
>
> 临时活动结伴的人，同样要学会合作
>
> 就连竞争关系中的人，也要学会合作

思路 A 与学生已有思维方式最接近，如学生习惯在开头使用排比句，喜欢在开头使用比兴法。但是学生最常犯的错误常常破坏了这种句式的效果，表现在两方面：第一方面是排比第三句落不到话题上，完全让起兴控制了思维；第二方面是类比中的两个"喻体"与"本体"之间缺少递进关联，削弱了排比句式本来应具有的语言气势。思路 A 很好地纠正了这两方面的不足，首先是让第三句落在了主题"人学会合作"上，其次是蜜蜂、狮子、人的合作程度呈现为递减关系。蜜蜂与生俱来会合作，蜜蜂的词典里不存在"不合作"；狮子在母亲那里学会了合作，不合作无法生存；人的合作精神最差，许多人只在失败的教训里学会了合作，甚至至死都不会合作。相比之下，人更需要学会合作。C思路具有母题意义，应该获得更多启发。

11. 2009 年中考山东卷"习惯"的人物拆分

并列互补式：

勤奋者与懒惰者的习惯

严谨者与粗心者的习惯

远忧者与近虑者的习惯

习惯影响人的一生，习惯将决定做事的成败，因此凡是和成长、成功有关的习惯，都应被我们联想到。联想到这些习惯，我们就能对应出这些习惯的主人，于是就有了"勤奋者""懒惰者""严谨者""粗心者""远忧者""近虑者"这些人物类型。这么多的类型细加讨论显然无法完成，那么就再做归纳，于是就会形成各自相反、相对的三组关系。写作时，通过对比，视野就会更加开阔，论证就会更加严密。本思路也是将六个概念组成三个一分为二，避免了孤立一组一分为二的缺陷。

（二）范文展示

漫谈"混"

余圣钱

不知什么时候，"混"成了一个时髦的字眼，成了人们（特别是年轻人）见面问候的流行语："老兄最近在哪里混？""你在那里混得怎样？"

混什么？怎么混？笔者略加观察，归纳如下。

一是混日子。"一杯茶，一支烟，一张报纸看半天。"不需勤勤恳恳，锐意创新，只要按部就班，少出差错就行。这种人一般胸无大志，只求混个饭碗，混点工资和资历而已。

二是混官职。这种人就"混"得有些野心勃勃，外在表现是以"削尖脑袋往上钻"为特征。密切联系领导，一切围绕领导，溜须拍马，媚上骗下，八面玲珑。

三是混关系。认老乡，找同姓，攀姻亲，凡是能够拉上"转折亲"的，只要对自己有用，便待之若亲生父母，视之胜本家亲戚，走走串串，渐亲渐密。一点也"转折"不上的，便认作老师、拜为兄弟，今日进大酒楼，明日逛歌舞厅，只需要几个回合，便"热乎"起来。网越织越大，越撒越宽，自然路好走，事好办，"神通"起来。

四是混证书，混文凭。据说社会上有些证书无须培训、考核，交足钱就可获得。至于文凭，除了自考"难得混"以外，各类函授"混"起来比较轻松。

混得好孬的衡量标准是什么？

一曰有钱。外在表现是操大哥大，坐豪华车，进高级餐厅，住星级宾馆，衣着华贵，出手阔绰。

二曰升官。不管采取什么手段，出于何种原因，只要步步高升，皆以"混得好"冠之，一般以"帽子"划分，"帽子"越高，混得越好。

三曰关系多。张某不学无术，然而借助各种关系网络，左右逢源，不断高升，名利尽揽；李某的亲戚犯了错误或犯了刑律，李某几个电话一打，救兵四起，于是大事化小、小事化了。对此人们皆评曰："真会混！"

混的结果如何呢？对工作而言，混得效率低下，黑白颠倒，混得好的政策不能贯彻，好的原则不能坚持，好的制度不能实施；就个人而言，混亏本的、混下地狱的、混掉脑袋的也不少……

还是少"混"为佳！

【点评】

混日子，混官职，混关系，混证书，让我们清楚地看到了四种人，不过也有身兼"二混"的人，混证书和混官职往往相得益彰。发财，升官，能办事，就成了他们是否混得好的最高标准。清晰的逻辑，对称的结构，将貌似混沌的"混"勾勒得一目了然，将混的群丑图刻画得简洁传神、入木三分。本文是一篇借鉴性很强的文章，审题立意、谋篇布局、组织语言等方面都利于学生学习与临摹。

三、时空的范畴分类训练

时空的范畴分类，是通过不同时间、不同空间来展示场景、情景，使文章内容充实、主题深化。这种分类难度最小，在主题拆分、人物拆分难以进行时，选择时空拆分可以绝处逢生，能很好地避免观点后简单罗列例子的做法，而且能增强文学色彩，容易调动学生用饱满的情绪展开形象的联想与想象，并写出优美的语言。

（一）考题分析

1.2013年中考苏州卷"遥远的眼神"的时空拆分

并列式：

> 来自遥远的眼神——投向遥远的眼神
> 索取远方的眼神——趋向远方的眼神
> 投向过去的眼神——投向未来的眼神

"遥远"是一种时间，也是一种空间，将一种眼神放在一种距离、一个空间里观察，或深情，或神秘，或模糊，都会吸引我们对它的品玩和揭示。这"眼神"，有来的，也有去的；这距离，有空间的，也有时间的。空间中，眼神有自然的来去方向，眼神也有主观欲求的搜寻不同；时间中，遥远既可指向过去，也可指向未来。因而我们就将空间的两组拆分和时间的一组拆分并列成一组大的拆分，也就是累积小的一分为二成为大的一分为三。

如果从主题拆分或人物拆分来展开审题，也会遇到很大的难度，要么归纳遥远的眼神的类型，要么联想遥远的眼神的主人。就是真的归纳好了，联想好了，如果没有时空意义的强化，也难以出彩，难以深化主题。这个题目本身就要求我们重视时间、空间的意义，这个题目也便于揭示时间、空间的意义。

2.2012年中考扬州卷"不能没有你"的时空拆分

递进互补式：

> 启蒙时，我不能没有你
> 成长时，我不能没有你
> 成功时，我不能没有你

"你"可以是一个人，如亲友师长；也可以是一个物，如书籍工具；也可以是一种品质，如乐观好奇。"不能没有"，说明"你"是助"我"始终、时刻不离的，所以我们自然就会划分"我"的生命段落，分别加以抒发"我"对"你"爱恋不舍之情。启蒙时、成长时、成功时形成的递进互补关系，顺畅而又富有力度，实现了深化主题和增强感情的双重效果。

3. 2011年中考长沙卷"_____是我的一张名片"的时空拆分

可以补充为"笑容是我的一张名片"，用递进空间表现具有交际功能的笑容：

在路途中，我献出微笑，陌生者会记住和鲜花一样的善意。

在职场中，我送出微笑，人们会觉得单位的温暖、团体的亲切。

在艰难的谈判中，我露出微笑，对手会因我的和蔼友好改变立场。

在接待远亲近邻、新朋故交中，我溢出微笑，五湖四海都会传达我的故乡的明媚盛情。

名片是概括"我"的标志的，是公开示人的，名片需要在各种场合使用。而场合又决定着名片的使用效果，我们自然就得归纳那些不同的场合。微笑在不同场合产生着不同的交际作用，我们逐一揭示这些不同的作用就成了水到渠成的事情。路途中、职场中、谈判中、接待亲友中，这四个场合对我的微笑的需求程度逐渐增强，形成了递进式，同时证明，当微笑成了一个人的名片时，它的意义就远远大于一般的喜悦，远远大于亮肌肉、晒财富、显名头等土豪型名片。

4. 2010年中考四川卷"守望"的时空拆分

互补式：

> 校园读书时，守望友谊的纯洁
> 走入社会时，守望理想的崇高
> 人到中年时，守望脱俗的淡泊
> 人到暮年时，守望久违的童真

乍看题目，这是一个更适合主题拆分的题目，稍加思索就会觉得难度不小，它其实是一个更需要主题拆分，而不是最适合主题拆分的题目。如果放弃主题拆分的强攻，转而选择时空拆分，不仅难度会有所降低，而且会帮助我们实现主题的丰富和深化。守望的对象一定是容易丢失，容易与时宜不合的美好精神、美好境界。校园读书时，最珍贵也最容易因误会等原因而遭到破坏的莫过于纯洁的友谊；步入社会时，最珍贵也最容易受现实冲击而消失殆尽的莫过于崇高的理想；人到中年时，最珍贵也最容易因同龄人不断升官发财而失守的莫过于淡泊的境界；人到暮年时，最珍贵也最容易因陷入孤独伤感而无法重新体验的是童心。

这样的审题提醒我们，要善于用结构划分法，对各个结构的特点进行归纳概括，这既是思维方式的培养，也是思维结论的积累。通过本题我们可以完成关于不同生命阶段的精神特征的记忆，以后遇到关于年龄与精神特征关系的话题就可以直接借用这个思维训练的成果。

5. 2009 年中考浙江嘉兴卷"不走寻常路"的时空拆分

递进互补式：

上山采撷不走寻常路，寻常路上无芳草

日常生活不走寻常路，寻常路上无欣喜

科学探索不走寻常路，寻常路上无奥秘

寻常路，存在于任何地方，不单单是日常生活中才有，就连上山采撷和科学探索中都存在着寻常的路。因此没有时空的拓展就无法实现这种主题的深化。

6. 2008 年中考四川内江卷"仰望蓝天"的时空拆分

A. 并列互补式：

高原上，仰望蓝天的联想

原野中，仰望蓝天的联想

山林里，仰望蓝天的联想

B. 并列互补式：

清晨仰望蓝天，体会朝阳初升的无限联想

白天仰望蓝天，体会云朵飘移的美好感受

夜晚仰望蓝天，体会心星相印的心灵沉思

C. 并列互补式：

春季仰望蓝天，告别沙尘，祈盼春雨

夏季仰望蓝天，企求急雨，凉爽宜人

秋季仰望蓝天，天高气爽，闲云悠悠

冬季仰望蓝天，暖日高照，瑞雪纷飞

单调的蓝天下，却是丰富多彩的大地，大地上的高山、原野、江河、湖海，在春夏秋冬、朝夕昼夜又呈现出更加多彩的意蕴。对大地有多少感受，对蓝天就有多少期待，蓝天使大地的一切成为现实，蓝天也让大地上的人生发更多幻想。所以这个题目的审题最方便的选择就是时空拆分,不管是哪一个思路都能在时空意义里汲取丰富的营养,即使我们选择了主题拆分或人物拆分,最终也都绕不开时空的启发。

7.2011 年清华大学自主招生作文"忧患意识"的时空拆分

递进式:

> 高原忧患,皑皑冰川的急剧退缩和巍巍雪峰的高度锐减
> 沼泽忧患,小鱼小虾因竭泽而死和白鹭大雁的难以落脚
> 极地忧患,北极熊帝企鹅如何面对日益严峻的生命极限
> 雨林忧患,大片森林的快速消失和无数动物的濒临灭绝

反思当下,忧思未来,是忧患意识的两个着眼点。人类的利己行为不仅伤害着我们的邻居,也摧毁着自己的家园,不仅是生态系统敏感脆弱的高原等地方经不起人类的糟践,就连生态系统平衡强大的雨林等地方也经不起人类的侵蚀,所以高原、沼泽、极地、雨林依次形成人类逐一灭掉的地方。在递进中展示人类犯下的种种罪行,"忧患"针对的不是局部危机,而是全面危机。只有时空拆分才便于讨论这一全面的危机。

(二)范文展示

时　间

蒋子龙

人生的全部学问就在于和时间打交道。有时一刻值千金;有时几天、几个月、几年乃至几十年,不值一分钱。

年轻的时候,一天可以干很多事。在世上活的时间越长,就越抓不住时间。

当你感到时间过得越来越快,而工作效率却低下来了,说明你生命的机器已经衰老,经常空转。

当你度日如年,受着时间的煎熬,说明你的生活出了问题,正在浪费生命。

当你感到自己的工作效率和时间的运转成正比,紧张而又充实,说明你的生命正处于黄金时期。

忘记时间的人是快乐的，不论是忙得忘了时间，玩得忘了时间，还是幸福得忘了时间。

敢于追赶时间的，是勤劳刻苦的人。

追上了时间，并使自己的精神生命和时间一样变成了永恒存在的，是天才。

更多的人享用过时间，也浪费过时间，最终被时间所征服。

凡是有生命的东西，和时间较量的结果都是失败。有的败得辉煌，有的败得悲壮，有的败得美丽，有的虽败犹胜，有的败得合理，有的败得凄惨，有的败得龌龊。

时间无尽无休，生命前赴后继。

无数优秀的生命占据了不同的时间，使时间有了价值，这便是人类的历史。

生命永远感到时间是不够用的。因此生命对时间的争夺是酷烈的，产生了许多骇人听闻的故事，如"头悬梁、锥刺股""以圆木为枕"，等等。

时间是无偿赠送给生命的，获得了生命也就获得了时间，而且时间并不代表生命的价值。所以世间大多数生命并不采取和时间"竞争""赛跑"的态度，而是根据生存的需要，有张有弛，有紧有松。累得受不了了，想闲；拥有太多的时间无法打发，就想找点事干，让自己紧张一下。

现代人的生存有大同小异的规律性。忙的有多忙？闲的有多闲？忙的挤占了什么时间？闲人又哪来那么多时间清闲？《人生宝鉴》公布了一个很有意思的调查材料——

一个人活了 72 岁，他的一生是这样度过的：睡觉 20 年，吃饭 6 年，工作 14 年，读书 3 年，体育锻炼、看戏、看电视、看电影 8 年，饶舌 4 年，打电话 1 年，等人 3 年，旅行 5 年，打扮 5 年。

这是平均数。通过这个平均数可以看到许多问题，想到许多问题。每个生命都是普通的，有些基本需求是不能不维持的。普通人想度过不普通的一生，或者是消闲一生，该在哪儿节省，该在哪儿下功夫，看了这个调查表便会了然于胸。

不要指望时间是公正的。时间对珍惜它的人和不珍惜它的人都是不公正的，时间对自由人和监狱的犯人也无公正可言，时间的含金量，取决于生命的质量。

时间对青年人和老年人也从来没有公正过。人对时间的感觉取决于生命的长度，生命的长度是分母，时间是分子。年纪越大，时间的值越小，如"白驹过隙"；年纪越轻，时间的值就越大，"来日方长"。

时间，你以为它有多宽厚，它就有多宽厚；无论你怎样糟蹋它，它都不会吭声，不会生气。

时间，你以为它有多狡诈，它就有多狡诈；把你变苍老的是它，让你在不知不觉中蹉跎一生，最终后悔不迭的还是它。

时间，你认为它有多忠诚，它就有多忠诚；它成全了你的雄心、你的意志。

有什么样的生命，就有什么样的时间。一个人有什么样的时间观念，就会占有什么样的时间。

爱因斯坦创立的相对论，证明时间与空间和物质是不可分割的，任何脱离空间的时间都是不存在的，也是没有意义的。人如果能超光速旅行就会发生时间倒流，回到过去。

倘若有一天人类能征服时间，生命真正成了时间的主人，世界将成什么样子呢？

【点评】

具有了时间意识，才意味着生命的觉醒，不管是人类进化史还是人个体的成长史，都证明了这一点。昼夜更替迎朝送夕，靠的是生物钟；四季轮回春播秋收，则是适应时间；一年三熟加大棚，这是开发时间；胎教启蒙转基因，实属改造时间。生命意识从无到有，从弱到强，强到改造时间的地步，就到了改造一切的地步了。

改造时间始于霸占时间。中世纪时，英国领主的土地和公共荒地在冬季允许穷人放牧；工业革命到来时，大小领主剥夺了穷人的冬季放牧权，一年四季土地都归领主使用，一年四季土地为走在时间前面的资本家生产羊毛，土地四季放牧。圈地运动霸占了牧人的冬天，霸占了农民的四季。自此，时间在大机器生产的轮子上飞速地转动起来，时间的霸占进一步升级为全球的空间霸占。生产力水平提高下的霸占时间充满了血腥和野蛮，原始劳作下的霸占时间则渗透着吝啬和残忍，从地主老财的"半夜鸡叫"，到殖民者雇佣"包身工"，再到富士康的"绝对加班"，无不显示着剥削者通过霸占时间来榨取穷人的血汗。

通过霸占时间霸占一切的人，并不能无限地霸占时间。秦始皇结束了六国寿命，开启了大秦帝国，霸占了最辽阔的国土，却不能霸占属于个人的时间，追逐长生不老之术，反倒折损了正常的寿命。通过时间竞争来获得成功，在你死我活中，或比耐力，或比速度。美国早于德国造出了原子弹，进而改变了世界历史的发展。在荣誉归属的竞争中，我们看到的不仅是速度和耐力，还看到了人性的光芒，与达尔文同时研究进化论的科学家。

灾难降临时，我们更想做时间的主人。救死扶伤，延长伤病者的寿命；抢播补种，挽回旱涝损失；逃离大火深渊，憋气争来两三分钟；应对地震海啸，我们奢求赢得十几秒至多几十秒。灾难常常把世界的价值压缩在一瞬间，地震、大火人们连恐惧都来不及，自己和所依赖的说没就没了；灾难也常常将死亡、恐惧不断延长，不断蔓延的鼠疫、霍乱使人们对这个从染病到死亡仅数日的魔鬼，付出几年甚至十几年的恐惧等待。因此，与时间赛跑，不仅仅意味着我们对收获的不满足，也意味着我们该怎样应对灾难。

从长计议时，我们分配时间，需要按部就班、循序渐进。多快好省大跃进，寅吃卯粮只顾今，消极等待当懒汉，只能遭到时间的惩罚。契约活动中，我们在处置别人的时间的同时，也把自己的时间交别人来处置。什么延期交工、缓后结账，都是违约行为，就连什么提前完工、提前通车，也是禁止的行为。当今社会已经赋予时间更多权利和义务的意义，守时间就意味着守信用，守时间就意味着双赢，不守时间往往就是不守契约、不守信用，自然就不受欢迎。当今世界，时间也成了公共支配物，你不奉献时间、不遵守时间，就意味着拖后腿，侵害集体利益。

四、多重范畴分类训练

多重范畴分类训练，就是对同一题目进行主题、人物与时空几个方面的拆分，以求找到更多途径、更适合的创造性表达角度。

尽管在作文实践中，尤其是考场作文中，多重拆分也许无从实现，但是作为思维训练，多重拆分的重要意义相对于其他三个单项拆分有过之而无不及：既涉及思维的完整和严谨，又涉及思维的不断挑战和开拓。

（一）考题分析

1.2013 年中考绍兴卷"慢下来的时光"的多重拆分

（1）"慢下来的时光"的主题拆分

并列式：

幸福会延续吗

灾难会延长吗

苦恼会持久吗

（2）"慢下来的时光"的人物拆分

并列式：

孩童的快乐会延续

壮年的艰辛会持久

老年的孤独会延长

（3）"慢下来的时光"的时空拆分

并列式：

惜春不怕花开早

盛夏烈日长炙烤

秋香秋实品不完

冬天来了春还远

主题拆分，思考时光慢下来后那些被延长的东西，幸福、不幸被延长了，就连苦恼、无奈、尴尬、无聊等灰色地带的感受也会被延长，因此我们选择其中之一，与幸福、灾难组成一个并列组合。

人物拆分，从不同人群的角度来看被延长的快乐、艰辛、孤独。

时空拆分，则想到了被延长了的四季，季节的延长势必影响春华秋实、酷热严冬，但时空拆分的天然优势使得这些延长变得很美。

2.2010年高考天津卷"我生活的世界"的多重拆分

只要是我们这个年代的特点都可写入文章。

既可以写自己，也可以写他人；

既可以完成客观记录，也可以抒发主观感受；

既可以豪情壮志少年行，也可以为赋新词强说愁；

既可以愤青无比、激扬文字，粪土当今万户侯，也可以小资十足、品茶品诗，庭院深深深几许；

既可以写大开大合大起大落大事件，也可以写细声细语细致入微琐碎事；

既可以气吞山河奏响时代强音主旋律，也可以波澜不惊抒发个人故事边缘情；

既可以是典型环境、典型人物、典型特征，也可以是特殊环境、另类人物、奇异形象；

既可以为社会的发展而欢欣鼓舞，也可以为时代的变化而困惑忧思；

既可以因这个时代而歌颂我们的生活充满阳光，也可以因眼前的世界而感慨想说爱你不容易；

既可以为一方有难八方支援爱心大井喷而热情讴歌，也可以对一颗贪心多处伸手私欲大比拼猛烈抨击。

我们生活的世界是多彩的，更是矛盾的。只要你关注某一点，必然就有与之相反、相对的点在强烈地反对着这一点。在民众批判意识大大增强、话语权利逐渐强化、论辩情绪日渐高涨的今天，尤为如此。似乎我们在专门制造着矛盾，似乎我们专门在为论争而活着。无论是评价过去、剖析现实，还是展望未来，都充满着不乏两极对立的阵营，时至今日，中国依然在矛盾中前行，依然在论证中发展，哪怕事物是多么和谐、多么平静，也不会让它有片刻的安宁，平地飞沙、无风起浪将变成社会的常态。

巨变的时代，不仅会让人纠缠旧矛盾，而且让人为不断出现的新矛盾开战，应对旷日持久的旧矛盾和日新月异的新冲突，成了我们的家常便饭。

巨变的时代，人们期待的进步总是姗姗来迟，而从未奢望的进步却悄悄到来，然而人们并不认为这是东方不亮西方亮的补偿，反倒发现西方亮得更不公平。

巨变的时代，人们在拼命地创造着各种社会财富，同时又拼命地去占有社会财富，然而权利却总是倾向于占有者而不是创造者，但表面上却在大力讴歌着创造。

巨变的时代，总是在无数个两极冲突中惨胜前行，人们会悲观地认为"沉舟侧畔单帆过，病树前头一木春"。

巨变的时代，发掘和释放着人的各种欲望，在各种欲望笼罩下的各个角落，都在撬动着发展失衡和心理失衡的杠杆，浮躁和不平是对欲望的仅有回报。

但愿作为新生代的学生发现、发掘丰富多彩的真、善、美，捐弃形形色色的假、恶、丑，任何时代最具正能量的群体是青年，最能闪耀出永恒神圣光彩的也是青年。面对青年，我们不避讳时代弊端与阴暗面，我们也不放弃乐观与奉献的激励。

3. 2010 年北京大学自主招生作文题"盛唐气象"的多重拆分

（1）盛唐社会的主题总结

递进式：

> 机会遍地，崇尚实践
>
> 豪情冲天，执着开拓
>
> 理想灿烂，追求幻想

（2）盛唐艺术的人物总结

递进式：

杜甫、颜真卿、柳公权，开创规范，严整刚健，成就了律诗楷书的大格局。

李白、张旭、怀素，释放自由，随心所欲，展示了古风草书的大气象。

王维、徐浩、李潮，寻求简朴，宁静致远，体现了山水隶书的大境界。

（3）盛唐外交的时空描述

递进式：

> 南诏夷夏殊风土
>
> 西域明月出天山
>
> 朔漠一去连紫台
>
> 吐蕃日出在东方

作为自主招生题目，对学生的要求应该是比较高的。狭义的"盛唐"，就指开元盛世及其左右的时间，广义的"盛唐"则不受这一时间限制，唐代之"盛"均可纳入其中。在审题中我们立足盛唐，兼顾全唐，毕竟在初唐和晚唐还出现了一些毫不逊色于盛唐的诗人。

在主题方面，我们对盛唐的社会特点进行了归纳概括。所谓气象，就应该是精神气质。较之于前朝、后世，盛唐的精神气质确实与众不同，不过总的特点是实践精神与幻想气质的高度统一，我们稍加分解就可形成三个特点的描述。

在人物方面，我们要进行跨界归类，以精神气质的差异来给那些熟悉的天才们重新分类，我们举诗人和书法家为例，分出三大类精神气质的人物，这一重新排列组合显示出我们的归纳视野和概括的准确。杜甫、颜真卿等的"大格局"是立规矩，李白、张旭等人的"大气象"是揽天下，王维、徐浩等人的"大境界"是超现实。一个朝代如果在立规矩、揽天下、超现实中的任何一个方面有所作为，都会在历史的长河中留下鲜明的时代印记，都会做出不辜负时代的伟大贡献。而盛唐却在这三个方面都做出了伟大贡献，足以看出盛唐气象是空前绝后的。盛唐气象是一个综合立体的气象，少了任何一部分都是对盛唐的损伤。

在时空方面，我们着重展示盛唐地域的宽广和对吐蕃的影响。借用诗句会来得更加方便。骆宾王在《从军中行路难》一诗中写道："去去指哀牢，行行入不毛。绝壁千里险，连山四望高。中外分区宇，夷夏殊风土。"李白在《关山月》里写道："明月出天山，苍茫云海间。长风几万里，吹度玉门关。汉下白登道，胡窥青海湾。由来征战地，不见有人还。戍客望边色，思归多苦颜。高楼当此夜，叹息未应闲。"杜甫在《咏怀古迹（其三）》中写道："群山万壑赴荆门，生长明妃尚有村。一去紫台连朔漠，独留青冢向黄昏。画图省识春风面，环佩空归月夜魂。千载琵琶作胡语，分明怨恨曲中论。"阎朝隐在《奉和送金城公主适西蕃应制》中写道："甥舅重亲地，君臣厚义乡。还将贵公主，嫁与耨檀王。卤簿山河暗，琵琶道路长。回瞻父母国，日出在东方。"

4.2009 年中考无锡卷"文学是灯"的多重拆分

（1）"文学是灯"的主题拆分

并列互补式：

> 诗歌的幻想之灯，让我看到美和自由的绚丽前景
> 散文的真情之灯，使我在人间温情中前行永不孤单
> 小说的新奇之灯，使我视野大开于曲折中勇往直前

（2）"文学是灯"的人物拆分

并列互补式：

> 孩子们在童话世界里总能看到正义战胜邪恶
> 青年人在文学世界里描绘自己的美好未来
> 中年人在文学里剔除生活的芜杂悟出精粹的智慧
> 暮年之人在文学里体会到人间所有的温暖

（3）"文学是灯"的时空拆分

并列互补式：

> 我困于斗室，是文学带我远行，体会巨大时空的明媚
> 我远游在外，是文学引我回到朝思暮想的精神家园
> 工作间隙，是文学洗去了世俗的灰尘，让我心中充满阳光

主题拆分，方便起见，利用一下现成的关于文学的分类。确定好诗

歌、散文、小说这个分类法后，就应下功夫找出诗歌、散文、小说不同的特点，顺着这些特点再找到它们的基本功能，找到了基本功能也就找到了文学之灯的意义了。

人物拆分，从不同的人群对文学的不同期待，或者说文学对不同人群的不同影响来分类。

时空拆分，强调在不同的时空"我"都受到文学的影响。

5. 2008年中考黑龙江卷"珍爱_____"，补充为"珍爱时间"的多重拆分

（1）"珍爱时间"的主题拆分

A. 并列互补式：

工作学习的时间

生活中的零散时间

人际交往的时间

休闲游玩的时间

B. 递进式：

为自己珍惜时间（苦学习，勤训练）

为他人珍惜时间（少开会，不发言）

为社会珍惜时间（办实事，不折腾）

C. 并列互补式：

强度高的时间中（不拼就意味着浪费时间）

长度大的时间中（不能坚持就意味着浪费时间）

密度高的时间中（不宜的间隙意味着浪费时间）

D. 并列互补式：

积极创造，是珍惜时间的实质

不小瞧任何时间，是珍惜时间的态度

争分夺秒，是珍惜时间的做法

（2）"珍爱时间"的人物拆分

A. 并列递进式：

学生珍惜时间（会换来更多个人发展的空间）

上班族珍惜时间（为国家、后代换来更大的空间）

老年人珍惜时间（为儿女、社会换来更多的时间）

B. 并列递进式：

　　身处逆境者（珍惜时间，走出困境获得成功）

　　如日中天的昂扬者（珍惜时间，会有意外收获）

　　为事业画上圆满句号的人（珍惜时间，意味着把成功经验传递给后来者）

（3）"珍爱时间"的时空拆分

A. 递进式：

书房中挑灯夜读的细节

院落里早出晚归的情景

大街上步履匆匆的景象

B. 并列递进式：

清晨，快节奏进早餐，快节奏浏览一天计划

中午，饭后加班加点，做好上午未尽事情

夜间，认真回顾一天，写好明天的安排要点

　　"珍爱时间"是一个永恒的话题，一个需要不断提醒的忠告，一个绝对无须证明的公理，一个一旦动手就很可能空话连篇的题目。也就是说，它是最具励志类文章特征的题目，越是这样，也越能显示出拆分的重要。

　　"珍爱时间"主题拆分的思路 A、B、C、D 依次加大了探索的难度和意义。思路 A 在说明一个人的任何活动，都会在或紧张或松弛的时间里进行，期间定会有许多空隙需要我们充分利用好。思路 B 则从为谁珍惜时间的角度展开讨论，依次说明珍惜时间包含了责任的意义，不仅利己，而且利他、利社会，形成一个递进互补的关系。思路 C 借助物理概念来揭示时间的属性，其实我们日常也会说到有关时间的长度、强度、密度等，但把它们放在一起思考就会有新的发现，长度、强度、密度都和珍惜时间密切相关。思路 D 从珍爱时间的实质、态度、做法三个方面谈它的意义。"积极创造"是珍爱时间的最大本质，这一认识巩固后再谈态度——"不小瞧任何时间"和做法——"争分夺秒"，就有了应有的高度和深度。

　　"珍爱时间"人物拆分相对容易。思路 A 的特别之处就在于"以时间换空间""以时间换时间"。思路 B 在于说明不同境遇的人对待时间的态度应该一样。

　　"珍爱时间"时空拆分也相对容易。思路 A 用三个即景，房内特写、院中中景、街上全景，由点及面显示出所有人、所有地点都在勤奋劳作之中。思路 B 用时间的纵向特征来写某一人全天的活动，一次证明他对时间的利用情况。

6.2008 年中考桂林卷"当_____的时候"，补充为"当朋友离开的时候"的多重拆分

（1）"离开"的主题拆分

A. 递进式：

当朋友与我惜别的时候
当朋友弃我而去的时候
当朋友不幸逝去的时候

B. 递进互补式：

千言万语道不尽
执手相看，无语凝噎
洒下一路驼铃声

（2）"离开"的人物拆分

递进并列式：

朋友离开，重感情的人，会觉得世界只有你和我
朋友离开，重实际的人，会接受朋友远去的事实
朋友离开，重交际的人，会结交新友而淡忘故交

（3）"离开"的时空拆分

A. 并列式：

桃花潭水深千尺，不及汪伦送我情
山回路转不见君，雪上空留马行处
念去去，千里烟波，暮霭沉沉楚天阔

B. 递进式：

清晨，独自一人，无朋友陪伴重走上学路
中午，买来朋友最爱吃的菜，却只能独自用
晚上，看着朋友的留言信件，带着回忆进入梦乡

主题拆分思路 A 通过解释"离开"的不同含义来丰富内容、深化主题。不管是"惜别"，还是"弃我"，还是"逝去"，都是让人心痛之事。思路 B 则从惜别时的交流角度来抒发感情。言语也好，无语也好，驼铃声

也好，都是惜别时最让人难以忘怀的。

人物拆分在于显示"人走情谊在"和"人走茶凉"并存的现实。递进的关系把这种现实揭示得透彻清晰。

时空拆分思路 A 借用学生熟知的诗句，来渲染朋友离开后留下的巨大空间空白，空白越大，思念越深。思路 B 写一个人的三段时间的即景。

范畴分类思想，既可以使原本令人讨厌的励志类作文写得亲切，又可以使原本很容易简单化的励志问题讲得深刻透彻；既可以训练学生的科学思维，摆脱"发散思维"的无序状态，又可以增强学生的哲学意识，养成运用范畴思想思考问题的良好习惯。然而学会范畴分类，不可能靠几个生动的例题就能实现，也不能生搬硬套这些例子，还需要无数次的强化训练才能实现，我们必须对此要有充分的认识。养成良好习惯实属不易，习惯性例证思维和庸俗辩证思维根深蒂固，很难摆脱，我们必须用一分为三（多）的递进模式，取代一分为二的正反模式。

只要养成良好的范畴分类习惯，学生自然会总结出更多更好的分类方式，超越类似本文展示的这些角度和模式，在科学思维的基础上实现属于自己的创新思维。

（二）范文展示

提醒幸福

毕淑敏

我们从小就习惯了在提醒中过日子。天气刚有一丝风吹草动，妈妈就说，别忘了多穿衣服。才相识了一个朋友，爸爸就说，小心他是个骗子。你取得了一点成功，还没容得乐出声来，所有关切着你的人一起说，别骄傲！你沉浸在欢快中的时候，自己不停地对自己说："千万不可太高兴，苦难也许马上就要降临……"

我们已经习惯了在提醒中过日子。看得见的恐惧和看不见的恐惧始终像乌鸦盘旋在头顶。

在皓月当空的良宵，提醒会走出来对你说：注意风暴。于是我们忽略了皎洁的月光，急急忙忙做好风暴来临前的一切准备。当我们大睁着眼睛枕戈待旦之时，风暴却像迟归的羊群，不知在哪里徘徊。当我们实在忍受不了等待灾难的煎熬时，我们甚至会恶意地祈盼风暴早些到来。

风暴终于姗姗地来了。我们怅然发现，所做的准备多半是没有用的。事先能够抵御的风险毕竟有限，世上无法预计的灾难却是无限的。战胜灾难靠的更多的是临门一脚，先前的惴惴不安都不上忙。

当风暴的尾巴终于远去，我们守住零乱的家园。气还没有喘匀，新的提醒又智慧地响起来，我们又开始对未来充满恐惧的期待。

人生总是有灾难。其实大多数人早已练就了对灾难的从容，我们只是还没有学会灾难间隙的快活。我们太多注重了自己警觉苦难，我们太忽视提醒幸福。请从此注意幸福！幸福也需要提醒吗？

提醒注意跌倒……提醒注意路滑……提醒受骗上当……提醒荣辱不惊……先哲们提醒了我们一万零一次，却不提醒我们幸福。

也许他们认为幸福不提醒也跑不了。也许他们以为好的东西你自会珍惜，犯不上谆谆告诫。也许他们太崇尚血与火，觉得幸福无足挂齿。他们总是站在危崖上，指点我们逃离未来的苦难。但避去苦难之后的时间是什么？

那就是幸福啊！

享受幸福是需要学习的，当幸福即将来临的时刻需要提醒。人可以自然而然地学会感官的享乐，人却无法天生地掌握幸福的韵律。灵魂的快意同器官的舒适像一对孪生兄弟，时而相傍相依，时而南辕北辙。

幸福是一种心灵的震颤。它像会倾听音乐的耳朵一样，需要不断地训练。

简言之，幸福就是没有痛苦的时刻。它出现的频率并不像我们想象的那样少。

人们常常只是在幸福的金马车已经驶过去很远，捡起地上的金鬃毛说，原来我见过它。

人们喜爱回味幸福的标本，却忽略幸福披着露水散发清香的时刻。那时候我们往往步履匆匆，瞻前顾后，不知在忙着什么。

世上有预报台风的，有预报蝗虫的，有预报瘟疫的，有预报地震的。没有预报幸福的。其实幸福和世界万物一样，有它的征兆。

幸福常常是朦胧的，很有节制地向我们喷洒甘霖。你不要总希冀轰轰烈烈的幸福，它多半只是悄悄地扑面而来。你也不要企图把水龙头拧得更大，使幸福很快地流失。而需静静地以平和之心，体验幸福的真谛。

幸福绝大多数是朴素的。它不会像信号弹似的，在很高的天际闪烁红色的光芒。它披着本色外衣，亲切温暖地包裹起我们。

幸福不喜欢喧嚣浮华，常常在暗淡中降临。贫困中相濡以沫的一块糕饼，患难中心心相印的一个眼神，父亲一次粗糙的抚摸，女友一个温馨的字条……这都是千金难买的幸福啊。像一粒粒缀在旧绸子上的红宝石，在凄凉中愈发熠熠夺目。

幸福有时会同我们开一个玩笑，乔装打扮而来。机遇、友情、成功、团圆……它们都酷似幸福，但它们并不等同于幸福。幸福会借了它们的衣裙，袅袅婷婷而来，走得近了，揭去帷幔，才发觉它有钢铁般的内核。幸福有时会很短暂，不像苦难似的笼罩天空。如果把人生的苦难和幸福分置天平两端，苦难体积庞大，幸福可能只是一块小小的矿石。但指针一定要向幸福这一侧倾斜，因为它有生命的黄金。

幸福有梯形的切面，它可以扩大也可以缩小，就看你是否珍惜。

我们要提高对于幸福的警惕，当它到来的时刻，激情地享受每一分钟。据科学家研究，有意注意的结果比无意要好得多。

当春天来临的时候，我们要对自己说，这是春天啦！心里就会泛起茸茸的绿意。

幸福的时候，我们要对自己说，请记住这一刻！幸福就会长久地伴随我们。那我们岂不是拥有了更多的幸福！

所以，丰收的季节，先不要去想可能的灾年，我们还有漫长的冬季来得及考虑这件事。我们要和朋友们跳舞唱歌，渲染喜悦。既然种子已经回报了汗水，我们就有权沉浸幸福。不要管以后的风霜雨雪，让我们先把麦子磨成面粉，烘一个香喷喷的面包。

所以，当我们从天涯海角相聚在一起的时候，请不要踌躇片刻后的别离。在今后漫长的岁月里，有无数孤寂的夜晚可以独自品尝愁绪。现在的每一分钟，都让它像纯净的酒精，燃烧成幸福的淡蓝色火焰，不留一丝渣滓。让我们一起举杯，说：我们幸福。

所以，当我们守候在年迈的父母膝下时，哪怕他们鬓发苍苍，哪怕他们垂垂老矣，你都要有勇气对自己说：我很幸福。因为天地无常，总有一天你会失去他们，会无限追悔此刻的时光。

幸福并不与财富、地位、声望、婚姻同步，这只是你心灵的感觉。

所以，当我们一无所有的时候，我们也能够说：我很幸福。因为我们还有健康的身体。当我们不再享有健康的时候，那些最勇敢的人可以依然微笑着说：我很幸福。因为我还有一颗健康的心。甚至当我们连心也不再存在的时候，那些人类最优秀的分子仍旧可以对宇宙大声说：我很幸福。因为我曾经生活过。

常常提醒自己注意幸福，就像在寒冷的日子里经常看看太阳，心就不知不觉暖洋洋、亮光光。

【点评】

为什么没有提醒幸福—为什么要提醒幸福—如何提醒幸福及提醒后的图景。在这个大结构中，作者又做了如下小结构的安排。

我们总在提醒中过日子，我们提醒的都是不测、不幸、苦难等需要防止的东西，因而我们总处在等待苦难的恐惧和忧虑之中。

我们唯独忘记了提醒幸福，幸福就在苦难来临之前和苦难过去之后，不提醒，我们还意识不到幸福的存在。

幸福不是喜从天降，它是有征兆的，所以我们应及早等待它。幸福不是富丽堂皇，它是朴素的，并不惹人注目，所以我们要提醒它的存在。幸福有时乔装而来，如机遇、成功、友情、团圆，然而成功之前、分手之后却被我们赋予了不幸福的意义，所以我们要提醒在它们到来之前，幸福早已到来，它们只是幸福的伴随物、副产品。幸福往往在关注中壮大，关注的幸福是放大了的幸福，不被关注的幸福可能演变为错过体验的幸福，所以关注是一种升级的提醒。

提醒了幸福，我们的所有时间是快乐的，"丰收的季节，先不要去想可能的灾年，我们还有漫长的冬季来得及考虑这件事"。提醒了幸福，我们的空间是愉悦的，"从天涯海角相聚在一起的时候，请不要踌躇片刻后的别离。在今后漫长的岁月里，有无数孤寂的夜晚可以独自品尝愁绪"。提醒了幸福，我们每一个人都是温暖的，"当我们守候在年迈的父母膝下时，哪怕他们鬓发苍苍，哪怕他们垂垂老矣，你都要有勇气对自己说：我很幸福。因为天地无常，总有一天你会失去他们，会无限追悔此刻的时光"。

(三) 下水作文

做永远的读者

李旭山

面对经久不衰的经典、机敏灵秀的新作，面对懵懂稚拙的书童、颇有鉴赏力的学子，面对你天天都要登上的讲台，语文教师是一个什么样的角色？

知识的传播者？职场的理论家？不，都不是，我们只是读书的先遣队、领路人，读书心得的交流者。为此，我们首先应是一个优秀的读者。你是经典的读者，你是新作的读者，你是学生习作的读者；你是一个永远的读者。

我无法做一个知识的传播者，老化的知识难以传播，审美体验无法传递，脱俗的境界无法复制。我无须做一个知识的传播者，学生获取知识的途径已非常广阔，信息垄断与思想霸权必然成为众矢之的。若以知识传播者自居，我就是那带团匆匆旅游的导游，我的熟练介绍不仅走马观花，而且剥夺了游客自由欣赏的权利。我要做一个忠实的读者、自由的游客，我的先知先觉的唯一价值，就在于将网络环境下获取知识的有效途径介绍给学生，让学生在知识的风景和文明的遗存中纵情徜徉、自由欣赏，让他们按照自己的需要搜索、归纳、提炼、升华。

我不愿做职场中的教师、理论家，不愿简单重复阅读经典的体会，不愿贩弄各种理论成果，更不愿照搬照抄所谓的优秀教案。我一旦放弃读者身份而以教师理论家自居，就会成为横在作品和学生之间的玻璃幕墙，徒有光芒而无助于学生与作品的交流，也阻断了我与学生的平等交流，将学生引向偏狭的角落或大而无当的平庸之中。选择了语文教育，就意味着你将把阅读当成永不停息的生命形式，在功利之外、崇高之中，在恬静的心绪之下，陶冶情操，净化心灵，体验审美，获得境界。

面对同一个作品，怎么还要做一个永远的读者？是因为我们被经典深深地吸引，是因为我们每次阅读都有新收获，是因为我们还有一颗永远新鲜的心，是因为新的阅读会让我们充满挑战感，是因为我们要和学生同时感受语言艺术的魅力，是因为经典中的形象、经典中的文化信息、经典中的再创造空间，让我们不断丰富、不断领略、不断创造。教了几遍十几遍就希望学生把自己看成权威甚至明星，是何等的可笑？明星的产生，就意味着被娱乐，粉丝关注的已不是你的内涵，而是与读书无关的无聊信息。教师做读者的谦虚姿态，会使理论家没了市场，而学生却有了方向，有了收获。

只有出色的阅读者才能真正主导主体（学生）去阅读，否则你的主导会堕落为主宰，那些主体也随之会成为毫无生气的被主宰者和无奈看客。教师阅读的敏感，很容易被先前的经验和专家的结论所扼杀，没了阅读的敏感就会和学生越来越没有共同语言。只有一次次敏感的阅读，才能弄明白自己最需要讲的东西，才能让学生得到更多的东西。

很难想象，自己不读书，只靠学别人的表演课、观摩课，只靠到发达地区取几次经，只靠新课程、新理念的集中灌输、培训，就能提高教学水平；很难想象，因语文学科受排挤而使语文教师地位降低的尴尬能够靠读书以外的办法得以消除；很难想象，自认为已经不是读者而是专家的中国语文教师能给中国语文教育以什么真正的建树。

给学生影响最大的永远是教师的博览群书、敏锐好思，而不是那些先进的方法和活跃的气氛。语文的尊严乃至文学的尊严，就是靠教师嗜书如命、陶醉书海来维护的，而不是什么先进的理念和新潮的做派，更不是靠只会表演不会读书的浅俗之风。教师读书的良好榜样，会使学生也嗜书如命、陶醉书海。

学生好读书，学生会写作，不能不说与好读书的教师有关，全班都好读书，都爱写作，那一定是因为有一个虔诚地扮演读者角色的语文教师。

没有那一个个愿做永远读者的语文教师，还有谁能守住这文香墨溢的语文园地呢？

第二节　比喻类比化，文思繁花开

——托物言志类作文审题思维训练

一、类比思维是托物言志类文章的基础思维

托物言志类文章是一种最常见的文章，类比思维常常是这类文章的思维核心。不管是审美语境中的比兴、用典、象征、借景抒情，还是说理文章中的借古讽今、因事言理、托物言志，无不因类比思维而使托物言志类文章大放光彩。然而，当今无论是哲学教科书还是逻辑教科书，都没有给类比思维留下一席之地。

（一）类比思维在经典作品中的体现

其实，类比手法在中学教材中是一种常见手法，明显使用类比手法的篇目有《邹忌讽齐王纳谏》《游褒禅山记》《触龙说赵太后》《庖丁解牛》《齐桓晋文之事》《劝学》《非攻》《阿房宫赋》《六国论》《马说》《卖油翁》

《种树郭橐驼传》《拿来主义》《在马克思墓前的讲话》《短歌行》《滕王阁序》《琵琶行》《锦瑟》等。然而在教学实践中，类比却没有得到足够的重视。分析教材时，我们对类比现象不敏感，对类比的意义认识不足；作文教学时，又不懂得类比思维的运用。那么，被我们忽略的类比在教材中有哪些典型的情形？忽略类比教学的原因有哪些？如何运用类比训练来提高表达技能？我们将就这三个问题展开讨论，借用比喻格式中"喻体""本体"两个概念来说明类比的特点。

从类比在文章中的地位及作用角度看，教材中有如下几种情形。

第一种，整个文章建立起了类比关系，前半部分描述喻体，后半部分描述本体，喻体和本体之间形成较明确的多点一对一对应关系，既有显性对应，也有隐性对应。如《邹忌讽齐王纳谏》，喻体邹忌之事和本体齐王之事有如下一些相似点需要我们发掘：①都渴望得到真诚之言。这是邹忌和齐王能聊在一起的根本前提，是劝谏的基础。②都位置最高。邹忌是家中至尊，齐王是国中至尊。③都形象不错。一个有俊美的容貌，一个有"政通人和"的国家形象。④都很自信。一个自信地认为容貌形象最佳，一个自信地认为执政形象最佳。⑤都被美言包围和蒙蔽，而听不到真实评价。一个不知还有徐公之美，一个不知还有国外强国。⑥美言的原因都相同。一个是妻妾友私我畏我有求于我，一个是宫妇朝臣四境之人私王畏王有求于王。具体说，就是"私""畏""有求于"三个相同。⑦都得自己主动去寻找真言，拓开言路。一个邀请了更美的徐公得到真实判断，一个确立了纳谏制度获得真诚进言。⑧都通过听信真言，树立了新的形象。一个不但外表美，人品也美，一个不但信任百姓，也得到了百姓的信任。

这些条件相似、愿望相似、境遇相似、对策相似、效果相似的相似点大部分被我们忽略了，我们只注意到第⑥点的显性相似。如果没有这么多或显或隐的相似，也就没有邹忌劝谏的成功，多点相似使对方接受劝谏的理由越来越充分。

第二种，文章核心段落充分展开类比推理，促成说理的成功。如《触龙说赵太后》中，秦攻赵，赵求救于齐，齐以将赵公子长安君作为人质为出兵条件，各大臣劝说赵太后送子入齐，赵太后大怒不答应，触龙最后一个出场劝说。触龙经过"一寒暄、二托子、三议公主"三个环节后，顺势提出赵公子前途的问题。为了把这一问题说透，触龙用类比思维提起赵国开国国王的所有子孙，因位尊而无功、俸厚而无劳被周王室和其他诸侯排斥，进而惨遭淘汰之事。经过与长安君对比，使赵太后认识到必须答应送长安君到齐国做人质，才能救赵国、救自己的结论，最后说服赵太后同意送子入齐。我们一般能注意到触龙将公主和公子的巧妙对比，而忽略了开国王子、王孙和赵公子之间的类比关系，自然也会忽略触龙托子于赵太后与赵太后送子入齐的隐性类比关系。也就是说，在这里的类比形成了两个递进式的关系却不被我们注意。

第三种，文章某一段落中的关键语句运用类比。如《在马克思墓前的讲话》里有这样一句话："正像达尔文发现有机界的发展规律一样，马克思发现了人类历史的发展规律。"这句话经过充分发掘就会有如下意义：马克思关于人类历史的研究就像达尔文的进化论研究一样具有前无古人的革命意义；人类历史由低级向高级发展就像地球生物进化一样；他们都为研究付出了长时间的艰难的努力；他们的研究成果都引起了巨大的轰动，逐渐得到全社会的认可；他们的研究成果不仅对本学科产生了深远影响，对更大范围的学科也产生了深远影响；作为英国人，恩格斯和在场的所有英国听众，为马克思骄傲就像为英国科学家达尔文骄傲一样。虽说是一句话，却包含了这么多容易被我们忽视的意义，这充分显示了类比手法不同寻常的表现力，也正好提醒我们在阅读中应对类比手法有足够的重视。

第四种，先说本体，喻体在文章结尾才亮出。如《短歌行》最后两句"周公吐哺，天下归心"，曹操将自己比作周公，只有细心的读者才能联想到前文抒情主人公的种种表现，原来是为了使人像崇拜周公一样崇拜他，这个枭雄最渴望的是其他大英雄对自己的追随、拥戴，起码让天下人消除他"挟天子以令诸侯"的嫌疑。这个既思贤若渴又不满于被庸俗者追随，既充满理想又不断忧思，既激情满怀又时时克制的复杂形象，到底是什么形象呢？是既显示自己的绝对优越又甘居一人之下的丞相形象，而且是周公那样的丞相形象，只是需要得到刘备、孙权这类大诸侯的承认才能称得上真正的周公。既有雄才大略又有自知之明，难道不是功已成名难就的曹操的真实写照吗？假如没有最后这一句的总结，这些意思还真不容易表达，假如不用类比思维来分析，我们也很难发掘出这么多的意义。

从类比运用的具体表现形式来看，类比在教材中有如下几种情形。

第一种，详细地描摹出喻体的全貌，而不言及本体，借古讽今，让读者自己悟出前车之鉴的意义。如《阿房宫赋》，秦始皇为了功名和享乐，不顾百姓死活，大兴土木修建阿房宫，最后遭到灭顶之灾。尽管文章只字未提唐代当时的现实，但读者一眼就能看出唐代的大兴土木与秦代有惊人相似之处，所不同的是唐代此时还没有遭到灭顶之灾，正因如此本文才有借鉴意义。

第二种，是将类比和比喻融合在一起，使文章既生动又有力。如鲁迅的《拿来主义》把继承文化遗产比作某青年继承一个陌生的老宅子。那老宅子除了房子以外还有姨太太、古董、大烟等。房子喻指某一民族文化，古董自然指有收藏价值的文化形态，大烟则是文化糟粕部分的象征，那姨太太是貌似现代实则落后的文化成分。那青年踱进屋中大食其鸦片的行为是全盘接受（全盘西化）的形象描述，惧怕鸦片而放火烧房的做法则是拒绝文化继承的形象表现，宅子拿来、鸦片送入药房、姨太太全都驱走才是合理继承文化遗产的形象概括。

第三种，将比喻和类比配合使用，增强文章表现力。如李商隐《锦瑟》中的"庄生晓梦迷蝴蝶，望帝春心托杜鹃。沧海月明珠有泪，蓝田日暖玉生烟"。前两句是类比，借庄周梦蝶来写自己曾经的美好，借望帝托杜鹃来写自己的伤心。后两句是比喻，形象地写出了美好感情的渺茫，渺茫的就像在沧海中感受如珠的泪水、在烟气中判断可能埋于地下的美玉。两句连起来就是说刻骨的伤心最终也像沧海中的泪珠、烟气下的蓝田玉一样虚幻起来，正如结尾两句说的那样，"此情可待成追忆，只是当时已惘然"。

第四种，为了说明某一观点，用类似于博喻的形式来论证本体，使得类比呈现出一种规律化认识。如《劝学》里"吾尝跂而望矣，不如登高之博见也。登高而招，臂非加长也，而见者远；顺风而呼，声非加疾也，而闻者彰。假舆马者，非利足也，而致千里；假舟楫者，非能水也，而绝江河。君子生非异也，善假于物也"。其中本体"君子善假于物"由前面善假于"高山""顺风""舆马""舟楫"几个喻体烘托而出，产生了一种让人不得不叹服的气势与力量。"积土成山，风雨兴焉；积水成渊，蛟龙生焉；积善成德，而神明自得，圣心备焉。"情况也是一样。这种形式的力量不但来自博喻般的气势，还来自对普遍规律的揭示。

（二）当前不重视类比思维的原因和影响

类比不被重视的原因有以下几点：①语文教育不重视思维训练，即使重视思维训练，也只满足于演绎思维和归纳思维，或满足于在辩证法中寻找理论依据；②重视修辞训练而错把类比当作比喻；③重视托物言志类文章的教育，却并不清楚托物言志由类比思维支撑。

作为一种推理论证形式，类比既不同于演绎推理，也不同于归纳推理，它更多地出现在日常的辩论和散文中，而不是在纯学术、纯思辨的语境中。天人合一的哲学思想和具象思维的优势，使得中国人行文善于设喻做比，并乐于选择这种虽然不严格遵循形式逻辑但较为生动的类比形式，无形中让类比思维形成了民族的思维传统，在亚里士多德确立演绎推理、归纳推理理论的同时，《墨子》则对类比推理做了开创性的系统研究。类比思维的传统支撑了托物言志类表现手法，使之成为极具生命力的传统表现手法，不管是审美语境中的比兴、用典、象征、借景抒情，还是说理文章中的借古讽今、因事言理、托物言志，无不因类比思维的贯彻而大放光彩。然而当今无论是哲学教科书还是逻辑教科书，都没有给类比推理留下一席之地，语文教学自然认识不到类比的这一重要意义，一说思维，就会想到演绎归纳，就会想到辩证法，从而忽略类比在思维训练中的地位，因而往往会造成貌似逻辑严密实则漏洞百出的尴尬。

前一段周立波写了这样一则微博："网络是一个泄'私粪'的地方，当'私粪'达到一定量的时候，就会变成'公粪'，那么，网络也就是实际意义上的公共厕所！"周立波显然是在形式上运用了演绎推理，而且内容上还体现着归纳推理，得出了这么个他自己颇为得意的结论。没想到他的设喻却给网友反击留下了类比的空子，有一网友顺着类比思维发挥道："如果网络算是公共厕所，那么至今还在网络里安营扎寨的周立波先生又算什么呢？"周立波的立论也许没错，错就错在他重视演绎归纳形式轻视类比形式而出现了漏洞。

类比被逐出推理范畴，又很委屈地被错当成了修辞手法比喻。类比和比喻在语言实践中是有些不易区别，甚至少数例子同时具有了类比和比喻的特征。可我们的错误不仅在于把具有类比、比喻双重特征的情况只说成比喻，而且把本来非常典型的类比也当成了比喻。越是文章局部使用的类比，越有可能和比喻产生这样或那样的关系，也越容易使我们忽略类比的特性，甚至将其误以为比喻，重视了它的生动性而忽略了它的多点相似的力量。具体而言，我们还分不清类比和比喻如下的差别：①类比是推理方式，追求类比形成的力量；比喻是修辞方式，追求语言层面的生动形象。②类比是近类之间做比，类越近越好；比喻是远类之间做比，类越远越好，如果近类设喻就会向类比转化，如《拿来主义》。③类比本喻双方相似点越多越好，越有说服力；比喻只追求一两个相似点即可。④类比常常有对比的功能，而比喻无涉于对比。

认不清类比和比喻的关系，自然无法将类比还回到思维范畴，也无法摆脱下面的尴尬。

前些年，对《老鼠爱大米》这首歌，有人喜欢，有人讨厌。喜欢它的人，把它当作比喻：像老鼠离不开大米那样，这爱得多深，这比喻生动、新奇又亲切。讨厌它的人，则是把它理解成类比：占有、玷污、阴暗、物质需求、偷偷摸摸、侵害他人，这是老鼠爱大米的特征，也正是某些人的爱情观。这是作者只顾比喻不曾想到类比惹出的麻烦。

这种类比和比喻理解差异引发冲突的例子不在少数，如你热情地称赞"青春好像一条河"时，有人对一句"流着流着成了浑汤子"；你说"教师是蜡烛"，他很快发挥为"我不愿意做一次性的燃烧，我这蜡烛微弱的火苗只能照亮自己，无法照亮别人，燃烧后只能换来无动于衷的黑暗"。要想避免只顾比喻不曾想到类比的错误，就应将设喻者的比喻思维还原到类比上，这样就可看出比喻运用是否恰当，比喻是否可以上升到类比，是否对自己更有利，进而预防被人攻击的尴尬。

二、类比思维下托物言志类文章思维训练的原则

我与易朝芳老师多年共同研究，总结出托物言志类作文审题的如下几个原则。

（一）为全文设喻时，力求多点相似（比喻类比化）原则

比喻类比化原则，可以使文章内容大大充实，增强说服力和整体的表达效果。在审题难度较小的麻痹下，学生往往会依靠第一时间捕捉到的喻体的某个特点构思全文。这就像在矿藏还没有探明的情况下，就在矿脉边缘、末梢大力投资、大肆开采劣质资源而丢弃了优质矿产一样。因而"大类特点审不全绝不下笔"的训练要求，可以将我们带出片面化、狭隘化的局面。如《邹忌讽齐王纳谏》最高超的地方就是喻体与本体的相似点很多。

1.2012 年高考四川卷"水的联想"

"上善若水"

无色透明——单纯无邪，人之初性本善

流往低处——基础美德，仁义廉的基础

随物赋形——广泛低调，善意善念善行

生命之源——滋养成长，个人社会发展

载舟覆舟——平衡精英，民意选择英雄

雨雾霜雪——调节舆论，汇集社会良知

"水的联想"，不管联想到什么，不管本体是什么，首先对水要细致地琢磨，尤其是作为尽人皆知的显著特征，要尽收眼底。常识告诉我们，水有破折号前的六个特点，只要充分利用这些特点，我们就会在本体里找到我们不曾注意的意义。如果就像更多学生那样选择了"上善若水"这个题目，我们就在破折号后找出一个与破折号前的特点相似的"善"的特点。

用水的"无色透明"来形容"善"的"单纯无邪"，实在是再合适不过了。善良情感，是最不掺杂质的情感，它不需要沉淀，是纯天然净水，"人之初性本善"中的"善"，则是最好的说明。然而透明的净水更容易遭到玷污，那些别有用心的人总是针对群众的善良进行坑蒙拐骗，利用群众的善良达到其不可告人的邪恶目的。因而捍卫善的纯净就是对邪恶的最好抵御。

用水的"流往低处"的特点，我们正好能揭示"善"的"基础美德"特性。"善"的基础性不单是指"善"是每个人尤其是普通百姓都具备的美德，而且是仁、义、廉等高端美德的基础，没有"善"的基础就无法形成仁、义、廉等。仁、廉是统治者的专利美德，义是需要特殊修炼才能获得的品质，只有"善"属于最广大的人民群众。

用水的"随物赋形"来形容"善"的"广泛低调"，正好能说明"善"非常朴素，在任何环境下都能体现它的影响力，不像仁、义那样高调、挑剔，只在特殊背景下才能真正发挥作用。善意、善念、善行，既不挑人，也不挑环境，只要心中真实闪过那些人人都有的恻隐之心、怜悯之意，就说明你能将此放大变成善行。那些恶人的善心、善行同样值得鼓励，连恶人都逐渐开始做善事，那我们的这个世界不是因善而变得越来越美好了吗？

用水的"生命之源"来显示"善"在人的成长和社会的进步中的意义，一点儿都不过分。没有了善，人类社会就会只留下弱肉强食的丛林法则，恶就会无限膨胀，主宰这个血腥的动物世界，使之不能进化和发展；

没有了善，人类社会就会变成寸草不生的戈壁沙漠，一切都会变得恶毒无比，白云总是厌恶地一飘而过，太阳总是恶毒地炙烤，就连空气也动辄掀起漫天黄沙。

用水的"载舟覆舟"来揭示大众与精英、百姓与统治者间的关系也非常形象。大水载大舟，小水载小舟，无水舟搁浅。不满足于江河湖泊，想奔向大海的巨舟，必然要依赖更深更广阔的水，同时必然要领教从不讨好航行的巨浪波涛。巨舟若只想着专门讨好自己航行的运河，那它一定会被大海暗礁撞沉或被巨浪掀翻。小团体中的领袖容易和群众同舟共济，因为他和群众的利益较为一致。当这个领袖超越了小团体，成了更大团体的领袖，他和群众就只能共济而不能同舟，因为他和群众的利益很难一致，只顾自己不顾群众必然会被水中挣扎的群众掀翻。

用水的"雨雾霜雪"形态来描述"调节舆论"也较为形象。既然是社会舆论，那么说什么的都有，赞许、批评、讽刺、攻击、造谣、辟谣等，应有尽有。然而舆论的受体——广大群众则始终本着善良的朴素想法，用底层舆论抗衡着高端喧嚣；面对舆论的雨雾霜雪，当攻击诽谤达到一定程度时，良知则会慢慢聚集，开始说公道话，并发出巨大的声音，抵消那些严厉批评和恶意伤害。大到某个民族英雄遭否定，小到一些名人教子无方受攻击，无不经历着善良舆论收场的过程。

【启发】

对喻体特点发掘越多，对揭示本体特点越有利，我们往往能做到有多少喻体特点就能对应多少本体特点；用越是熟悉的事物做喻体，越能发掘更多特点为我所用。

2. 2009 年高考湖南卷"踮起脚尖"

> 上看——境界
>
> 远望——视野
>
> 高探——摸索
>
> 轻蹑——销声
>
> 重心改变——提醒平衡
>
> 增强美感——苦练功夫

"踮起脚尖"的目的是"上看""远望""高探"，"踮起脚尖"的客观影响是"轻蹑""重心改变""增强美感"。审题时，学生往往只想到踮起脚尖的目的，而不会想到踮起脚尖的客观效果，就是想到了踮起脚尖的目的，也未必能想出三点来。只要不停地挖掘，一定会捕捉到更多的特点，于是这些特点的本体对应点也会顺利找到。

【启发】

面对设喻形式的题目时，我们一定要把这个看似比喻的题目发挥成类比的题目。只抓一两点相似而作文，就只能在比喻的层面进行局部意义联想，也显然没有重视题目的统领意义。

（二）预防视野狭小，喻体特征大类穷尽的原则

喻体特征大类穷尽的原则，有助于在喻体中有更多新发现，更有助于在本体中找到出人预料的重要对应点，使文章观点更新颖、更透彻。

1. 2009 年高考浙江卷"绿叶对根的情意"

萌生

支撑

输养

绝大部分学生选择了从"根"为绿叶输送养分这一点展开作文。养分里有水，有有机养分，有无机养分，不管这些养分多么丰富，不管把它们分得多细，也无法弥补失去"萌生"和"支撑"的遗憾。绿叶对根的情意不完整，只是部分感恩、有选择的感恩，只是功利色彩浓厚的感恩："萌生"已是过去式，只需要一次，"支撑"已成固然，即使局部腐烂不会枝干倾倒，感恩"萌生"与"支撑"，那是遥远的情感，而"输养"是一刻也离不开，似乎就有了时刻感恩的必要。时刻感恩"输养"，与其说是感恩，还不如说是需要，是势利。只有非功利的感恩，才是真正的感恩。所以绿叶对根的情意，绝不可忘记了"萌生"和"支撑"。

【启发】

"大类"不等于"重要类"，只盯着尽人皆知的"重要类"，往往就会忽视默默无闻的其他"大类"。重要性往往就是实用性，对实用性的尊重就不可避免功利化，对非实用价值的尊重才是崇高。吃水不忘挖井人，是崇高；吃水不忘水井，是功利。实用主义时代大潮下有太多的人"吃水不忘水井"，鲜有人"吃水不忘挖井人"。

2.2016 年高考山东卷"备好的行囊"

从行囊的内容类型看：

积累的个人财富

掌控的外部资源

拥有的生存能力

从行囊的功能类型看：

有助于确定方向路线的

有助于日常所需能量的

有助于攻坚克难的

到了目的地才使用的

【启发】

事物特征，有内容方面的，也有功能方面的。对于具有工具意义的事物，忽略其功能特征，则是最大的失误，因而我们必须重视事物的功能特征。对体与用、器与道的哲学关系应该熟悉。

3. 模拟题"种植阳光"

"阳光"：

光明（希望）

温暖（人间真情）

生机（生命活力）

"种植"：

生根（你接受过爱）

发芽（爱在心中生根）

壮大（把爱回馈社会）

繁殖（形成爱的接力）

一般情况下，学生会选择"阳光"，做得好的能拆分出"光明""温暖""生机"并发挥到本体上，做得不好的就只说一两点了事。很少有人会将目光指向动词"种植"，即使有人写到了"种植"，也极容易滑向"辛劳"等意思上，而不会发掘"种植"这个喻体过程的阶段特点。只要抓住"生根""发芽""壮大""繁殖"这几个特点，就不难对应本体中的关于爱的发挥。这个题目最有价值的地方，恰好是被学生忽略的地方。

【启发】

如果题目中的关键词有两个以上，很有可能就是喻体特点的暗示；如果题目是个动词短语，那么动词也许更重要。

4. 模拟题"灯"

（1）从灯的种类与功能总结

案上的灯照亮书本；屋檐下的灯照亮小路；孤岛上的灯指示航线；元宵节的灯表达辞旧迎新的喜庆；孔明灯代表着人们的祈福意愿；霓虹灯装点城市美好的形象；仪器上的灯显示设备的工作状态；红绿灯维持着城市的秩序和保证着人们的安全；矿工帽上的灯既标志着劳动创造又体现着生命的保障。

（2）从灯的各种材料和外形角度找出喻体特征

豆中之芯、蜡上之苗、笼中之光、探照灯的光柱、装饰灯的华彩、信号灯的闪烁、古宅深处幽灯的若隐若现，等等，从这些事物的外部特征自然会引发出种种有关人生的联想。

虽然功能角度下的灯已经够丰富了，但灯的材料、外形角度更符合设喻类文章的要求，它们更形象直观，更接近喻体，所以这个角度不仅不能忘记，而且应该首先考虑。如果说功能角度下的灯促使我们用逻辑推理来了解它们的用途、意义，那么材料、外形角度下的灯吸引我们用艺术想象来发挥观灯感受。前者偏向于逻辑理性，后者侧重于艺术感性，理性规范着联想，感性发散着联想。

【启发】

一个名词单独做题目，追求设喻而不是说明，那么我们应该重视它的本质的时候，也绝不可忽视它的表象；重视名词的概念、内涵的同时，也要重视它的外延；重视逻辑推理的同时，也不忘记艺术想象。

5. 模拟题"经营生命"

> 年轻就是资本
> 年老就是财富
> 磨炼就是经营（投入）

年轻就是资本，令人羡慕，因为年轻，就拥有时间和希望，用时间和希望去投资，用充满热爱的心灵和智慧的头脑去经营，生命一定会一天比一天更富有、更丰盈。

年老就是财富，也令人羡慕，年纪大的人，阅历丰富，见多识广，写起文章来素材也多，思想也深刻。

但是并不是所有的资本最终都能够转化为财富。资本只是为实现财富提供了一种可能，要想使这种可能变为现实，还需要苦心经营。岁月流逝，青春不再，我们却了无遗憾，因为我们没有让年轻这一资本从手中白白流失，我们用它做了最好的投资，在年老时，我们已得到了丰厚的回报。

就连淡泊宁静、超然物外，也是必须经历了奋斗的青春后，才有资格具有的品质，或者说淡泊宁静这种境界，也是漫长的经营所得，看似平静无为，实则是享受年轻资本换来的财富。

【启发】

经营的三要素——资本、投入、产出，缺一不可。喻体概念为某种动作行为时，我们就要对这种行为做最基本的范畴分类，如写作三要素——素材、创作、作品，作战四要素——作战计划、兵力武器配置、实施作战、获取胜利，竞技三要素——素质、训练、实战，这些基本要素不完整，就像打无准备之仗一样危险。

6. 模拟题"_____的味道"

"味道"本义说，如山珍海味、鸟语花香，只强调直观感受。

"味道"引申说，如"农村的味道""城市的味道""过年的味道"，引申之后我们就会联想到人情、文化、乡愁等。

"味道"比喻说，如"京剧的味道""太阳的味道""汉文化的味道""青春的味道"。比喻时，我们会想到京剧的醇厚耐品，我们会想到太阳照射后的特点，我们会体会汉文化久远的特色，我们还会联想到青春的喜怒哀乐。

本义说，应强调某次品尝某味道的深刻印象，使你反复回味，在文章的各个部分都要突出味道本身。因为这种文章很难写长，所以要对味道本身做充分的形容和描写，所以建议形成一种反复的格式。

引申说，应强调味道背后的意义，如农村的味道让人向往自由清新的田园风光、舒缓的节奏、淳朴的民风民情。过年的味道是浓厚的团圆气氛、喜庆的气氛。

比喻说，应强调那些本不具备味道特征的事物的耐人寻味、百品不厌，人们对它们的喜欢就像喜欢吃一种百吃不厌的食品；久远醇厚，特色越来越明显的地域文化，就像陈年老酒一样；用味道的丰富多样来形容本体事物的丰富多样，酸甜苦辣能写照人生的各种情感，如喜怒哀乐等。

【启发】

假如喻体是某一概念，那么我们就可以从概念的本义、引申义和比喻义展开喻体的大类划分。需要注意的是，不要将引申义和比喻义混在一起。引申义具有稳定性，比喻义具有临时性；引申义一般不能还原为比喻格式，比喻义则可以还原为比喻格式，且喻体和本体的相似点较少。

（三）审题时，先喻体后本体的原则

先喻体后本体的原则，有助于避免脱离托物言志类文章的基本写法而任意作文。

拿到题后绝不能轻信第一时间捕捉到的本体意义，要很自觉地在喻体里发掘完意义后，再到本体里寻找对应点。同时坚信喻体里有多少特点，本体里就有多少特点与之对应。

1. 2012 年中考成都卷"走过那一个拐角"

"走过拐角"的喻体特征：

视野开了（感受）

道路直了（形象）

速度快了（影响）

许多考生写的是渡过难关、战胜困难。这样写显然没有击中靶心，本题的实质是说期待与变化，而不是渡过难关。拐角挡住了视线，拐角处道路不直，拐角处只能慢行，我们找到了感受、形象、影响三个角度来认识拐角。"走过拐角"自然就意味着"视野开了""道路直了""速度快了"。

【启发】

一定要准确抓住喻体的特征，否则就会跑题，就像本题中考生将拐角当成像死胡同和高大障碍物这样的东西，直奔本体不仅不能完整把握喻体特征，而且会造成跑题。

2.2012 年中考陕西卷"逗号"

从主题的功能角度拆分为并列互补式：

> 停顿与连接，停而不断，是避风湾
>
> 顺承与过渡，承上启下，是建桥梁
>
> 蓄势与张扬，为抑先扬，是冲顶峰

这可能是当年最难审题的一个中考作文题。难就难在无法把握"逗号"的设喻意义，这是因为我们没有真正关注"逗号"这一最常见符号的意义。"停而不断"是逗号本身的时间特征，"承上启下"是逗号连接上下文的空间特征，"为抑先扬"是逗号独有的抒情特征。这三大特征也是关于逗号的语气、语义、情感三方面的特征，标点符号的功能不外乎就这几个方面。本体部分对应的"避风湾""建桥梁""冲顶峰"，反过来又进一步说明逗号的活跃，逗号的功能强大，远不是小小的逗号，而是大大的逗号。

【启发】

最熟悉的事物被当作喻体题目的时候，也是最考验我们对熟悉事物的熟悉程度的时候。要想说清熟悉的事物，就要运用范畴思想。在范畴思想下，事物的各个重要特征就会逐个显现，如本题中对时间特征、空间特征、情感特征以及语气、语义、情感的归纳。

3.2011 年中考鞍山卷"＿＿＿是我飞翔的翅膀"

题目可补充为"自信是我飞翔的翅膀"，可根据飞翔的阶段特征发挥成递进互补式：

> 起飞时，自信的助跑让我有力地腾空跃起
>
> 高空中，自信与毅力支持我越过高山大海
>
> 降落时，自信让我准确着陆，稳稳立于枝头

一次飞翔，从时间和形式上可分为起飞、翱翔、降落三个阶段，这三个阶段一确定，我们就可着手研究每个阶段自信所起的作用。先喻体后本体的原则为我们争取了宝贵的时间，我们就可以对文章的其他部分做精雕细刻，如语言就可以更加讲究，更富有文学色彩。

也可将飞翔分别置于风雨雷电、高峰大洋等极端条件下，展示自信的力量。而每个喻体特点之后紧随一个联系生活的本体事物，这样就可将设喻发挥得淋漓尽致。

【启发】

喻体为动作行为，其特征必然体现在行为的不同阶段中，阶段的不同特点也随之不同。拆分阶段并考察特点是这类作文审题的第一选择。

4.2011年高考广东卷"回到原点"

设喻"源头"：

清澈——单纯

安静——淡泊

舒缓——从容

细小——审慎

源头是什么样的？源头又能给予我们什么样的支持？回答不清第一个问题，第二个问题也就无从回答。以河流的源头为例，我们认真想象它的模样，不难想到"清澈""安静""舒缓""细小"等特点。如果还感到吃力，就用对比法来完成，与奔腾的大河相比，源头的特点就更容易揭示了。有了喻体的那些特征，我们才恍然大悟，原来"源头"的意义这么丰富——与生俱来的单纯、不慕名利的淡泊、珍重生命的从容、不事冲动的审慎。

【启发】

本体意义的丰富依赖于喻体意义的丰富，喻体能帮助我们发现那些从未注意的本体意义。

5.2009年高考安徽卷"弯道超越"

别人减速你加速——逆势而上扬

别人走内你走外——走不同的路

别人抄近你抄远——空间换时间

别人避险你涉险——机遇即挑战

"弯道超越"，到底想表达什么意思？常理中"于不利条件下完成超越"能很好地解释它吗？如果满足于这个笼统的解释，何必用"弯道超越"来设喻呢？要想解决这些疑问，唯一的选择就是对"于不利条件下"做具体解释。于是我们只能从"弯道超越"的喻体本身来发掘意义，对比中我们发现了"别人减速你加速""别人走内你走外""别人抄近你抄远""别人避险你涉险"这四种不利条件。有了这四点，我们惊奇地发现"弯道超越"原来蕴含了丰富而深刻的意义：逆势而上扬、走不同的路、空间换时间、机遇即挑战。如果今后我们再次谈论不利条件下的超越，其不利条件刚好是这四条，那就毫不犹豫地使用"弯道超越"这个比喻。

【启发】

"先喻体"意味着"先发掘喻体的丰富意义"。本体的惊喜发现依赖于对喻体的认真发掘。

6.2011年高考天津卷"镜子"

运用对比揭示喻体的特征，为本体发挥奠定基础：

A.　　　　望远镜主静客动

　　　　　显微镜主客都静

　　　　　反光镜主客都动

B.　　　　显微镜判断失误，影响数据

　　　　　望远镜判断失误，贻误战机

　　　　　反光镜判断失误，危及自身

如果说这个题目比较好写，那就是学生可以任意选择两三个镜子，分别描述并揭示它们对应的本体意义，就能完成作文。如果说这个题目难写，那就是选择了两三个镜子后，如何在本体和喻体之间建立某种可比的联系。思路 A 就用"主—客""动—静"两组范畴的对比分析，找到了望远镜、显微镜、反光镜之间的内在关联，当然也找到了三种镜子的本质属性。思路 B 从三种镜子使用效果的对比来分析它们的差异，同样是使用时判断失误，但危害的程度和实质不相同。

【启发】

在备选对象、备选材料中多选时，一定要选择能处理好内在关联的对象或材料，对无法处理内在关联的对象或材料可以放弃，正如思路 A；当无论怎么选择都无法确定对象或材料的内在关联时，我们就给它们再设定某种条件或试剂来测试"反应"，以此临时建立某种关系，正如思路 B。

7.2010年高考江苏卷"绿色生活"

如先行发掘喻体，可揭示"绿色"隐含的特点：

　　　　　绿色往往代表着宽广丰富

　　　　　绿色的蓬勃却又充满着宁静

　　　　　绿色依赖阳光雨露又净化着阳光雨露

这几个隐含的特点对写"新生活"则会有新的启发：

绿色的宽广丰富，难道不是我们追求的生活状态？

绿色的蓬勃宁静，难道不是现代人应有的人生态度？

绿色受惠于阳光雨露，同时又回馈阳光雨露，难道不是现代人

受恩于社会和自然，同时应感恩社会、感恩自然的最好启发？

学生很容易在命题人给出的"赏心悦目""生态""新理念"等提示下立刻以"新理念"为核心而作文，直奔本体，倡导"节能、低碳、无害"这些绿色生活的新理念，没想到最终会和大部分人的立意行文雷同。经过对喻体的认真揭示，我们发现，凡是和生命相关的许多美好意义都和绿色有关。

【启发】

用时髦观念设喻，往往导致写作的雷同。不顾喻体，本体先入为主是雷同的根本原因。因此越熟悉的时髦说法，越要发掘大家没有思考过的意义。

（四）通过本体喻体差异深化主题的原则

通过本体喻体差异深化主题的原则，有助于将类比的对比属性进一步强化，以此寻找新的突破点，写出新意，深化主题。

《变色龙》中的主人公与喻体变色龙间的差异是，变色龙重伪装，而奥楚蔑洛夫根本不需要伪装，这恰好反映了当时的社会是一个无耻之风盛行、道德沦丧的社会。

《马说》中的本体、喻体的差异是，人离不开社会，尤其是优秀人才更离不开社会，人的价值需要社会对它发掘和认可；而马有驰骋沙场的战马，也有自由奔驰的野马，野马不以人的需求而存在，自然也不需要什么伯乐。也许最优秀的人才往往不能用通常的人才标准来衡量。越杰出的人才，越需要有独立和自由的空间。

1. 模拟题"落叶，生命的告别"

由落叶联想到人的逝去。

草木可以轮回，人却一去不复返，由此可将主题深化为我们应记住逝去的祖先、失去的生命，我们应让有限的生命获得永恒的意义。

树叶、草叶并非独立的生命体，落叶与其说是生命的告别，还不如说是告别生命。人是独立的生命体，他的降生与离世不以其他生命的生死为

前提，人总是孤独地来孤独地去，生，没有树叶万枝竞发的壮观，死，没有落叶集体陨落的辉煌。然而，恰恰因此，人总能享受同类的迎接和送别，孤独正好是没有集体的悲剧的证明。

落叶总在寒风袭来时掉落，而人的逝去不分春夏秋冬，人的降生也并不挑选季节。与大自然的漫长斗争，使人类摆脱了季节对生命降生的约束，也避免了季节对生命的灭顶威胁，在不断延长着生命。因而，落叶是生命顺应自然的温顺告别，而人的逝去是在战胜自然后的自豪告别。

综上所述，落叶与人告别生命的差异有草木轮回人永别、树叶有伴人孤单、树叶应季来去人摆脱季节约束。对这些差异的分析和感受，使我们对树叶凋落与人辞世有了相同的敬意、不同的情感。

【启发】

差异的对比，并非得出厚此薄彼的结论，对比的差异，恰好显示各自的特质，不管设喻意图是褒是贬，我们都能找到深化主题的落脚点。

2. 模拟题"灯火的温情"

灯火的温情，自然会让我们联想到人间的温情，灯火的孤绝，也自然让人联想到人生旅途中的孤绝，没有孤绝就无法体会温情。温情的灯火，总给人以家的暗示，或体验有家的幸福，或表达思乡的情感。

人生的过程就像走夜路的过程，总处在一种孤绝之中。灯火总给夜行人温暖，夜也总会过去。可是人生的孤绝也许很难碰到灯火般的温暖，孤绝将伴其终生。因而我们每个人要在心里给自己点燃温暖的灯火，乐观前行。

人体会灯火的温情只能置身于夜间，人感受人间的温情总在明媚的阳光下。灯火的温情是一种补充、补偿，是将人间分割成一个个家庭后的安稳踏实，所以灯火的温情总提醒人们休息或驻足，而人间的温情让人行走于更大的空间。

【启发】

灯火的短暂和人生的漫长，这是喻体与本体的时间长度对比；灯火温情的家庭型和人间温情的社会性，这是喻体与本体的空间广度对比。时间与空间这对范畴总能将无法展开的思考带入全新的境界。

3. 2011年高考北京卷

阅读下列材料，按要求作文。

鹿特丹世乒赛结束后，师生们一起议论。

生甲：太好了，中国队又包揽了全部冠军，这叫实至名归，竞技体育就得靠实力说话。

生乙：但我更愿意看见外国选手成功挑战中国名将，一个国家长期垄断某项体育比赛的金牌，其实并不利于这一项目的发展。

生丙：有人主张中国队应让出一两枚金牌，我不赞成。如果故意输球，就有违公平竞赛原则和奥林匹克精神。

......

老师：同学们说的都有一定的道理，有些道理不仅体现在乒乓球运动上，也适用于其他社会生活领域。

学生容易在习惯性对比中偷换论题，大谈特谈中国乒乓球体育体制和国外体育体制的对比，而忘了本题中真正的对比物"其他社会领域"；即使与外国体育体制对比，也会忘了外国乒乓球体育体制，而和其他竞技体育体制进行对比。当年这样的作文数量不在少数。

"其他社会领域"与本材料相同的是，拼实力；长期垄断不利于共同发展；故意让出一些利益有违公平竞赛原则。

"其他社会领域"与本材料不同的是，体育依靠的是人本身，中国乒乓球"垄断"的是结果，没有垄断资源、过程和规则；其他社会领域的竞争，往往依靠人以外的因素，垄断也往往从垄断资源开始一直到垄断规则。

因而，"其他社会领域"才更应该打破垄断。

【启发】

讨论型材料，讨论的核心问题、讨论的落脚点必须看清，避免离题；事物间的类比一定要考虑二者间的差异，尤其是在争鸣语境中更要注意。

让比喻的单项联想具有了类比的多项联想，充分发掘喻体特征，为本体的抒写创造良好的条件，既没有丢弃比喻的生动，也体现了类比的有力和充分，使中学生托物言志类作文水平跃上新的台阶；即使只想用比喻来说理抒情，也应对所设比喻的类比化可能做一番思量考究，至少避免"老鼠爱大米"式的修辞尴尬。

设喻表达是一种常见的表达方式，类比思维是一种基础思维方式。设喻类比化是使语言的艺术性和科学性结合的努力，这一努力的成功一定会使我们的表达气象万千、气势恢宏。

三、范文展示

古村的雨

费振钟

这样的村庄，已经不多了。它们的日渐消失，几乎是必然。无论人们再怎样刻意保护，还是敌不过时间的力量。当然，古老的村庄现在在江、浙、皖还有几座，但是它们与周围的一切显然已失去了时代的联系。它们的存在，只有一种标本的意味。它们陈列在那儿，每一块砖瓦，每一块石头，甚至每一棵树，都表达了某种静止和停滞的含义。

沿着兰江南行，不久就可以到达郭洞村。村庄周围有石头垒成的围墙，出入村庄需要通过一道石门，这是村庄设置的关隘，不仅说明村庄在过去为了安全而壁垒森严，而且说明村庄封闭式的生活特性。村庄与外界的关联是隐藏的，采用一种不敞开的保守姿态，过着自足的生活。掩藏村庄的还有围墙外繁茂的树木。这些树木中不乏十年以上的樟、槐、榆、松，它们对村庄长年累月的遮蔽，使村庄更加隐秘在一种古老氛围之中。这是某种具有审美性和理想的乌托邦式的遮蔽，它让我们想起当年的武陵桃花源。古木环合，泉水夹带着野花流过去，只有一道小小的门与外面世界交通，这不是"桃花源"的范式吗？难怪这个村庄又叫郭洞村，所谓"洞在青溪何处边"，外面的人要想走进村庄，莫非亦要打探哪儿才有幽密的通道？

不过，我们走进村庄毫无困难，而村庄的情形也并不像桃花源。它里面是一群精心修筑的明、清风格的民居，大多白墙青瓦。高高笔直的风火墙连成一片，隔断了村庄上面的天空，下面则是狭窄的巷道，巷道连接了村庄每一座门户。由于这些门户总是长久关闭着，巷道便空虚而冷寂，因此在村庄我们能够看到"屋舍俨然"，却不能看到"黄发垂髫，并怡然自乐"的生活情景，人们围居在高墙和重门后面，这样一来，村庄无疑增加了更多的私密性质。于是，我们只好将眼光流连在村庄的外表形式上。我们的手指指着白墙上面各种形状的漏窗，还有镶嵌在一座座门楼上的砖雕，以及无数的镂花木刻，我们完全明白了，所有这些无一不是通过能工巧匠在乡民们封闭幽深的心情和趣味态度外面装饰了一层"艺术"，从而借了这精致典雅的形式，来蕴藉他们自己紧闭的生活理想。也许，我们就这样不经意地走进了村庄的本质。

实际上，自从这里成为外来者观看之地，村庄的功能就日渐萎缩了，它不再具有生活价值，而成为观赏对象。似乎这一二百年的精雕细琢，全为了今天观看和欣赏的需要。甚至连村庄自身也愿意将自己当作一件古旧的艺术品，连同隐藏在它背后的心情和趣味态度，一起博得一种叫作"文化"的评价和青睐。因此，它不会主动拒绝外来者的进入，这不仅说明它与"桃花源"不好相比，也与它那幽闭的本质产生了矛盾。因此，我们最后将看到，人在这样的村庄中，已不像往昔那样被隐藏，而是退出了村庄之外。没有气息，没有生活表情，没有人的日常活动，村庄就蜕变成空壳和废墟。这时候，村庄正好以"文化"的名义，命名为"原始生态村"。外来者为了一种"文化"而来，他们长驱直入，到处探头探脑，然后带着餍足的心情，回到现代世界中打几个文化饱嗝。

只有那个春天的早晨，村庄上空开始飘落微雨，通往村庄的石子路上，一位穿蓑衣戴箬笠的老农民，牵扯着他唯一的那条耕牛走向村外时，身后留下了一串湿漉漉的蹄声，村庄才真实得让我们多一点感动。

（选自 2001 年第 9 期《散文》，略有改动）

【点评】

本文和余秋雨的散文呈现的东西不一样：余秋雨让读者通过古迹残片复原真实的历史，再现那些可歌可泣、可悲可叹的人间故事；本文呈现的对象则正好相反，它不是残片，而是完整的形态，不过这个完整的形态恰恰让人感受不到可歌可泣、可悲可叹的人间故事，只看到了一个"标本""空壳"。先说"壳"，壳是坚硬的、自我闭合的，合璧的古树和村墙是第一层壳，第二层壳就是那么多砖雕、木刻及建筑轮廓。然后说"空"，空是没有真实的主人，即使有主人也成了"文化"的兜售帮手。在"空"与"壳"之间的填充物，就是来这里的每一位到处探头探脑的游人。真正的"文化"主人却掩映在文化之外的微雨中。"标本"如何才能说好？标本有三大特点：壳子——惟妙惟肖的外壳；中空——没有内脏经脉；充草——填充的干草破絮。作者就是在喻体"标本"的显著特征——壳子、中空、充草的启发下，完成了对文化标本——古村的剖析。

四、下水作文

做永远的激励者

李旭山

我不愿被人称作蜡烛，只做一次性的能量发挥；我不愿被人称作蜡烛，燃烧了自己却不能点燃别人；我不愿被人称作蜡烛，燃烧之后却换来无动于衷的黑暗；我不愿被人称作蜡烛，因我从不相信自己能把别人照亮；我不愿被人称作蜡烛，流着泪去"照亮"别人。我愿意激励学生自己燃烧起来，像草原上的野火永不熄灭；我愿意激励学生沸腾起来，像地下的热泉喷涌不止。

我不愿做园丁，剪短生命力旺盛的枝条，使其像弱枝萎叶一样缓慢生长；我不愿做园丁，无情地剪掉旁逸斜出追逐阳光的生命个性，追求整齐划一；我不愿做园丁，用自己的意志摆布可怜的花草，只把花草当作供人欣赏的玩物；我不愿做园丁，手执机械重复地工作，自己却成了重复而机械的工具。我愿意清除周围的杂草，给园中的生命制造更大的发展空间；我愿意合着时间的节拍用心来感受生命的自然律动、生命的顽强与脆弱；我愿意呼风唤雨锻炼这些生命，使其茎骨健壮，昂首挺立，根须发达，吸取更深更广的营养。

我不愿被人称作人类灵魂的工程师，不愿去克隆一些生命标准件；我不愿被人称作人类灵魂的工程师，不愿加工一些没有灵魂的"产品"，我自己灵魂的空间却在不断变化；我不愿被人称作人类灵魂的工程师，由公式和数据砌筑起来的作品不能和人相互交流。我愿意不断拓宽自己的灵魂空间，鼓励学生搅动自己的精神世界，进行自我设计、自我塑造；我愿意和这些后生灵魂进行真诚的交流，发现他们的亮点，激发他们的潜能，在交流的享受中焕发精神的异彩；我愿意以我的真诚去融化那些冰冻的灵魂，鼓励他们撤除心灵之门的戒备，为那些在孤独中消沉的犹豫灵魂呼唤，使其振作奋发。

我愿意做一名永远的激励者，用无穷的精神力量去创造奇迹。在我的心目中，每个学生都是装满燃料等待起飞的火箭，设法点燃火箭，使学生永远处于乐观、自信、勇于进取的精神状态，是为师者永恒的追求。

如果你像蜡烛、园丁、工程师，还会感受到你的对象给你的精神享受和乐趣吗？难道我们可以一劳永逸，像蜡烛一样只做消耗性的单向奉献，像园丁那样拒绝对象的需求和表达欲望，就只顾自己的权威，像工程师那样制造沉默冰冷的产品吗？只有你是个激励者，用你充满活力的生命去感染和鼓励学生，才能体会到这些年轻生命的激情、智慧和向上的气息，使你这个激励者也受到激励。永恒激励的动力不仅来自责任，来自自身的激情，更来自激励起来的学生对你的感染和启发。因而，一个激励者同时也是激励的受益者。只有激励者才认同学生给予你的智慧和激励，才相信学生一定能超过自己，因而才可避免为做蜡烛而没有足够能量的窘迫、为做园丁而遭到反抗的恼怒、为做灵魂工程师而缺乏智慧的尴尬。初出茅庐者也许没资格充当灵魂工程师，但能成为一个热情的激励者；年事偏高者也许担心自己做蜡烛的能量将尽，却可成为睿智的激励者。

五、模拟赛场

阅读下面的材料，根据要求作文。

骑自行车的人都有这样的体验：最难掌握自行车平衡的，不是在其运动状态，而是在其静止状态。

自行车在运动中会不断地打破平衡，为什么人们反而容易维持其平衡呢？正因为运动着的自行车不断地打破平衡，所以骑着它的人才会不断地调整平衡，从而在不断调整中找到新的平衡。

其实人生和骑自行车很像，要想实现人生的"平衡"，达到人生的成功，就必须让自己处于"运动"状态……

要求：选好角度，确定立意，明确文体，自拟标题；不要脱离材料内容及含意的范围作文，不要套作，不得抄袭；不少于 800 字。

【思路点拨】

这是一个带有双重设喻特点的题目。第一种设喻方向，借骑自行车时掌握平衡的物理现象，来说人的成长发展的平衡问题；第二种设喻方向，以"平衡"借代"稳定""和谐""协调"等。学生在审题时，容易抓住设喻的第一种方向，而忽视设喻的第二种方向，这样就会限制视野，容易造成立意构思的"追尾撞车"。

无论是第一种设喻方向还是第二种设喻方向，在具体审题时，都应先研究"骑自行车与平衡"这一喻体的特征，然后在本体中寻找与喻体特征对应的相似特点，完成这两个任务后，再确定立意，谋篇布局，形成提纲。

"骑自行车与平衡"的特点除了作文题材料里提到的总特点外，还可继续延伸思路，如不同速度下对平衡的要求不同，如低速度下平衡差但调整方便，高速度下平衡好但调整为新的平衡必须减速；在不同路况下前行有不同的平衡要求，如沙路、石子路、柏油路、泥泞路、冰雪路，坡道、直道中行车对平衡技术的要求不同；在不同姿势下前行有不同的平衡要求，如奋起直追、弯道超越、跳越障碍中对平衡技术的要求不同。

这些喻体中的特点都可以在本体中找到对应的相似点。比如，若把本体设为"中国经济发展"，那么中国经济之所以平稳，是因为连续三十年的经济高速增长有效地抵消了其他不平衡、不稳定的因素对经济发展的干扰，即使通过适当减速来调整、整顿，也不会破坏国民经济的平稳发展；国民经济的诸多领域及不同发展阶段相当于骑自行车时遇到的各种路况，通过速度调整使其达到协调发展；中国经济在世界经济低迷或转折时的某种相对加速，就像自行车比赛中的弯道超越；国民经济的软着陆就像自行车跳跃障碍后的平稳前行。

在处理平衡和突破的关系时，可能会将平衡当作突破的手段，也可能把突破当作平衡的手段。

以下是两篇学生作文。

"平衡"人生

宋杨秋子

人生的赛道上，我们每个人都在和自己赛跑，和时间赛跑，这与他人无关，只有一直前行，我们才能掌握平衡感。

活动身体，让人生"平衡"，只有思考没有实践的人生不会成功。每天与朝阳为伴，与晨风为友，给僵了一夜的身体抹上润滑油，做操、慢跑，让身体机能恢复正常，用劳动创造生活，搭建自己理想的世界，使生活的不如意有所改变。没有什么不可以，只要动手，就有希望，若是人生财富过多，何不如比尔·盖茨一样，散尽千金，还自己轻松人生。

变换心情，让人生"平衡"。酸甜苦辣、喜怒哀乐，这是人生的小菜，它们让人生多彩。没有人一生中只品尝一道小菜，这对身体不好，亦使人麻木。烦恼时，朋友是最好的倾听者，登山也是最好的选择，如此，烦恼随着口干舌燥消失了，随着淋漓的汗水跑掉了，得到的是舒畅，如打通经脉一般；狂喜时，散文是最好的警示，音乐是最好的选择，如此，血液不会达到沸点，燃烧小小的心脏，思维不会失去理智，让你印证"人狂有祸"的悲剧，最终，得到的是平静。未必每个人都能心如止水、从容淡定，但我们应当学会克制，不大悲不大喜，不断地变换心情，还自己一份安定。

跃动思维，让人生"平衡"。与动物相比，人的优势在于会思考，但正如狼孩的故事所说，即使拥有思考能力，但不去思考，人也只是单纯而低等的动物。勤思考，是作为人类的我们提高自身的必要途径。学生时代，对每一道题都质疑和研究，这样，成绩才能有把握保持在一定范围；职场竞争，只有通过观察探寻人心，在心中有一套自己的方法，用来说话、做事，才能获得上司的肯定，赢得同事的信任，为自己铺平道路，用智谋造就成功；生活中，遇到问题，认真思索，找出原因，对症下药，才能迎刃而解。思维若如一潭死水，一个学生的创造力将不复存在，适应力也会逐渐下降，成绩不会达到平衡；一个职场竞争者将不断遭受莫名其妙的打击，工作不进反退，难以达到平衡状态；任何一个生活中的普通人将使自身的生存能力退化，破坏正常的生活节奏，让生活一团糟。

人生贵在一搏。活动身体，变换心情，跃动思维，人生将会是一次美好的成功之旅，在起起落落中保持着那一份沁人心脾的宁静。

【点评】

本文将平衡与变化的关系用类似于小标题的结构形式表述得清晰而有立体感。原本简单的辩证关系，被处理成富有层次的递进格式，显示出作者思维的缜密。联系生活的内容也将平衡与变化的关系处理得有血有肉，没有什么刻板套用教科书的痕迹。

平衡之美

霍 琦

平衡是一种表现，平衡是一种心态，平衡是人生永恒的需求，平衡是大自然神奇的创造。

这一刻的海面风平浪静，下一刻狂风骤起，波涛汹涌；清晨的天空清澈蔚蓝，夜晚带来的除了黑暗，还有神秘；人类生活的大地看起来坚不可摧、辽阔平坦，突如其来的震颤却也是让人惊心动魄。

大自然总是平衡的，生命总是在不断延续的，在不同的阶段，它存在的形式不同。

一朵娇艳欲滴的鲜花，它的美丽是暂时的，更多的时候，它是以不同的形式存在：有时是一颗饱满丰盈的种子，有时是一株雨后抽新的嫩芽，有时它却和混浊的泥土融为一体。这是一种平衡。

大自然是无私的，它养育了各种生命体与非生命体，身为最高等的人类，平衡亦是无所不在。

我们知道，身体站立时，肢体是需要平衡的，否则会东倒西歪，无法迈开前行的脚步。生活同样需要平衡，只有找到了生活的平衡点，我们才能感受到幸福。

俗话说：上帝为你关上一扇门，同时会为你打开一扇窗。生命在运转、在产生价值的情况下同样会消耗能量，世界不可能专门为你一个人服务，成功与失败，获得与失去，是维持人生平衡的步骤。

登高远望，不要害怕脚下的悬崖，平衡自己的心态，才会有"一览众山小"的胸襟与气魄；高台跃落，不要气馁，平衡自己的心态，才会有"仰天大笑出门去，我辈岂是蓬蒿人"的豁达情怀。

追求平衡，保持平衡，暂时失去平衡不要紧，抓住机遇，找回属于自己的平衡。

一个在正常人眼中的不幸儿，上天残忍地夺去了他的双臂，让他站不稳、走不快，但他用惊人的毅力打破了身体的不平衡，找到了自己内心的平衡，用双脚奏出了美妙的乐曲。

平衡是一种状态，平衡是一种本能，平衡是大自然赐予我们最动人的瞬间。

寻找平衡，为生命增加动力；把握平衡，为人生增光添彩。

【点评】

本文用优美的笔调写出了人在变化中寻求平衡的生命体验。作文题目容易将学生导向纯思辨、议论的格局中，但本文并没有落入这一俗套，而是将渗透在生活中的哲理给人带来的种种感受和体验当作文章的主要内容，实践了将哲理议论和抒情散文结合的尝试。这种尝试有助于发挥中学生的长处，有助于回避中学生思维的短板。

第三节 接受、发挥、质疑，开启智慧的钥匙

——寓言哲理类作文审题思维训练

寓言哲理文章和利用寓言哲理故事的材料展开的作文，并不是一回事。前者将寓言和哲理讲述当作写作的基本任务，后者则是将材料中的寓意、哲理的意义当作指导学习生活的一个信条。高考作文属于后者。

寓言和哲理有很多相似之处：都强调启发意义，都采用"对比落差"讲述方式，都可从接受、发挥、创造三个层面深入发掘，都在命题时期待考生的自我教育。许多材料同时具有寓言和哲理的双重特征，如《三个和尚》。

哲理和寓言最大的不同就是，哲理在发挥层面更需要出新、出彩。

本节的范文、下水作文、学生佳作举例分为两种类型：第一类是哲理式写作，创造性地表达哲思是行文的基本意图；第二类是对寓言哲理材料进行解读讨论，或以寓意哲理为主题思想，联系现实，展开写作。

一、寓言与时代教育之反思

这些年，高考作文寓言类材料题目逐渐减少了，原因可能是寓言故事的诸多漏洞和浅直寓意屡遭诟病。

寓言盛行的时代往往是空谈的时代，人们崇拜导师，人人又都幻想成为导师。

寓言盛行的时代往往也是启蒙的时代，因强权垄断了智慧和话语权，少数反抗的智者只能用寓言来唤醒民众。

寓言盛行的时代，未必是真正能畅所欲言的时代。虽然身处百家争鸣时期，庄子也只能用寓言来逃避社会，拒绝与他人交流；孟子因必须小心翼翼地陪智慧不足但权力极大的帝王说话而无奈地选择了寓言；卡夫卡的寓言则让人回到内心，怀疑周围的一切却不敢说出那较为费解的超前寓意。

寓言的创作与接受在智慧上似乎存在先天失衡，作者面对的读者好像

总是那些愚昧的、需要理性之光去照亮的启蒙对象。在智者和"愚氓犹可训"的读者之间最好的媒介莫过于寓言了，在寓言面前，几乎所有的读者都会豁然开朗，拍案叫绝。然而这与其说是获得了智慧，还不如说是证明了先前的愚昧。

有趣的是，读者在领会了寓意后，会获得一种智者的感觉，于是不仅迅速接受，还会以智者的身份向他人传递寓言。为考生频频设置寓言类材料作文，似乎还难以证明我们处在寓言盛行的时代。那么这种设置又能说明什么意图呢？需要编造或引用一些寓言来提高试题的智慧含量，并乘机再对即将离校的学生进行一番道德教育。

用寓言进行道德教育不失为一种有效的方法，然而真实的情况又是如何呢？

道德教育内容的填充，是对读者道德低下的预设，缺少智慧含量的故事，是对读者智商的羞辱。高考及大量训练中的阅读是强制阅读，是对读者道德低下的野蛮裁定，对读者智商的公然蔑视。如果故事的虚构是合理的话，那对读者道德与智商低下先入为主的设定，则是蛮不讲理的霸王行为。选择寓言形式，只是将"语言强盗"转换成"语言窃贼"，因为寓言能寓霸道于不动声色之中，当寓意一旦浮出水面，就会迅速占领所有滩头、阵地，使松懈的防守者统统缴械，献出更多的阵地。因而命题人总是对寓言恋恋不舍，却丝毫感觉不到自己已加入一个可怕的制假活动中；因而用寓言引领考试和教育的时代，一定是个对制假贩假习以为常的时代。

现代社会理应是一个既不拒绝寓言，又不盛行寓言的时代。现代社会的传播、交流，双方应是平等的，即使传播的是一个极具启发意义的寓言，传播者和接受者之间的主客体关系也应该不再那么绝对，创作中作者是主体，阅读中读者应是主体。然而事实上，恍然大悟、拍案叫绝后，读者的主体性受到制约，甚至严重缺失。读者主体性的缺失主要体现为将阅读的"接受阅读—发现阅读—创造阅读"三个层面中的"接受阅读"看成阅读的全部，而忽略了"发现阅读"和"创造阅读"。在读寓言材料时，读者主体性的缺失必然导致下一环节写作文时作者主体性的缺失，导致人云亦云。

不管怎么说，高考命题还是一种居高临下的行为，因而体现命题者的水平，常常不在于如何能给大多数考生提供一次展示创造能力的机会，而在于如何通过考题让考生、让社会各界从题中看到命题者高人一筹的见地。学生拿到题后倍感新颖，然后眼前一亮，顺着材料的提示欣喜地找到命题人所设定的意义。因而命题人和授课教师既能显示自己拥有新颖的信息、对所涉话题的高见，又能乘机再次行使一次教育职能。平等对话在考试中顺理成章地成了一种必然消失的情形。如果教育者、命题人既没有居高临下的优越感，又不能直面严酷的现实，就只有躲在虚构的寓言里，或自我欣赏，或自欺欺人。

若自制寓言因漏洞引来批评，就在故纸堆中寻觅智者的哲理故事。传统寓言喜欢单一寓意的标准答案，不像神秘多义的现代寓言，将对寓意的最终裁判权交给学生。现代寓言会使解读的权威受到挑战，会使寻找标准答案的学生陷入迷茫，会使教育者的智慧失去优势。因而寓意明确而简单的传统寓言就成了命题人的首选。一方面，寓言题目乐意把考生引向预设的"接受阅读"方向。另一方面，教学中只强调"接受阅读"：要么将寓意当作作文的主题，将由寓言故事归纳出的寓意通过联系实际演绎一番；要么将寓言当作文章的一个论据，在材料上使文章的内容得以充实；要么干脆将寓言材料当作文章的引子，引出自己的类似联想。显然，这些都是在"接受阅读"思想影响下的选择，因而在立意上难以创新，考生之间也难以分出高下。

寓言类作文有的只是千人一面、人云亦云、思想贫乏、毫无见地、低幼成风。有人说，中国人的文章将进入一个没有头脑的时代，这话是有些夸张，但这种教化式的虚假作文训练铺天盖地地包围着学生，造成令人窒息的憋屈感受则绝非危言耸听。什么"佛曰""上帝说"满天飞，"哲学家"也屡屡挤进寓言故事，考试不整出一个哲理来誓不罢休。天天被包围在"佛曰""上帝说"和寓言中的学生还会有自己的思考余地吗？这些学生难道没有独立解决问题的资格和机会吗？

寓言肆虐之际也是"愚言"泛滥之时。但愿寓言在高考中的淡出不是暂时的，而是永久的，但愿寓言的淡出能换来命题的真诚态度和应试的自由空间。

二、寓言类材料作文思维训练的三个层面

不管是否在考场，我们对待寓言故事应该有三种情形，即三个层面——接受层面、发挥（发现）层面、反思（质疑、创造）层面。遗憾的是，通常

情况下，我们只从接受层面来感受寓言。为了纠正寓言的霸道作风，为了训练思维，当然也为了智慧地对待蹩脚的考试题目，我们必须从这三个方面训练我们的思维。这三个层面，是读寓言的三个收获的层面。

（一）寓言解读的三个层面——接受、发挥、质疑

第一，接受层面，就是接受寓意并将其作为作文主题，联系现实展开文章。寓意可做文章主题，可做文章引子，可做文章论据。

如《郑人买履》是在批评教条主义行为：①教条主义的实质是荒唐可笑的；②教条主义会使我们失去灵活应变的能力；③教条主义会使我们失去实事求是的传统；④教条主义会使我们丧失机会、蒙受损失。我们接受以上寓意，并将这些寓意中的一个或多个当作自己文章的主题展开写作。

第二，发现层面，就是在原寓意基础上做进一步的深化和发挥，或对寓言的讲述做适当的补充和修正。

如《刻舟求剑》的寓言是讲人做事一定要注重条件的变化，否则就会像"楚人"一样可笑。欣然接受这一寓意之后，若读者再加思索就会发现，即使在落剑的位置，马上下水去找剑也未必能找着，水流、落剑角度、顺水而下的水中物都会使剑最终落到远离刚下落时的方位。由此看出，条件的变化有显性变化、隐性变化，隐性变化更需要我们注意。这就是在原寓意基础上的深化和发挥。

第三，质疑层面，就是在透彻研究寓言及寓意的前提下，对寓言做全新的思考，或放弃寓意，或反思、质疑寓意，或颠覆寓意。

如《黔之驴》，黔地无驴，有好事者硬把北方的驴子运到老虎出没的黔地，驴在尽力自卫后被老虎吃掉，却被后人讥笑为"黔驴技穷"。细心的读者不仅能从"黔无驴，有好事者船载以入"看出，从一开始驴就被迫陷于危险的境地，而且会进一步认识到：①在驴的老家，即使有老虎，驴也照样能生存，能体现自己的价值；在黔地即使没有老虎，驴也未必能生存，未必能体现自己的价值。②以老虎的存在和价值来衡量其他动物，大部分不会有好的结局，由此可以看出价值一元论的落后。③后人用"黔驴技穷"来确定寓意，体现了恃强凌弱的心理；赞赏"胜者为王，败者为寇"的人生信条，体现了一种非人道心理，强者胜利而蔑视失败的弱者。因而"黔驴技穷"的寓意体现的价值霸权和恃强凌弱心理，是后人对这则寓言最大的曲解。

从我们非常熟悉且深信不疑的经典寓言中都能找到如此巨大的创新空间，那么一个出现在考题中的寓言就更有理由让考生找到、发现创新空间，实现创造，摆脱人云亦云的平庸困扰。

（二）寓言解读的三个层面的示例

同一个寓言也可以从接受层面、发挥层面和反思层面进行解读。考试时，我们任选一个层面完全可以写出好文章；但作为思维训练，我们要力求做到从三个层面来解读寓言，以实现思维的突破、思想的解放。

三个层面的思维指向：接受层面回答"是什么"；发挥层面揭示"为什么这样"；质疑层面解决"能不这样吗"。

1. 经典寓言《三个和尚》

【思路点拨】

（1）接受层面。

①相互推诿，拒担责任，一定会付出代价。

②人浮于事的后果很严重。

（2）发现层面。

不愿为别人做事，更不愿为更多人做事，是三个和尚没水喝的最根本原因。

（3）创造层面。

①"没水喝"是夸张的说法，"没水喝"并不意味着"渴死了"。真要面对生存威胁，他们可以自己到河边喝水，或聪明地接水来喝。

②责任和义务均摊越少，越会出现这种情形，因而可以用分工来使责任、义务集中，砍柴的砍柴，挑水的挑水，这样就可以有效地避免三个和尚没水喝的窘境。

2. 经典寓言《哲学家与船夫》

哲学家问船夫："你懂哲学吗？"

"不懂。"船夫回答。

"那你至少失去了一半的生命。"哲学家说。

"你懂数学吗？"哲学家又问。

"不懂。"船夫回答。

"那你失去了百分之八十的生命。"

突然，一个巨浪把船打翻了，哲学家和船夫都掉到了水里。看着哲学家在水中胡乱挣扎，船夫问哲学家："你会游泳吗?"

"不会。"哲学家回答。

"那你将失去整个生命。"船夫说。

【思路点拨】

（1）接受层面。

人的技能分为高端和低端，低端技能往往是关于生存的技能，高端技能往往是关于发展的技能，而在许多时候生存技能起决定作用。

（2）发现层面。

对于船夫，本来就没有懂得数学和哲学的能力，所以并没有什么可以失去的生命意义。而对于哲学家而言，拥有了数学、哲学技能也并不意味着拥有了一切。

（3）创造层面。

假如哲学家同样生活在风浪之中，那么他就有可能获得游泳的技能，由此看来，这位哲学家是原本不存在生存难题的。他有足够的时间去探索科学领域，翻船风浪不能完全否定他对科学领域的探索，反而让他有了新的发现。

3. 经典寓言《驮盐的驴》

一头驮盐的驴不慎掉入河中，它爬上岸后觉得背上轻多了。又一次，它驮着棉花来到河边，故意摔倒，跌入河中，最终却被淹死了。

【思路点拨】

（1）接受层面：经验主义的可悲。

（2）发现层面：投机取巧的可笑。

（3）创造层面：没有主人翁精神的可哀；连老实人都投机的社会的可怕。

这几点是从驴的愚蠢、可悲中拆分出来的寓意，假如学生做到这几步的拆分，就可依此顺序展开作文，逐层揭示驴的悲剧意义。

假如学生无法对寓意进行上述拆分，只能抓住上述四个方面的一个方面来组织文章，那么就可以抓住"经验主义的可悲""投机取巧的可笑""没有主人翁精神的可哀""连老实人都投机的社会的可怕"中的任意一个进行"主题拆分"。

我们以"经验主义的可悲"为例，对经验主义的执行者进行递进式拆分：

科技工作者绝不能犯经验主义的错误。

经济建设者与国家管理者不能犯经验主义的错误。

从事重复性劳动与简单劳动的人也不能犯经验主义的错误。

科学的职能就是探索未来和未知，面对的是全新的任务、全新的条件，因而不能走经验主义的老路，科学的发展几乎都是建立在对现有传统的超越和否定之上的。

搞社会主义市场经济建设，是前所未有的事业，尽管有许多现成经验可以借鉴，但既不能套用过去的经验，也不能照搬外国的做法，应在实践中总结适合我国国情的方法。

就连从事简单重复的劳动也不可以照搬以往的经验，工厂流水线上的某一道工序看似简单重复，但同样的故障可能有不同的原因，应急排除也应有不同的方法。

4. 经典寓言《农夫与蛇》

【思路点拨】

（1）接受层面。

① 毒蛇终究是毒蛇，它的本性不会改变。

② 农夫善恶不分，后果严重。

（2）发现层面。

① 蛇也许并不知道是农夫救了它，如果它知道了未必会恩将仇报。

② 也许是农夫的动作引起蛇的误会，蛇很少主动攻击人，绝大部分蛇都是出于自卫攻击人的。

③ 救了恶人要有思想准备、防范措施。

（3）创造层面。

这个故事对农夫的智商和道德做了一边倒的处理——大慈大善，大愚大钝，为什么不说商人呢？因为农夫对蛇的认识应比商人深刻。这个故事对老实善良人批评得不够厚道，人的善良品格在任何时候都应得到肯定，不应得到这样的讽刺。

这种批评，会放大我们对社会的悲观判断，例如，老太太摔倒后没人敢扶，这样的故事最恶劣的影响是对社会的善良给予了否定，使人们对善良产生了根本性怀疑。

5. 模拟文题

阅读下面的材料，根据要求作文。

两只陌生的蜗牛在某个路口相遇了，它们彼此碰了碰触角，互致问候，然后继续向前爬去。但不幸的是，它们俩拥有了相同的想法：对方这么急着朝我来过的路爬去，肯定有什么事，一定是那路上有许多宝贝我没发现。这样想着，两只蜗牛便同时掉转头，朝来路爬去。在同一个路口，两只蜗牛又相遇了，它们又彼此友好地碰了碰触角，各自继续往前爬去。忙碌了一辈子的蜗牛不知不觉中又爬回了起点。

要求：全面理解材料，但可以选择一个侧面、一个角度构思作文；自主确定立意，确定文体，确定标题；不要脱离材料的含意作文，不要套作，不得抄袭；字数 800 字以上。

【思路点拨】

（1）接受层面。

① 无主见，只相信别人行为的合理性。

② 不吸取教训，不对自己的行为进行反思。

③ 无进步、无发展，只能回到原点。

（2）发现层面。

① 也许在来回爬行中更加消耗体力。

② 也许在来回爬行中竟然也找到了生存的食物。

③ 爬回原点的蜗牛还会继续前行吗？

（3）创造与质疑层面。

① 一生都坚持下来了，说明在来回的路上确实找到了自己以前不曾发现的食物，因而来回找食物，未必不是一种有效的生存方式。

② 慢速的爬行与环境的变化为它们提供了新的食物。

③ 生命的终点未必是原先的出发点，而是熟悉的路上的任何一点。

④ 寓言编写往往要面临读者的考验，直奔寓意的寓言，为寓意而编写的故事，往往存在一些漏洞，因而考生也可以就此展开讨论。

6. 模拟文题

阅读下面的材料，根据要求作文。

有一个小和尚耐不住禅院的寂寞，觉得修行太慢，感觉不出自己的长进，甚至怀疑自己究竟能不能修成正果。

有一天，他再也无法忍受了，就向老禅师发牢骚，说自己没有慧根、缺少佛性，对自己失去信心了。

老禅师微微一笑说："山腰的工地上，石匠们正在为本寺加工佛像，你反正也静不下心来，就跟他们去劳动吧，做个帮手，学点手艺……"

小和尚一听，特别高兴，心想，终于可以出去透透风了。

可是，三天以后，小和尚来找禅师，他满脸歉疚："师傅，我还是回来修行吧，连四角八棱的粗糙岩石都能在工匠的雕琢下变成仪态万方的石佛，何况我是一个人呢？"

老禅师舒心地笑了。

要求：选择一个角度构思作文，明确立意，自选文体，自拟标题；不要脱离材料内容及含意的范围作文，不要套作，不得抄袭；字数不少于800字。

【思路点拨】

（1）接受层面：教育有方；持之以恒；耐住寂寞。

（2）发挥层面：修正果不靠体力而靠心力；害怕苦力才使他回心转意。

（3）反思层面：其实，人心比石头难雕塑得多，小和尚认为人心易雕，是一种肤浅的错误认识。

一般学生只会从接受层面写作，在寓意后面亦步亦趋，而不会从发挥层面深入思考，更不会从反思层面对寓言材料进行全面考察、透彻分析。因而我们必须从后两个层面多加思考，多加训练，在寓言面前做一个智慧的人。

（三）启智类寓言材料作文思维训练考题分析

1. 2015 年高考湖南卷

阅读下面的材料，根据要求作文。

有一棵大树，枝繁叶茂，浓荫匝地，是飞禽、走兽们喜爱的憩息场所。飞禽、走兽们经常讲它们旅行的见闻。大树听了，请飞禽带自己去旅行，飞禽说大树没有翅膀，拒绝了；请走兽帮忙，走兽说大树没有腿，也拒绝了。大树决定自己想办法，它结出甜美的果实，果实中包着种子。飞禽、走兽们吃了果实，大树的种子就这样传播到世界各地。

请根据上面的材料，自选角度，自拟题目，写一篇不少于 800 字的记叙文或议论文。

【思路点拨】

（1）接受层面。

① 自己无从实现的理想，让自己的替代物实现，让自己的下一代实现，精神可贵。

② 只有创造性地使用软实力，才能扩大自己的视野和领地，实现可持续发展。

（2）发现层面。

① 大树的旅行愿望最后以传播种子的形式得以实现，使事情发生了超出期待的转变，它的意义已超出了旅行本身，成了变相的迁徙。

② 也许那些地方不一定比此地更美，但毕竟不是一处，而是多处，可以让自己的种子生根发芽。

③ 再说飞禽、走兽们常去的地方估计也差不到哪里去，说不准还是个有山、有水、有鸟的好地方。

（3）质疑层面。

① 是"人挪活，树挪死"的咒语不让大树旅行，而不是飞禽、走兽们不带它，即使想带它也办不到。既然大树利用了大自然的规律实现了异地繁衍，那么它怎能不明白"树挪死"这一更严酷的规律？

② 难道大树以前不曾结过果实？结出果实的动力就是为了旅行，而不是最基本的就近繁衍？娱乐需求大于生存需求？

③ 先就近繁殖一片树林，然后才有机会播种远方的可能，这一基本逻辑和自然规律，难道可以在一道富有教化功能的考题中随意被修改？

2.2012 年高考天津卷

阅读下面的材料，按照要求作文。

两条小鱼一起游泳，遇到一条老鱼从另一方向游来，老鱼向他们点点头，说："早上好，孩子们，水怎么样？"两条小鱼一怔，接着往前游。游了一会儿，其中一条小鱼看了另一条小鱼一眼，忍不住说："水到底是什么东西？"

看来，有些最常见而又不可或缺的东西，恰恰最容易被我们忽视；有些看似简单的事情，却能够引发我们深入思考……

请根据以上材料，自选角度，自拟题目，自选文体（诗歌除外），写一篇不少于 800 字的文章。不得套作，不得抄袭。

【思路点拨】

（1）接受层面。

材料里已经提供了现成的认识："有些最常见而又不可或缺的东西，恰恰最容易被我们忽视；有些看似简单的事情，却能够引发我们深入思考……"既然接受了材料里的这两种寓意，那么学生需要避免一种错误，采取两种策略。

需要避免的错误：不理寓言故事本身，而直取现成寓意。在这种错误下就出现了诸如"亲情、友情容易被我们忽视"等几乎可以不受本题限制的立意。

采取的策略一：带着这现成结论回到寓言里，考察最常见却又离不开的水是怎样的常见，睡觉时、游玩时、学习捕食时，独自一人时、和同伴结伴时、随父母出游时，静止时、慢游时、快游时，对水的感受，会启发我们联系现实分析各种情况下的认识，而不至于来来回回就那么几句话。

采取的策略二：将寓意进行拆分，如从物质类的、精神类的、规则类的、习惯类的几个方面展开议论。

（2）发现层面。

① 这个故事也直接告诉我们"身在福中不知福"，它还间接暗示我们"那些有害的陪伴物也并未被我们觉察"。再细加考察，我们还发现，鱼儿对于水其实并不是材料中所说的"常见"。

② 目标事物容易引起人们的注意，而背景事物往往被人们忽略。

③ 从人的成长角度，从对世界的探索角度看，背景事物常常会转变成目标事物，人应适应这种转变，甚至促成这种转变。

（3）质疑层面。

① 这条老鱼为什么要用人的思维来问小鱼？

② 较之于空气，水怎样？

③ 不同深度的水怎样？

④ 对孩童的教育应该从变化的事物开始，还是从不变的事物开始？

⑤ 这个故事的合理性到底有多大？

⑥ 也许"好不好玩""累不累"才是老鱼最可能问的。

⑦ 他问了"水怎么样"这么个没头没脑的问题，却又不管小鱼的反应

自顾游走，是有心还是无心呢？

3.2012年高考全国大纲卷

阅读下面的材料，根据要求写一篇不少于800字的文章。

周末，我从学校回家帮着干农活。今春雨多，道路泥泞，我挑着一担秧苗，在溜滑的田埂上走了没几步，就心跳加速，双腿发抖，担子直晃，只好放下，不知所措地站在那里。

妈妈在田里插秧，看到我的窘态，大声地喊："孩子，外衣脱了，鞋子脱了，再试试！"

我脱了外衣和鞋袜，卷起裤脚，重新挑起担。咦，一下子就觉得脚底下稳当了，担子轻了，很快就把秧苗挑到妈妈跟前。

妈妈说："你不是没有能力挑这个担子，你是担心摔倒，弄脏衣服，注意力不集中。脱掉外衣和鞋袜，就甩掉了多余的顾虑。"

要求选好角度，确定立意，明确文体，自拟标题，不要脱离材料内容及含意的范围作文，不要套作，不得抄袭。

【思路点拨】

（1）接受层面。

从寓言自身的表述看，"顾虑"应指"担心摔倒""怕弄脏衣服""注意力不集中"这些内容，那么在作文时就可进一步将它们提炼成"担心挫折""过分顾及形象""专注度不够"，让"顾虑"和它们形成总分关系。忌讳只说"顾虑"而不管"担心挫折""过分顾及形象""专注度不够"。

（2）发现层面。

影响儿子挑担子还有几个重要原因：一是妈妈的鼓励，没有妈妈的鼓励，即使脱了外衣和鞋袜也未必能挑好。不管付出的体力多还是少，帮妈妈干活，本质上是一个情感活动，在妈妈充满爱意的鼓励中，自然会越挑越好。二是脚丫子，穿着鞋在滑腻的田埂负重迈步，不是鞋底打滑就是鞋子陷入泥中拔不出来，脱了鞋袜光脚就可减少滑倒、减少被拖住的可能。至于衣服，对挑担的影响可能要小得多。三是适应问题，继续穿鞋前行未必就无法摆脱窘境，一开始赤脚走也未必能避免"心跳加速，双腿发抖，担子直晃"的初始反应。作文时这些因素也是不能忽视的。

（3）质疑层面。

这是一则直接告诉考生寓意的材料作文，"甩掉多余的顾虑"自然就成了学生一致要议论的核心。在时间异常宝贵的考场中，费这么大功夫讲了这个故事，得出一个简单的结论，实在不是一个高明的命题。学生自然会顺着这个结论来作文，其实更多的学生完全可以不管寓言故事，只抓住"甩掉多余的顾虑"就万事大吉了。

材料中母亲的语言缺乏生活真实性，在这种真实的情境中，别说农妇，就是知识分子也绝不会说出"你不是没有能力挑这个担子，你是担心摔倒，弄脏衣服，注意力不集中。脱掉外衣和鞋袜，就甩掉了多余的顾虑"这样文绉绉的话来。命题人完全是为了这个故事的寓意才让母亲如此讲话。

其实，我们在"发现层面"谈的影响儿子挑担子的几个重要原因，也可以理解为对故事结尾处寓意的质疑。

4.2012年高考安徽卷

阅读下面的材料，根据要求写一篇不少于800字的文章。

某公司车间角落放置了一架工作使用的梯子。为了防止梯子倒下伤着人，工作人员特意在旁边写了条幅"注意安全"。这事谁也没有放在心上，几年过去了，也没发生梯子倒下伤人的事件。有一次，一位客户来洽谈合作事宜，他留意到条幅并驻足良久，最后建议将条幅改成"不用时请将梯子横放"。

要求选好角度，确定立意，明确文体（诗歌除外），自拟标题；不要脱离材料内容及含意的范围作文；不要套作，不得抄袭，不得透露个人相关信息；书写规范，正确使用标点符号。

【思路点拨】

（1）接受层面。

安全提示不如安全措施；安全要重视细节；安全要多为别人着想。

（2）发挥层面。

没有安全事故的做法未必安全；工作状态下与非工作状态下工具处置不同。梯子不用时横着放，正如渔船靠港要收起风帆，飞机升空要收起起落架，是为了保障安全。渔船张帆靠港虽有抛锚和锁链，但毕竟还存在飓风损船的隐患，飞机不收起落架仍能飞行，但高速气流可能破坏起落架，影响飞机的机动敏捷性。

（3）反思层面。

在角落里不管怎么放都比较安全，毕竟人们已经把它撤离了工作环境；既然是角落而且能立起来放，说明此时的梯子确实占地很少，占地少一定程度上也给安全加了分，而横着放或许会更占地方；车间里真正的安全隐患是机器。

【启智类寓言材料作文小结】

结论在先，故事后编，是近年来寓言类材料作文命题的致命伤，之所以对上述题目要做详细分析，原因就在这里。发挥寓意、发现新寓意是考场作文最令人欣喜的事情，对任何事物的认识，我们都有个不断推进的过程。经不起质疑、推敲的寓言，我们可以一笑了之。但作为考场作文，如学生能敏锐地捕捉到这些"人造"寓言的漏洞，不妨乘机将自己创造性的认识写入作文。前提是态度严谨、做好铺垫。而作为思维训练，我们必须做好质疑的思想准备，必须最大限度地解放思想，培养良好的思维品质。甚至我们可以专门寻找有漏洞的考题进行训练，培养勇气，最大限度消除寓言的副作用，使它成为很好的反面教材。我们生活在一个躲不开寓言的时代，那就直面它，分析它，借鉴它，戳破它。

（四）尚德类寓言材料作文思维训练考题分析

1. 2001 年高考全国卷

阅读下面一则寓言，根据要求作文。

有一个年轻人跋涉在漫长的人生路上，到了一个渡口的时候，他已经拥有了"健康""美貌""诚信""机敏""才学""金钱""荣誉"七个背囊。渡船开出时风平浪静，说不清过了多久，风起浪涌，小船上下颠簸，险象环生。艄公说："船小负载重，客官须丢弃一个背囊方可安渡难关。"看年轻人哪一个都舍不得丢，艄公又说："有弃有取，有失有得。"年轻人思索了一会儿，把"诚信"抛进了水里。

寓言中"诚信"被抛弃了，它引发你想些什么呢？请以"诚信"为话题写一篇文章，可以写你的经历、体验、感受、看法和信念，也可以编写故事、寓言，等等。所写内容必须在"诚信"的范围之内。

注意：立意自定；文体自选；题目自拟；不少于800字。

【思路点拨】

（1）接受层面。

① 存在契约关系的人（如商人之间）不能丢掉诚信。诚信是商业活动

得以可持续发展的根本保障。尤其在法制化程度较低的国度，很难通过法律来保证公平守信，很难通过诉讼来解决商业纠纷，因而诚信就更为重要了，它对商业的健康发展要担负更多的责任。

② 存在承诺关系的人或组织（如政府对民众）不能丢掉诚信。失信于民，就不能推动社会进步，不能构建和谐社会，因而诚信应成为政府的品格。

③ 处在竞争关系中的人不能丢掉诚信，因为丢弃诚信就会使正常的竞争变成不择手段的不正当竞争。

④ 没什么关系的陌生人之间不能丢掉诚信。诚信不单单是契约关系中的人必须坚守的品德，也是社会公德，全社会每个人都要树立诚信观念，只有这样，社会才会有真正的进步。

（2）发挥层面。

① 怎么丢的？逐一排除，最后选择丢掉了诚信。金钱不能丢，起码得付船费；知识不能丢，它帮助渡过难关；机敏不能丢，它能应对眼前危机；健康不能丢，它关系到自己的生命；美貌不能丢，毁容无助于减负。这几样都和应对眼前危机有直接关联，只剩下荣誉和诚信，它们对应对当前危机没有作用，就丢掉了其中一个。

② 为什么丢的是诚信而不是荣誉？因为荣誉和其他几样没丢的包袱一样都是为自己的，只有诚信是为他人的，于是就最终丢弃了诚信。

（3）创造层面。

① 假如把诚信当作人生的目的，它是万万不能丢的；假如把它当作人生的手段，可以暂时丢弃，如在商业盈利、社会管理、人与人相处中，在威胁生存的关键时刻被迫丢弃诚信，危机过后再重塑形象，重新拾起。

② 年轻人丢掉诚信这一包袱，在一定程度上体现了对艄公的诚信，因而他并没有完全丢弃诚信。

创造层面的探索训练价值大于实战价值，有助于学生独立思考和解放思想。假如在考场上，这一层面很难有所收获，也存在很大风险，必须警惕一些学生态度大于思考的简单否定、简单颠覆。

2.2010 年高考辽宁卷

阅读下面的材料，根据要求写一篇不少于 800 字的文章。

3 岁的托尼把手伸进瓶子，慢慢地抓了一把糖果，他想抽出手时，瓶口太小，出不来。他一颗糖也不想放弃，手又出不来，"哇"的一声哭了。

农场主规定每个雇工除了工钱之外，还可以自选一筐水果带走。20 岁的托尼看中一筐装得最满的大筐，费了好半天劲也没搬动。他喘了口气，重新寻了一筐小的，高高兴兴地走出了果园。

老板宣布，谁能追回一笔 30 万英镑的贷款，就把其中的 10 万奖金给他。员工纷纷出马，却都无功而返。58 岁的托尼也申请试试，两天之后就将追回来的 20 万贷款交给了老板。原来他告诉对方只需交 21 万就算结清，对方终于还款，他也分得了 1 万英镑的奖金。

要求选准角度，明确立意，自选文体，自拟标题；不要脱离材料内容及含意的范围作文，不要套作，不得抄袭。

【思路点拨】

（1）接受层面。

这三则材料告诉我们，贪心与否决定了失败或成功。不管是人性本能大放的孩童时期、取得奖赏的青年时期，还是即将安享退休生活的老年时期，我们面对欲求都不可去占"贪"字。游玩也好，享受也好，创业也好，大都如此。

（2）发挥层面。

托尼的节制欲望，既是人生态度，也是人生智慧。人生态度和人生智慧都是经过漫长的人生经历磨炼出来的。3 岁时托尼只想多拿，结果大哭而终；20 岁时托尼多拿失败后自然选择了力所能及的；58 岁时托尼既无尝试也无犹豫，选择了一个利润最小的选项，获得了成功。丰富的经验帮助了他，别人贪心的失败提醒了他，可以说，托尼是利用了自己的经验财富获取了新的财富。

（3）质疑层面。

其实托尼是个很灵活的人，20 岁时搬苹果就是个最好的说明。58 岁时要账，其灵活也体现得较为充分：第一，观察分析别人的失败；第二，估计有一个接近 21 万英镑的谈判筹码，否则也未必是最终的结局。其实托尼也是一个让人同情的人，58 岁了似乎还是个业务员，这次 1 万英镑也许是他退休前最好也是最后的机会，他需要抓住，不管挣多少都愿意。其实 3 岁的托尼的故事并不能说明什么问题，那是我们每个人的共同经历，与贪心可能还沾不上边。

能引起人们深思的一个命题，往往带有哲思的巨大空间。

3.2005 年高考全国卷

阅读下面的文字，根据要求作文。

甲乙两个好朋友吵架，乙打了甲一拳，甲在沙地上写了"今天我的好朋友打了我一拳"。又一次外出时，甲不小心掉进河里，乙把他救了上来，甲在石头上刻了"今天我的好朋友救了我一命"。乙问甲为什么要这样记录，甲说："写在沙地上，是希望大风帮助我忘记；刻在石头上，是希望刻痕帮助我铭记。"

生活中，有许多事情是可以忘记的，有许多事情又是需要铭记的。请以"铭记和忘记"为话题，写一篇不少于 800 字的文章。自定立意，自选文体，自拟标题。所写内容必须在话题范围之内。

【思路点拨】

首先我们从"发现阅读"层面来分析这则故事的其他可能。这些可能不一定成为考生作文中的观点和认识，但能使考生在选择现成寓意作主题进行写作时，避免简单化、低幼化的做法。

① 假如乙对甲的冒犯刚好在沙地上，那么在气头上的甲要记也只能记在眼前的沙地上，因为此时未必有石头，也未必能预料到日后会用石头记下什么信息。

② 假如通过甲在沙地上的记录使乙认识到自己对甲的伤害，那么他帮助甲也可能是一种补偿和赎错行为，只有较真的甲才像敏感于乙对他的伤害一样敏感于乙对他的帮助。如果乙对甲的第二次行为不是帮助，仍为伤害，甚至是更重的伤害，那么甲又会在哪里记录呢？我看至少会记在沙地上。因而与其说忘记与铭记显示了甲的豁达与人生智慧，还不如说是乙的行为改变了甲的人生态度。

③ 假如没有乙后来对甲的搭救，那么甲虽然只是将先前对乙的怨恨记在沙地上，事实上也会给双方留下难以忘记的印象，因为这毕竟是一种认真的记录行为，因而我们不敢同时欣赏两次不同意义的记录。

④ 假如没有第二次打交道，甲也很难对第一次的记录自圆其说了。"写在沙地上，是希望大风帮助我忘记"显然有明显的逻辑错误，为了忘记，干吗还写？其实这一荒谬的表达是一种甲向乙表达善意的机智对答，在原谅对方的同时原谅了自己的狭隘，让双方的关系向好的方向发展。

⑤ 若忘记与铭记只针对自己而不涉及他人，那么面对错误和成绩，忘记哪个、铭记哪个呢？人生顺利、充满成就的人应铭记错误，忘掉成绩，在高水平的搏击中铭记"智者千虑，必有一失"的古训；人生坎坷、失败居多的人应铭记成绩，忘掉失败，在未来的搏击中充满乐观，铭记"愚者千虑，必有一得"的希望。

我们再从"创造阅读"层面看还会有什么突破和超越。这些突破和超越起初并不在我们自己的期待视野中，因而显得非常突兀，让人一时难以接受，但这正好证明了探索的超前和智慧的飞跃。

① 忘记别人对你的冒犯，记住别人对你的帮助，处理朋友之间的关系，这确实是利己利人、获得双赢的伦理态度和道德境界。然而若是处理敌我关系或那些很难说清是敌我关系还是朋友关系的关系时，这个寓言指导实践的意义就会大打折扣。

② 假如对待两次事件，记录的不是甲而是乙，又会是什么样子？乙该忘掉什么？铭记什么？德国对"二战"的反思态度也许是一个精彩的例子，而这例子又和寓言故事正好相反。这样的分析显然是一种颠覆了原寓意的全新思考。

4. 2010 年高考上海卷

根据以下材料，选取一个角度，自拟题目，写一篇不少于 800 字的文章（不要写成诗歌）。

丹麦人去钓鱼会随身带一把尺子，钓到鱼，常常用尺子量一量，将不够尺寸的小鱼放回河里。他们说："让小鱼长大不更好吗？"两千多年前，我国孟子曾说过："数罟不入洿池，鱼鳖不可胜食也。"意思是，不要用细密的渔网在池塘里捕捞小鱼，这样才会有更多的鱼。

实际上，其中的道理也贯穿在我们现实生活中的许多方面。

【思路点拨】

（1）接受层面。

对一切资源，包括生命资源和非生命资源，都要保护，并保障它们的再生，保障它们的正常繁衍，进而使它们能永久地为我们服务。过度开发，杀鸡取卵，盲目发展，破坏生态，这些行为要坚决杜绝。

（2）发挥层面。

不仅要善待环境中的各种资源，还要善待人自身的资源，不透支，不过度开发。也许丹麦人的做法还要改进,如设计有利于小鱼不上钩的鱼钩。对资源的保护并不简单,需要不断改进。

(3)质疑层面。

不管是丹麦人的"待大而钓",还是孟子的"不可胜食",都是将人的利益最大化的体现,而不是将自然资源当作主人、主体,本质上并没有真正尊重资源及生命。最有讽刺意味的是,几乎和中国高考同时,丹麦人在集体屠杀鲸鱼,画面被一位比利时作家揭出,渔民们挥舞着屠刀刺向一条条搁浅的鲸鱼,鲜血染红了整个海湾。就在儒家表达他们对自然资源的态度之前,墨家就积极倡导节用之法,还提出"生不歌,死不服"的主张,道家也坚决反对人主宰自然的思想。

【尚德类寓言材料作文小结】

而我们对寓言类作文进行思维训练的原因,是因为三个层面存在的可能,尤其是这些缺陷存在的可能。

在别人看来是反映寓意、代表作文主题的话题,在这里却是未加证明或须重新加以证明的话题。将原本只需用演绎法进行套用的现成结论暂时搁置,回到寓言本身,揭示并归纳出未被人们注意的实质,找到它与现实的新联系点,实现对原寓意的超越,或彻底消解原寓意后完成全新的严密而无可辩驳的逻辑推理过程。

这种发现和创造,也许在考场中无从实现,也许在教学中还未曾练习,也许练习起来很难,很不习惯,也许甚至还不为流行教育观念所支持,但这毕竟给我们摆脱平庸指出了一个成功的方向。

从广义角度看,我们生活中经常会听到、碰到寓言般的故事,其寓意并不像成品寓言那样凸显,而需要我们去发现,去创造性地分析。

从"接受阅读—发现阅读—质疑阅读"三个层面来分析寓言类故事,其教学意义远不止于对寓言类故事的认识,还在于它能帮助我们形成良好的思维意识,训练科学的思维方式,培养勇于向权威和极限冲击的挑战意识,培养永不停息的探索精神。

面对一切知识信息、一切事情,我们都应从发现层面和创造层面努力思考,寻找更为接近真理的答案、更为合理的解决途径。

也许不能正确对待寓言的时代是一个肤浅的时代,读者主体性缺失的时代是一个思想思维被双重禁锢的时代。寓言能否发挥应有的价值,关键看读者的主体性能否回归,思想能否解放。考试命题人的责任重大,而语文教师的责任尤为重大。

三、实践、思考、阅读，时代哲思的源泉

（一）对我们所处时代的哲学思考

1. 我们处在一个成功哲学武装起来的时代

这个时代崇尚成功，充满了各种竞争。积极奋斗的人和被动辛劳的人在激烈的竞争中大多将个人的利益最大化，整个社会已经失去个人理想与民族理想统一的崇高。许多竞争获得成功的人，无不炫耀着弱肉强食的丛林法则；那些被竞争击垮的人，对自己失望，对社会失望，斗志和品格也会双双沉沦。浮躁和不平，成了对资源倾斜和竞争失衡的世界的仅有回报。不管是不公平的占有还是公平的竞争，成功哲学正在摧毁着这个世界。这绝非危言耸听，更悲哀的是，几乎每个人都在歌颂成功哲学。看不清这一时代弊端，就无法寻找关怀青少年精神成长的途径。

当今的青少年是被竞争异化了的一代。理想主义逐渐被实厖主义取代后，青少年过早地被吸引到了对资源最大限度的占有上，过早地对特权和金钱产生了迷信和崇拜。如果说还有什么正面理想的冲动，中学生大凡是参加什么PK选秀做明星、游戏闯关获级别；大学生则整日忙碌于获取各种等级证书和资格证书，他们的人生理想是做企业家、律师、翻译、导游、歌星、模特、记者和主持人，全是些需要竞争方可获得的角色。很少有人愿意成为文学家、哲学家、数学家和理论物理学家，他们无暇如屈原、哥白尼般地去"天问"，最艰深的阅读只停留于刘伯温等的谋略大全和卡耐基的人际交往说教。

当今的青少年是被竞争压垮的一代。奇高的衣食住行成本，让刚进入社会的大学生过早地弯下了腰身，他们唯一相信的就是世界的残酷和个人的渺小；没有尽头的考试比拼，使中学生觉得自己是推石头上山的西西弗斯，石头不断滚落，自己只能周而复始地重新推石，永无休止；不断增加的学业负担，让小学生失去了童年，他们无法搞清这个世界除了竞争还有什么，更无法搞清社会和家长已将竞争压力全部转嫁给了他们。没有童年，并不意味着成熟的提前到来，而证明了快乐和成熟的双重灭失。

家长和孩子唯一的共同语言就是竞争，考大学是竞争，找工作是竞争，就连上舞蹈班、器乐班也是为了获取竞争优势。一到假期，各种"班"一应俱全，幼儿上绘画班，中学生上补习班，高考结束还要上英语听说班。这些看起来杜绝了不良精神的渗入，但是也剥夺了他们的选择权，屏蔽了自由精神和独立思考的精神来源。

当所有人都屈服于就业竞争，被就业文化所同化，那么这个时代就会成为最没有理想的时代，社会就会走入全面的平庸，创新教育和人的全面发展就会成为一句空话。

2. 我们处在一个消费至上的时代

这个时代用消费改造着人们，人们也用消费主义思想进一步改造着这个时代。似乎每一位有权消费的人都可以让时代为他的出价而服务，拥有信息技术装备也就同时拥有享乐的权利。各种信息充斥在日常生活中，排遣竞争带来的压力的最直接的方法就是沉溺于浅俗的娱乐，好像只有将世界浅俗化、娱乐化才能配得上竞争的时代，或者说只有浅俗的娱乐才能平衡竞争造成的心理重负。

最接近青少年的消费莫过于娱乐。当成人消费高尔夫球、麻将时，青少年在消费不断升级、不断翻新的电子游戏；当成人沉浸在艺术票友世界消费各种回忆时，青少年则在痴迷于娱乐明星的星座、性格、生活琐事，消费着各种时髦；当成人享受各种红地毯、镁光灯，消费着自己的成功时，青少年则热衷于参与或关注各种选秀活动，消费着他人的成功。

这个时代什么场合都可以娱乐，闲暇时、出门时、上班时、上学时都可以娱乐，都有娱乐的空间。这个时代什么都可以娱乐，文化可以娱乐，日常生活可以娱乐，隐私可以娱乐，道德败坏可以娱乐，放大一切丑恶可以娱乐。娱乐使社会失去了底线，娱乐使人失去了原则，娱乐消解了一切崇高的意义。

当我们在赶超世界，进入物质享受技术的快车道时，当我们无底线地从自己和他人的缺陷、痛苦、郁闷、无奈中发掘出娱乐因子时，当我们成为世界上人均读书量最低的人群时，我们就会进入拒绝创新、拒绝崇高的时代，用各种票房和收视率就可描述国人的精神内涵。

3. 我们处在一个缺少精神领袖的时代

这个时代由物质和技术的进步来支撑，人们只崇尚经济奇迹和娱乐奇迹，而丝毫不会寻找思想的深邃与博大，所以只知道李泽楷而不知道李泽厚，只知道比尔·盖茨、乔布斯而不知道凯恩斯和哈耶克，似乎比尔·盖茨、乔布斯代表了所有的社会正能量，只有他们才能表达时代的深刻和远见，更有甚者，许多追星族把娱乐明星当作他们的人生导师。

思想家、理论家被改造成了技巧大师，失去了引领时代的能力，广大青少年也失去了引领他们面向未来的精神领袖。

没有独立思考的精神，没有思想领袖的引导与激励，自然会陷入无关乎过去和未来的平庸之中，人们的活力只能简单释放在生存与享乐上。不妙的是，在竞争的威胁恐吓下，生存只是争先恐后挤上诺亚方舟的逃生。悲哀的是，享乐不久，伊甸园没有了，连禁果都没有了，似乎只剩下无人看管的潘多拉的盒子。

当所有书店只能销售市场营销、公关应酬、谋略策划、保健烹饪、名人秘事方面的书籍，这个时代就可能会沦为最浅陋的时代。

（二）将社会实践和兴趣研究纳入课程，纳入升学考核

在无情竞争与贪图享乐的两极之间，一定是一片苍白和茫然，断然不会出现久违的神圣与崇高。重新实现时代的崇高，就必须使个人理想和民族理想高度统一，因而无论是假期还是平常，我们都应该千方百计增强学生的社会责任感和历史使命感。

一旦提到如何解决问题，我们都会回到一个原点——如何摆脱应试困扰。似乎所有的努力都绕不开应试这一拦路虎。学生身份不改，精神生活也不会改变，当中考、高考不能改变它的竞技性，那么中学生就像不断参赛的运动员那样，不但不能有真正的休息，而且要不断加强训练以保证良好的竞技状态，所以假期不能停止上学习班，甚至高考后也不消停，辗转在各个外语补习班中。

高考改革完全可以借鉴新加坡等国的经验：学生不仅假期可以完成自己的兴趣研究和社会实践，平时教学也将兴趣研究和社会实践当作考核内容，并把它作为高考考核的内容，以此为条件选择就读的学校或专业。社会实践与兴趣研究不仅是结业时的衡量内容，而且是升学，包括升大学的衡量内容。除此之外，还可以进行逐级评比，就像将学科竞赛和自主招生挂钩一样，把兴趣研究、社会实践与自主招生挂钩。

如此放弃竞技型考试，学生的身份也就发生了重大的转变：由知识技

能的学习者转变为社会责任、历史使命的承担者，由社会的适应者转变为社会的改变者。

假期作业中，教师可以设计假期阅读与实践任务，如分组阅读，开学展示评比，分组实践研究，开学展示评比。这些和应试并不冲突的任务，一定能得到家长的广泛支持，家长由支持发展到参与指导，有利于改善和孩子的关系。

（三）将报告文学、文化散文、哲学散文当作重点学习的内容

对学生精神成长影响最大的莫过于当代文学，可学生能接触的大都是浅俗之物，很少接触真正能够反映当代智慧、当代境界的读物；而我们目前给学生推荐的那些名著，基本没能反映当今时代智慧，大多是推荐者自己曾经受益的东西，与当代没有多少关联。学生阅读少了与时代同行的主人翁感，少了为时代而激动与沉思的精神体验。

我的教学经验是，当今的学生阅读新时期的报告文学依然激动不已，阅读新时期的哲学散文依然欣然投入，阅读新时期的文化散文依然心潮澎湃。掩卷之后，这些作品的正能量还能长久地影响着他们，他们感叹这些阅读深刻地改变了他们，他们如此幸运地在中学阶段领会这些时代智慧。

阅读活动中，突出新时期的报告文学、哲学散文、文化散文等，不失为增强学生的社会责任感、历史使命感，提高学生文化素养、文学素养的成熟选择。

新时期的报告文学，能更好地激发学生的社会责任感和历史使命感。当代报告文学的语言有很强的创新感，总能将叙述、理论和抒情融合在一起，能激发学生的学习热情。当代报告文学能提醒学生关注社会的发展，对社会现实有独到深刻的认识，能增强学生时代主人翁的意识。当代报告文学总能切中时代的脉搏，感知时代血流的奔涌，激发学生与时代同呼吸共命运。当代报告文学作家能敏锐地反映时代的最高智慧和情怀，他们是集文学家和思想家于一身的作家。只有一流作家才使用报告文学这种形式表达他们深切的悲悯情怀和超前的忧患意识，一般作家没有勇气和才华驾驭这种文体。凡是学生能见到的报告文学都是时代智慧的精华，不像小说那样鱼龙混杂，无法选择。报告文学教会学生如何对待现实与未来。

新时期的文化散文能更好地开阔学生的视野，提高学生的人文修养。教师都能认识到文化散文的阅读价值，家长也认识到了这一点，但是家长

更容易把它归于知识类型，而非艺术类型。因而，我们有必要纠正这种偏差，通过假期作业纠正则是一个不错的选择。以余秋雨为代表的文化散文作家，能够用饱满的感情来观察那些文明的残片，并把它们放大、复原，用人道主义精神来感知和想象我们走过的文明道路。在这里，文化不是用来做物质大厦的装修物，而是用来做精神大厦的基础和脊梁；文化散文不是炫耀巍巍长城一万里，而是重拾田园草屋八九间；文化散文绝不歌颂富丽堂皇的显贵牌匾，而是探究庭院深深的寻常百姓家；文化散文教会学生解密探幽的崇高态度，而不是利欲熏心的盗墓心理；文化散文教会学生见微知著的思想方法，而不是对冷僻知识的孤立记忆。文化散文教会学生如何对待历史文化。

对于新时期的哲学散文，几乎所有人都能意识到它的艺术价值，但是认识不到它能帮助我们根治缺少思想灵魂的时代浮躁症的教育价值。如周国平的哲学散文能将学生带入哲理的时空中、人生的虚实里。周国平教给我们的不仅是将哲学人情化，还教我们将生活哲学化，教我们在瞬间实现永恒的意义，在有限中获取无限的价值，教我们如何运用中国哲学中的辩证思维和西方哲学中的生命观来思考心灵、宇宙、历史、未来。周国平很好地避免了中国辩证哲学的缺陷和尼采哲学的怀疑论缺陷。依赖于传统辩证法，会使我们失去探索的执着，沉迷于尼采的怀疑论，会让我们失去对未来美好的向往。简单辩证法和怀疑论是人们最容易接受的哲学思维，也是对当下人们影响最大的哲学思维。因而读周国平的哲学散文具有优化国人哲学思维，修正国人人生态度的重要意义。在物质主义当道的今天，非常需要这种哲学，它让我们感觉到自己的温暖，让我们不断集聚和释放温暖与关怀。哲学散文教会学生如何对待人与宇宙。

人的全面发展，不仅要认识社会，还要改造社会。改造社会就必须有崇高的历史使命感和社会责任感，将个人理想和民族理想高度统一。也许这才是教育的核心价值观。重铸崇高与神圣，开于国策，合于教师，起于课堂，但不止于假期。系统性、艰巨性、长期性，必然是它的显著特点。

四、哲理类材料作文思维训练的七种方法

凡是哲理类材料作文思维训练的方法，都可用在寓言类材料作文思维训练上，但是寓言类材料作文的思维训练方法，未必都能用在哲理类材料

作文的思维训练上。哲理类材料作文思维训练的用力点，相当于寓言类材料作文训练的"发挥层面"部分。哲理类材料的最大特点是能俘获人，让人不得不佩服而欣然接受，但是随后人们往往就不再多想了。

如果用哲理类材料来写作文，哲理材料充其量只能做个论据或引子，哲理已经被材料化、论据化了，不能真正启发思维。

今天，我们用哲理解读的七种方法来实现思维的突破。

（一）关键词解读法

言简意赅的哲理，意思总是深藏于某些关键词中。我们只有抓住这些关键词进行充分深入的阐释，方能真正理解哲理的丰富含义。

1.模拟文题

"向后看才懂得生活，向前看才能生活。"

思考这句话，自拟题目写一篇文章。

【思路点拨】

可抓取题中的所有关键词逐一展开阐释。

（1）"向后看"：吸取曾经的经验与教训，明白其间的得失；比较各人的幸福与不幸；学会珍惜当下的朝夕与点滴。

（2）"懂得"：是入门，是明白，是通晓；是体验，是感受，是享受；是彻悟，是自知，是知足。

（3）"向前看"：向前看，曙光在前头；向前看，挑战等待着我；向前看，新的奥秘吸引着我；向前看，旧的烦恼与伤怀才会离我远去。

（4）"生活"：没有了向后看的嚼头，没有了向前看的奔头，就没有了享受当下的过头。

第一种和第三种思路着重发掘本题的对比暗示。对比在本题中有一明一暗，明的对比是"向后看"与"向前看"，暗的是"向后看"内部隐藏着对比关系。隐藏的对比关系又有三个方面：经验教训及得失、幸福感差异、时间意义（珍惜）。这三个方面还可概括为做过了的、感受过的、记住的。这个范畴归纳须熟练掌握，因为它还适用于更多的问题研究。

第二种思路揭示了"懂得"在本语境中的意义，既有理性的认识，又有感性的体验，还有人生态度的表达，也就是从认识、感受、态度三大方面来揭示"懂得"的丰富含义。这个范畴归纳也须熟练掌握，因为它也适用于更多的问题研究。

第四种思路暗含着时态对比。我们给出过去时、将来时、现在时之间的对比关系，揭示题目的意义。

2. 模拟文题

"每个人出生的时候都是原创，可悲的是很多人渐渐都成了盗版。"

思考这句话，自拟题目写一篇文章。

【思路点拨】

（1）出生时的原创，并非自己的创造，你一努力就变成盗版。

（2）年幼时的盗版，其实就是不断学习，只是此时你还不产出，自然无利润。

（3）成年后的盗版则是对社会的适应，常常偷盗别人的知识来获利。

（4）进入社会后，每个人都按照竞争需要来塑造自己：一流的立标准，形成原创；二流的做品牌，占领市场；三流的搞加工，重复别人。重复别人，有的是高仿，有的则是粗糙的"山寨"。

3. 2014 年高考四川卷

阅读下面的文字，根据要求作文。

人，只有在自己站起来之后，这个世界才能属于他。

这句话引发了你哪些思考？请自选角度写一篇不少于 800 字的文章。要求：①题目自拟，立意自定，文体自选；②不得抄袭，不得套作；③用规范汉字书写。

【思路点拨】

（1）站起来，是摆脱跪姿、摆脱帮扶后的独立。

（2）站起来，是随意走动之自由的前提。

（3）站起来，是行走之后支配世界的根基。

独立、自由、支配，是"站起来"的三大内涵。

（二）语境导引法

有的哲理表述，由哲理直接表述和哲理背景组成。而我们常常只注意哲理直接表述部分，而忽略语境部分，严重影响了我们对哲理的理解和把握，所以我们要养成一种注意分析语境的习惯，并由此导向哲理直接表述部分，完成对哲理的真正理解。

1.2016 年高考江苏卷

根据以下材料，选取角度，自拟题目，写一篇不少于 800 字的文章，文体不限，诗歌除外。

俗话说，有话则长，无话则短。有人却说，有话则短，无话则长——别人已说的我不必再说，别人无话可说处我也许有话要说。有时这是个性的彰显，有时则是创新意识的闪现。

【思路点拨】

"有话则长，无话则短"的"话"，指的是自己要说的话，整句的意思是说，交流要有价值。

"有话则短，无话则长"的"话"指的是别人已经说过的话，整句的意思是要减少重复他人，保证表达的独特价值。

2. 模拟文题

感谢上帝没有把我造成一个灵巧的工匠。我的那些最重要的发现是受到失败的启发而获得的。
　　　　　　　　　　　　　　　　　　　　　　——戴维

思考这段话，自拟题目写一篇文章。

【思路点拨】

学生一般只注意第二句话，而忽略了第一句话，因为第二句话是哲理句。学生注意的是核心意思，忽略了语言背景。

（1）"工匠"的任务都是已知任务。

（2）"工匠"的加工、施工都要依照预制的"图纸"。

（3）"工匠"的灵巧是靠不断重复练就的。

（4）"工匠"的劳动满足的是实用的需求。

这四点恰好从反义角度显示出第二句话含义的全部：创造性劳动，往往是完成未知任务，没有成熟的预制蓝图，无法用重复来实现突破，也往往不能满足实用要求。所以创造性劳动只能在不断的探索及失败中寻找发现。没有背景分析，就无法快速得到哲理的完整含义。

3. 模拟文题

重拾快乐童年永不嫌晚，但这第二次只能靠自己不靠人。

思考这句话，自拟题目写一篇文章。

【思路点拨】

在对比思维下，学生很容易找到语境中暗示的意思：第一次的快乐童年，是靠别人获得的，父母的呵护、环境的关爱、同伴的交流，给予了童年全部的快乐。这是一个弱小生命在众多期待中不断成长而获得的快乐，你的快乐是所有人的期待。成年之后回到快乐童年则在人们的期待和支持之外，得靠自己去争取。

（1）由青年返回快乐童年是无人理解、无人赞同的，环境对你的期待是踏实、勇敢、激情这些青年人特有的精神状态，回到童年的快乐，总被戏称为"卖萌"。要想回到童年的快乐，只有自己争取。

（2）由中年返回快乐童年是无人知晓、无人支持的，此时社会环境对你的期待是责任、坚毅、忍耐等品格，回到童年的快乐总被讽刺为"装嫩"。要想回到童年的快乐，只有自己争取。

（3）由老年返回快乐童年，似乎能得到一些理解，不过亲朋好友对你的期待更多的是安详、睿智、健康，回到童年的快乐都被戏称为"老顽童"，但老顽童常常引来安全事故，让儿女放心不下。要想回到童年的快乐，只有自己争取。

4.2015年高考四川卷

在一次班会课上，同学们围绕"学会做人：我看老实和聪明"展开了讨论。

甲：老实是实诚、忠厚，聪明是机智、敏锐。

乙：老实和聪明能为一个人兼而有之。

丙：老实是另一种聪明，聪明未必是真聪明。

……

请根据上述材料，联系现实生活，结合自己的思考，自选角度写一篇不少于800字的文章。

要求：①题目自拟，立意自定，文体自选；②不得抄袭，不得套作；③用规范汉字书写。

【思路点拨】

这个话题背后有一个时刻都在变化的语境，我们要在变化的语境引导下完成思考。我们借用"聪明"的同义词来讨论。

（1）智慧是人面对这个世界时的基本能力和敏锐反应，它属于认识层面，我们常用智商来考察智慧；老实是为人处世的基本态度和行为原则，突出伦理含义，它属于态度层面，我们经常用情商来判断它。

（2）智慧需要不断地充实与更新，而老实则需要始终如一地坚守；开创一个新世界更需要智慧，稳定一个新世界则更需要老实。

（3）智慧与老实平行存在一个人身上，我们希望二者都能发生更大的作用；当二者在某一时刻产生冲突时，我们既要对二者进行价值判断，也要对二者进行方法考量；当二者处于包含关系时，我们则会把老实也当成一种智慧，但不会把智慧当成一种老实。

（4）老实人常常希望自己变成智者，智者却不希望自己变成老实人；当社会中的人都变成老实人，那么就会在其中冒出老实的智者，这时智慧就成了决胜因素；当社会中的人都变成智者，那么就会出现智慧的老实人，这时老实则成了决胜因素。

（5）因此，在智慧平分秋色的时代，谁严谨诚实谁就会获得更强的竞争力；在大家都懂得苦练基本功的时代，谁机智灵活谁就会占得先机。"老实"不是"拙"的同义词，"老实"含有"严谨"和"诚实"之义。严谨出智慧，诚实乃大智慧。无论在什么时期，既智慧又老实的人永远会处于不败地位。

（6）面对危险时，你该老实还是该智慧？夯实基础时，你该老实还是该智慧？这些都不言自明。而面对利益时，你该老实还是该智慧，就成了个问题，因为谁都不敢说老实就不会获得利益，谁都不敢说智慧一定会弄巧成拙。

（三）续写哲理法

有的哲理句虽然凝练概括，但在语义上具有开放性，也许这个开放性较为明显，也许这个开放性较为隐蔽。只要我们充分利用这种开放性，进行大胆的续写，就会发现让你惊喜的新意。

1. 模拟文题

一个人可以走得很快，但并不一定走得远；一群人虽然走得很慢，却可以走很远。

思考这句话，自拟题目写一篇文章。

【思路点拨】

用续写法展开：把题中的哲理句子当作哲理的开始句，然后进行续写。续写出来的句子，若用在作文里可放在每段段首，使全文形成递进式结构。

（1）一个人选路、探路都得亲力亲为，体验深刻；而一群人走可以分工探路，节约了体能和时间。

（2）一个人遇到岔道会犹豫，担心选错了方向，责任全由自己扛；一群人遇到岔道会发生分歧和争吵，怪怨选错方向，责任谁都不担当。

（3）一个人走一般只有一个目标，而一群人走会出现多个新目标。

（4）一个人走遇到窄路可快速通过，一群人走遇到险路可协作安全通过。

2. 模拟文题

智慧，是长在伤口处……

思考这句话，自拟题目写一篇文章。

【思路点拨】

续写这个哲理句，可用顶真法开头，如"智慧，是长在伤口处，但伤口未必都能生出智慧。人人都会经历伤痛，却未必人人都会拥有智慧。当时麻木或昏厥，因而远离了智慧，好了伤疤忘了疼，也不会就此获得智慧。让你痛不欲生的，就是能让你脱胎换骨的"。

3. 2015 年高考福建卷

阅读下面的材料，根据要求作文。

（1）地上本没有路，走的人多了，便也成了路。

（2）有时，走错路也是一件有意思的事情，如果没有走错了路，就不会发现新的路。

（3）世上没有走不通的路，只有不敢走的人。

上面三则材料，引发你怎样的感悟和联想？请就此写一篇不少于 800 字的议论文或记叙文。

要求：必须符合文体要求；角度自选，立意自定，标题自拟；不要脱离材料内容及含意的范围；不得抄袭，不得套作。

【思路点拨】

（1）有目标就有路，有突破就有路，所有的路一开始只有极个别人涉足。这是指向未来价值。

（2）有的路先走人后有路，有的路是先修通再走人。这是关于现在价值。

（3）有的路再老都很拥挤，有的路刚修通就没人走了。这是总结过去价值。

（4）不管是未来、现实、过去，只要不能满足通行与运输的需要，就得开创新的道路。

（四）化整为零法

哲理的核心概念或核心表述，往往是个我们非常熟悉的词或短语。正因为熟悉，我们却不敏感，不去对它们进行语意切割和结构分解，以至于不能很透彻地理解哲理。只要我们能化整为零，对核心概念或核心表述进行语意切割和结构分解，就会迅速降低难度，揭示出哲理丰富的含义。

1. 模拟文题

走自己的路，让别人说去吧！

思考这句话，自拟题目写一篇文章。

【思路点拨】

用化整为零的方法来发掘哲理的丰富内涵，可以有以下几点。

（1）我选择的目标在我前方，别人怎么批评都不会改变我的目标。

（2）我选择的路径在我脚下，别人怎么议论都不会影响我的线路。

（3）我选择的走法在我心中，别人怎么建议都不会给我更好的方法。

（4）走自己的路，别人保持沉默，未必是件好事。

（5）我走我的路，必然会引起别人的反对，因为我要冲破旧有的一切禁锢和羁绊。

2. 模拟文题

生活没有彩排。

思考这句话，自拟题目写一篇文章。

【思路点拨】

和许多哲理句一样，作为题目，"生活没有彩排"可以当托物言志类作文。作为哲理类作文，也可以用续写法，如"生活没有彩排，只有现场直播"。而本题更适合进行化整为零的分析。

（1）生活没有彩排，因为没有剧本，谁都无法给自己设计精彩与曲折，它总是那么平淡琐碎。

（2）生活没有彩排，因为没有导演，无人将你的生活裁成分镜头，无人对你指导说戏。

（3）生活没有彩排，因为没有固定的主角和配角，谁也不知道下一出会遇到谁，遇到多少人。

（4）生活没有彩排，因为没有固定的舞台和场地，无人为你拉幕打灯光。

（5）生活没有彩排，因为没有固定的观众，没人等着为你喝彩。

（五）整体把握法（主题结构法）

哲理诗，通常全篇都由启人心智的句子组成，句句都是哲理。在学生看来，几乎每一句话的含义都可作为作文的主题，这样一来就会以偏概全、断章取义。所以面对这样的材料，要整体把握，并理出材料的主题结构，然后借助主题结构展开作文。

1. 模拟文题

成熟是一种明亮而不刺眼的光辉，是一种圆润而不腻耳的音响，是一种不需要对别人察言观色的从容，是一种终于停止了向周围申诉求告的大气，是一种不理会哄闹的微笑，是一种洗刷了偏激的冷漠，是一种无须声张的厚实，是一种并不陡峭的高度。

思考这段话，自拟题目写一篇文章。

【思路点拨】

"成熟"自然是这段哲理的总体意思，然而这段语言又过于形象具体，说了若干"成熟"的表现。照这样的语言，还可续写出更多的表现，于是我们要在特别概括的"成熟"和特别具体的表现中，找出较为概括的说法，如用"内敛、低调、有余地"来重新勾连哲理的整体意义。

内敛、低调、有余地，因你的成熟，你的形象变得敦厚优雅。

内敛、低调、有余地，因你的成熟，你的亲朋变得谦和善思。

内敛、低调、有余地，因你的成熟，你的环境变得祥和安然。

2. 模拟文题

阅读下面的材料，根据要求写一篇不少于 800 字的文章。

我向神祈求，祛除我的陋习吧／神说，不成。陋习该自己捐弃，而非由我消除

我向神祈求，赐给我坚毅吧／神说，不成。坚毅乃于磨炼中形成，要靠自己砥砺，而非靠我赐予

我向神祈求，让我享受生命的每一分钟吧／神说，不成。我给了你生命就是让你体验这一切……

我向神祈求，使我能爱他人如同爱您之爱我吧／神说，呵呵，你终于明白了妙谛……

我们常怀敬畏之心这样祈求：

请让我以勇气去改变我力所能及的

请让我以宁静去接受我力所不逮的

同时让我以智慧去理解两者的分际

要求选准角度，明确立意，自选文体，自拟标题；不要脱离材料内容及含意的范围作文；不要套作，不得抄袭。

【思路点拨】

这是由两部分信息组成的材料作文题。这类题的基本要求是，要揭示题中若干材料的联系，只要找到材料间的联系实质，就找到了最佳立意。忌讳只找到某个励志词汇就大加发挥，下笔作文。

（1）材料导读：这是一个"求教于人—获得启示—明确做法（目标）"的表达模式。重点是"获得启示"和"明确做法"，难点是"启示"的含义。只有解决好难点，才能思考做法和目标。因而只有突破了"启示"这一难点，才能完成审题，否则将会离题万里。

（2）难点揭示："我向神祈求，使我能爱他人如同爱您之爱我吧／神说，呵呵，你终于明白了妙谛……"其中"爱"是与生俱来的品质，也是人之为人的最高品质，上帝会毫不吝啬地赐予人这种品质，而只有有自觉意识的人才会真正拥有它。相对来说，前面几个祈求需要人生的磨炼才能获得，不是先天就能拥有的。而爱人、博爱、大爱，人必须从一开始就拥有它。前者都是为自己的，只有最后一个祈求才是为他人的。这一祈求的表述是整个材料的核心，也是作文题目的题眼。

（3）做法（目标）分析："敬畏"，意味着自己面对的已经不是自己儿时最崇高的东西。"力所能及""力所不逮"揭示的是人的胸怀力求博大，宽厚待人待物。上帝并不是万能的，上帝最大的成功就是教那些能爱人的人爱人，能宽广的人宽怀待人。

（4）错误提醒：错误一是断章取义，不管材料间的关系，只抓自己感兴趣的部分；错误二是"获得启示"吃不透，造成简单化；错误三是只用"祈求"或"敬畏"做话题，而置材料于不顾，大加发挥，甚至宿构已有的文章。这类文章最容易话题化，学生常常只找到某个励志词汇就大加发挥，下笔作文，而不注意审题。因而要注意提醒学生在写作前应认真审题。本题的难度及题型应引起高度重视。

（六）情境还原法

好多哲理语言精彩得让读者张口结舌、顿时失语。借助情境表达哲理，但所述情境模糊或不完整；结论很精彩、很明确，但略去了情境内容，掩盖了哲理更多复杂的可能，使得读者只管结论不管过程；提炼生活经验、总结高概率事件，但读者不会联想相反的事实；将两则表意对立的哲理材料放在一起，要求作文，学生容易选边站队。碰到这几种情况，通过还原情境、设定情境往往会绝处逢生，视野大开，并能利用范畴法迅速展开作文。

1. 2014 年高考福建卷

阅读下面的材料，根据要求作文。

有些人一提到空谷就想起悬崖峭壁，而另一些人想到的是栈道桥梁。

上面的材料，引发你怎样的感悟和联想？请就此写一篇不少于 800 字的议论文或记叙文。

要求：必须符合文体要求；角度自选，立意自定，标题自拟；不要脱离材料内容及含意的范围；不得抄袭，不得套作。

【思路点拨】

通过情境还原，补全材料中还不够完整的情境，使情境更加合理真实，符合常情常态，从而发现更多意义。

（1）想起悬崖峭壁的悲观，与想起栈道桥梁的乐观。

（2）也许情况与"（1）"正好相反：悬崖峭壁激起的是英雄斗志，栈道桥梁则会使人趋向安逸。

（3）若还原人的联想，那么还会想起空谷鸟鸣，还会想起空谷水声。

（4）悬崖峭壁，是情感联想；栈道桥梁，是功利联想；鸟鸣流水，是审美联想。这才是情境的真实还原，这些都可能出自一个人的联想。

2. 模拟文题

瘦死的骆驼比马大／落魄的凤凰不如鸡

思考这两句俗语，自拟题目写一篇文章。

【思路点拨】

这两句"哲理"表意和态度都截然相反，放在一起让学生作文，实在是增加了不少难度，学生往往或选边站队，或不知所措。如果还原这两个俗语使用的真实情境，情况就会大有改观。

（1）从逻辑上看："瘦死的骆驼比马大"用的是转折逻辑，骆驼再瘦，也比马大得多；"落魄的凤凰不如鸡"用的是假设逻辑，凤凰一旦落魄就连鸡都不如。

（2）从语意上看："瘦死的骆驼比马大"描述的是能力与财富，骆驼虽瘦，原有的能力与财富犹存；"落魄的凤凰不如鸡"描述的是地位和处境，凤凰落魄，先前的地位和处境不再。

在上述情境的还原下，我们就可展开关于这两句俗语的对比与评说，不至于针锋相对、两败俱伤，或放弃讨论。还原情境的同时形成了范畴关系。

3.模拟文题

近朱者赤，近墨者黑/莲花出淤泥而不染

思考这两句俗语，自拟题目写一篇文章。

【思路点拨】

与"瘦死的骆驼比马大/落魄的凤凰不如鸡"相比，本组对立关系更需要通过还原情境来完成思考，因为它们存在更复杂的情形。我们可以使用数学逻辑来完成还原，分别还原或设定几种影响与被影响的关系，使对比能有条理而又有深度，最终揭示真正的奥秘。

（1）"近朱者""近墨者"同"赤""黑"是同类，"莲花"与"淤泥"也是同类，同类成了成长环境。

（2）"近朱者""近墨者"同"赤""黑"不是同类，"莲花"与"淤泥"也不是同类，"朱""墨""淤泥"则是成长环境。

（3）"近朱者""近墨者"同"赤""黑"是同类，而"莲花"与"淤泥"则不是同类，前者同类为环境，后者异类为环境、为营养。

不难看出，只有第三种才是最真实的情境，同类间易感染相同习性与毛病，异类间则不会传染相同习性与毛病。

4.模拟文题

有位企业家在商场上有着惊人的成就。当他在事业达到巅峰的时候，有一天陪着他的父亲到一家高档的餐厅就餐，现场有一位琴艺不凡的小提琴手正在为大家演奏。这位企业家在聆听之余，想起当年自己也曾学过琴，而且几乎为之疯狂，他便对父亲说："如果我从前好好学琴的话，现在也许就会在这儿演奏了。"

"是啊，孩子。"他的父亲回答，"不过那样的话，你现在就不会在这儿用餐了。"

根据上面的材料，以"失去与拥有"为题写一篇文章，立意自定，文体不限，不少于800字。

【思路点拨】

这是一则具有现代寓言特征的故事，读者容易把它当作寓意明确的传统寓言，立即肯定父亲的说法，而使故事丰富而深刻的内涵大大缩水。因而，除了从故事中提炼一般意义的"拥有和失去"的关系外，还要真正进入真实情境，以求有所新发现、新思考，如可以思考以下问题。

（1）企业家现在拥有了事业的辉煌，真的就失去了对提琴艺术的热爱？企业家拥有的是物质财富，它不可能永远拥有，企业家保留的对小提琴的爱，反倒是一种可以永远拥有的精神食粮。

（2）企业家对提琴手的那种欣赏羡慕，是发自内心的，对自己曾经疯狂喜欢小提琴，还有一种美好的回忆，在此意义上说，他并没有失去对艺术的追求。

（3）父亲显然是对儿子当下的成就颇为自豪，因而竟认为在这里吃饭欣赏别人的艺术服务，是一种优越的展示、成功的炫耀。

（4）那位提琴手今天在餐厅为客人演奏是为了生计，明天也许会登上艺术的神圣殿堂。那么他又失去什么或得到什么呢？

5.2015年高考广东卷

阅读下面的文字，根据要求作文。

看天光云影，能测阴晴雨雪，但难逾目力所及；打开电视，可知全球天气，却少了静观云卷云舒的乐趣。

漫步林间，常看草长莺飞、枝叶枯荣，但未必能细说花鸟之名、树木之性；轻点鼠标，可知生物的纲目属种、迁徙演化，却无法嗅到花果清香、丛林气息。

从不同的途径去感知自然，自然似乎很"近"，又似乎很"远"。

要求：自选角度，确定立意，自拟标题，文体不限；不要脱离材料内容及含意的范围；不少于800字；不得套作，不得抄袭。

【思路点拨】

显然，这则材料引发的思考绝不只是"远"和"近"，回到材料的情境中就不难看出这个问题。除了"远"和"近"，还有其他对比意义。

（1）着眼现实与扫视虚拟。

（2）立足局部与纵览全局。

（3）观察的现时性与历时性。

（4）对象的不可选与可选性。

若不还原情境，是无法正确认识这些丰富的对比关系的，我们就会在材料提示的"远"与"近"中兜圈子。

（七）再次提炼法

与"情境还原法"正好相反，"再次提炼法"是从具体的情境中进行再总结、再提炼，使哲理意思更加明了透彻。以形象情境取胜的哲理材料，原本就应该启发读者寻找更透彻的人生哲理，我们今天的思维训练，只不过是完成作者的凤愿而已，只是做起来并不比其他方法容易，需要不断思考和训练，才能掌握这种方法。

1. 模拟文题

玫瑰就是玫瑰，莲花就是莲花，只要看，不要比较。

思考这句话，自拟题目写一篇文章。

【思路点拨】

（1）作为观赏之物，玫瑰、莲花各有各的美丽和韵味，不去比较，一是为了尊重各具风采的美丽，二是为了尊重来自纯审美的第一感觉，三是为了不给自然的美丽打上人的价值烙印。

（2）作为被人深爱已久的美丽花朵，人们总还是会区别对待的，一是玫瑰的形状、色彩、芳香和开放季节，更能让人联想到美丽的爱情，而莲花的形状、色彩、芳香和开放季节及处所更让人联想到高洁的品格。二是玫瑰耐旱且具有很强的适应能力，便于被人采摘赠送，情感可以给予和赠送；莲花无法离开水，不能采来送人，品格也是无法赠送的。

（3）对象特点与欣赏个性，情感联想与品德联想，这两组关系的提炼，使哲理更加透彻。

2. 模拟文题

阅读下面的材料，根据要求写一篇叙议结合的作文。

尼采曾说，处世之道应该是，不要爬上山顶去，也不要站在山脚，从半高处去看，这个世界真美好。这是他的人生观和价值观。其实，站在哪里看世界好，每个人都有自己的认识和体验，你又有怎样的认识和体验呢？

【思路点拨】

尼采讨论的是做人做事的方式，而不是做人做事的目标。因而作为登山目标的山顶，自然不必去，作为登山的起点自然没必要停留。居山顶者可能自傲无朋，处山脚者也许就自卑无助。

尼采所说的世界真美好，是指大多的事物、美景与"我"零距离的亲近，不像在山脚的仰望和在山顶的远眺；是指"我"与人、与物、与世界的相融，而不是拒之千里之外的相对相克；是指左右逢源、进退自如、上下通达的潇洒自由……

3. 模拟文题

阅读下面的材料，根据要求作文。

从前，有一个人拥有一张由黑檀木制成的好弓。他用这张弓射箭射得又远又准，因此非常爱惜它。

有一次，他仔细观察这张弓时，说道："你稍微有些笨重！外观毫不出色，真可惜！——不过这是可以补救的！我去请最优秀的艺术家在弓上雕一些图画好了。"于是他请艺术家在弓上雕了一幅完整的行猎图。

"还有什么比一幅行猎图更适合这张弓的呢！"这个人充满了喜悦，"你正应配有这种装饰，我亲爱的弓！"一面说着，他拉紧了弓，想露一手，弓却断了。

要求：全面理解材料，但可以选择一个侧面、一个角度构思作文；自主确定立意，自选文体，自拟标题；不要脱离材料的内容及含意作文；不要套作，不得抄袭。

【思路点拨】

弓箭的本质功能是实用而不是审美，事物的主要功能和次要功能的关系不可颠倒。正如一个人的特长、主攻方向不可随意调整，否则就易失去原本的优势，甚至置自己于绝境；正如一家发展上升的企业不可随意扩张到其他专业领域，随意扩张往往是用自己的短处来和别人的长处竞争，惨败可能是其最终的结局。

弓因雕刻外形而伤了筋骨，断送了强悍的生命。自信者无须太多包装，过度包装反倒会让人无法了解他的真正内涵，让人们放弃对他的选择、肯定，甚至会对他产生根本性怀疑。过度包装必然会走向初衷的反面。所以要讲求实际，追求生命的本色。

主人因爱弓而增加雕饰，不是因雕饰而爱弓。既然有爱在先，那么粗笨的弓就是最美的弓。情人眼里出西施，儿不嫌母丑，干一行爱一行，与其改变考试还不如喜欢考试，等等，都可由此引申发挥。

4. 高考题目

2010 年高考陕西卷选用材料作文形式，共给出三则材料，大意分别如下。

（1）把一种热带鱼放在一个小鱼缸里，它只能长到 3 寸大小；把它放进大水池里，它才有可能长得很大。

（2）狼之所以勇猛矫健，是因为它长期生活在野外环境里。

（3）一位心理学家随机挑选了几个学生，并告知他们都是最有前途的人，后来这几个学生的成绩明显提高。

题目要求考生选准角度，明确立意，自选文体，自拟标题撰写作文。

【思路点拨】

这三则材料似乎显示着各自的哲理，然而不同材料的共同点则是需要我们高度重视的。找到了共同点，就会使主题方向进一步明确。读材料的功夫决定了写作文的功夫。

（1）如果说热带鱼在一个小鱼缸里，它只能长到 3 寸大小是因为得不到足够的营养，那么狼是为了获取足够的营养而把身手练得勇猛矫健，那么那几个学生是已获得了足够的营养才提高了成绩。

由此看来，物质营养和精神养分决定着我们的成长。

（2）如果说热带鱼生长的环境限制了它的生长空间，使其只能长到 3 寸，那么狼在广阔的野外获得了更大的生存空间，需要应对更多艰难困苦，于是选择了勇猛的天性，那么那几个学生被告知自己是最有前途的人，才提高了成绩。

由此看来，是环境造就了人的前途。

（3）如果热带鱼是因为供人欣赏，而找到了安逸无他求的生存之路不需要再长大的话，那么狼的生存却是毫无安逸可言，它注定要走一条生死搏击的道路，勇猛矫健是它生存的必要条件，那么那几个学生是不甘平凡安逸的人类天性帮助他们实现了人生的超越。

由此看来，安逸与否决定了他们的人生道路。

（4）如果说来自环境的一切暗示都会对人的成长造成影响，那么我们一定要接受和利用积极暗示，就像狼和那几个学生一样，而不要像供人观赏的热带鱼一样，那么我们自己要进行积极的自我暗示，只有积极的自我暗示才会具有持久的激励作用。

由此看来，心理暗示对人的成长有至关重要的作用。

这四个角度，是"发现层面"的充分展开。

【哲理类材料作文小结】

哲理类材料作文写作时，我们要不满足于第一时间感受到的意义，不满足于现成的语言表述，不满足于常人的理解，要做一个哲理表述的参与者、创造者，发掘一般人不曾注意的哲理意义。获得哲理，须再造自我；发掘哲理，即发现自我。

五、范文展示

晒太阳

陈　村

有个有意思的故事，说的是大海边，坐着个渔夫晒太阳。一边走来一位旅游者。

旅游者："你干吗不捕鱼去，渔夫？"

渔夫："今天，我已捕了一船。"

"你可以捕两船。"

"为什么？"

"可以多卖钱换条大船呀。"

"换条大船干什么？"渔夫问。

"可以捕更多的鱼，卖更多的钱，换更先进的船。"

"干什么？"

"那时候你可以雇人捕鱼。"

渔夫问："那么我干什么？"

旅游者："你可以坐在海边晒晒太阳。"

渔夫："我这不就晒着了吗?"

旅游者想了想,一言不发走了。

如今,辛勤捕鱼的大有人在。顾不上晒什么太阳,一层一层地往上推。比如,日本人,特别是男人,大抵如此。我想,他们也许是饿怕了,40年前的穷困不堪回首。然而美国人呢,将小房换大房,将旧车换新车,永不停息。置了一个好端端、应有尽有的家,却没空享受享受,以一个东方人的目光,觉得何苦。

我猜他们是从心里热爱这种折腾,努力造成生龙活虎的气氛,不愿被遗弃、被忘记。落伍是不能接受的。一样是晒太阳,非要悬着心,惦记着海上自己的新式渔轮,才晒得温暖。晒太阳不是终极的目标,目标在海上,在自己不甘退出竞争的心中。这样一想,似乎也有他们的道理。何况,这种精神对社会来说,是大大的福音。海上因此多了许多渔轮,一艘艘像鱼的天敌一样,看着也长精神。

可是,经得起追问吗:为什么?

放着好好的太阳不晒,折腾到最后,无非也是晒太阳而已。这样的循环,使人们的生活显得难以解释。很难说有条渔轮的老板比有条舢板的渔夫更能体会海滩的妙处。无论有多少理由,你能说太阳也是老板的暖吗?

除了它不便的一面,每种生活也必有它的好处。现代了,文明了,我们匆匆地放弃这些已有的生活,来不及咀嚼与消化,就毫不犹豫地投入新的一轮冲动之中。这一切好比按下了录像机上的"快进检索"钮,什么都看见了,但什么都没留下的感觉。既然已经看见了,我们就不愿从头慢慢再来一遍。当"快进"成为习惯时,我们将不能忍受任何正常的节奏,甚至将海滩与太阳永远遗忘。

说起来有点可笑,一个穷人,在议论人富了有什么不好,这有很重的狐狸气味。葡萄架上,硕果累累,抬头望望,流不流口水?可惜葡萄挂得很高。我是说,吃不到葡萄的狐狸,也别忘了吃得到的鸡的滋味。一切以自己的愉快为出发点。假如不馋,就让葡萄挂在那儿,无须为此上蹿下跳。

而今,馋的人是越来越多了。我们在得到之前,首先付出的是心态的平衡。不满是向上的动力,但不满如此强烈,非爆发不足以平衡。不满使现有的一切不再亲切。我们在不满中目光短浅,视而不见。生活很苦之外，首先心境很涩。还没有投入竞争，内心已消耗了多半的心力。这种内心的动乱十分可悲。

中国向来不缺少晒太阳的人，海滩上总是人山人海。而今，身在海滩，却两眼发直。想在海上看出座金山来，真是何趣之有。如果真是这样，倒不如干脆驾船出海，用诚实的劳动换得点滴的收获。我想说的只是，千万别忘了阳光与海滩，千万别忘了艰辛中的价值与乐趣。在人的欲望面前，终极的目标是没有的，所以终极的愉悦也是没有的。假如我们放弃了过程，也就放弃了一切。

当然，所有的这些都有个前提。海滩上的渔夫已下过一次海，没有饥馑之忧。只有在这时，他才谈得上选择，才可能从容悠闲。

一个穷人，他的心如果比财富更穷，要多悲惨有多悲惨。

【点评】

本文既是作者读寓言故事的有感而发，也是一个高考作文的很好范例。作者并没有像一般读者那样着意去琢磨这则带有明显现代寓言色彩的故事的逻辑奥秘，而是越过逻辑限制对旅游者代表的人生态度进行分析。习惯使他们爱折腾，本能使他们的不满"非爆发不足以平衡"，欲望使他们没有了终极目标和终极快乐。土豪和懒汉难以互相说服对方的逻辑表象，恰好与事实有较大的出入，因为揣有酸葡萄心理和不安心晒太阳的人却是人群的大多数。在飞速发展的当今，无须说服毫无追求的懒汉动起来，因为懒汉后继乏人，总量渐减，也无法让贪得无厌的土豪放弃对物质的追求，但我们可以劝说那些不愿做懒汉的"渔夫"后代心里不能穷。

镜中人语

王慧骐

镜子的缔造者，无疑是一位伟大的人物。

他结束了那种只会注意别人而无法看清自己的历史。

他让天底下所有的人都极其真实地站到了自己的面前。

他让那些曾经无法验证的溢美之词或贬损之语变成了一堆苍白无力的唾沫。

人终究不再含糊地直面自己和客观评价自己了。

但镜子里的自己只是现在的自己。

过去的自己镜子不能再现。

将来的自己镜子也无法预告。

镜子只能是镜子，镜子只反映你照镜子那一刻的神态、表情和容颜。

镜子大约是你生活中最本分也最老实的一个伙伴。

别人也许会欺负你，镜子却从来不背弃你。

你笑，它也笑；你哭，它也哭；你不笑不哭一副滑稽相，它也不笑不哭一副滑稽相。

你说你还年轻，可镜子说你老了，那是你自己差点被染发药水给蒙了。

你说你的脸很胖，可镜子说你不胖，那是你昨晚上为一件伤心事哭肿了眼睛。

镜子不说假话，说假话的是照镜子的人。

但镜子毕竟只是镜子。

镜子所能显现的只是人的表象。

人的深层意识（包括美丽的，也包括丑恶的）镜子是照不出来的。

于是，对于镜子的存在，人可以置之不理。

有一则寓言说，猴子惧怕镜子，原因是镜子看到了它偷人家的东西。猴子做贼心虚，把好端端的一面镜子摔成了十八块，结果猴子一下子看到了十八个同它一样丑陋一样胆战心惊的模样。

只有猴子才会这么干。人是无论如何不会愚蠢到这等田地的。

【点评】

镜子给人的哲思，镜子并不能自己记录下来。镜子是为人服务的，人爱美时才更爱照镜子，可镜子把丑陋一并呈现。镜子只反映照的瞬间，照镜人的过去和未来无法显现，哪怕你朝如青丝暮成雪，它也不理睬变化和不测的将来。镜子只关心人的外表，不关心人的内心，因而照镜人经常将丑陋转入内心。假如镜子能照出人的内心，人一定会变成愤怒的猴子。作者由"接受层面"层层递进，顺利地进入"发挥层面"，把人们熟知的镜子的属性阐发得透彻明了。

简单与复杂

马　德

这个世界其实很简单，只是人心很复杂。

其实人心也很简单，只是利益分配很复杂。

桌上有一堆苹果，人们并不在意这堆苹果有多少，而是在意分到自己手里的有多少；单位里有一摊子事，人们并不在意这摊子事有多少，而是在意自己多干了多少。人类有大智慧，却因为对得失斤斤计较，最后都变成了小聪明。

人与人之间的关系其实很简单，由于利益分配很复杂才有了尔虞我诈、钩心斗角。

人生之简单，就像生命巨画中简单的几笔线条，有着疏疏朗朗的淡泊；是生命意境中的一轮薄月，有着清清凉凉的宁静。

人生之复杂，是泼洒在生命宣纸上的墨迹，渲染着城府与世故；是拉响在生命深处的咿咿呀呀的胡琴，挥不去嘈杂与迷惘。

天地有大美，于简单处得；人生有大疲惫，在复杂处藏。

人，一简单就快乐，但快乐的人寥寥无几；一复杂就痛苦，可痛苦的人熙熙攘攘。这反映出的现实问题是，更多的人，要活出简单来不容易，要活出复杂来却很简单。

人，小时候简单，长大了复杂；穷的时候简单，变阔了复杂；落魄的时候简单，得势了复杂；君子简单，小人复杂；看自己简单，看别人复杂。这不由得让我想起顾城的那首诗：你一会儿看我，一会儿看云，我觉得，你看我时很远，你看云时很近。简单与复杂之间，也有这么一层迷蒙的关系。

一望到底的，似乎很简单。一口百年古井，幽深、澄澈，也可以一眼望到底，但这口古井，本身并不简单。人也一样，有时候，一个人可以一眼望到底，并不是因为他太过简单、不够深刻，而是因为他太过纯净。一个人，有至纯的灵魂，原本就是一种撼人心魄的深刻。这样的简单，让人敬仰。有的人云山雾罩，看起来很复杂、很有深度，其实，这种深度是城府的深度，而不是灵魂的深度。这种复杂，是险恶人性的交错，而不是曼妙智慧的叠加。

人生，说到底，简单的只有生死两个字，但由于有了命运的浮沉，有了人世的冷暖，简单的过程才变得跌宕起伏、纷繁复杂。

简单，是生命留给这个世界的美丽的形式；而复杂，是生命永远无法打捞的苍凉梦境！

【点评】

本文尽情地对生活中的简单给予了赞扬，对生活中的种种复杂做了检讨，很好地展示了哲理话题中的发现、发掘之魅力。然而，假如运用范畴思想进一步深入讨论，我们还会发现下面的有趣情形。

当"简单"和"复杂"不再是抽象的概念时，要说清楚简单不容易，要做到简单就更不容易了，因为简单是对复杂的超越。能简单的人并非没有体验过复杂，而是反感或厌倦将复杂处理成手段和目标不分的东西。当人生目标也像生存手段那样复杂，不是迷失方向就是误入歧途，当人的生存手段也像人生目标简单明了，不是善良无为就是卑鄙可耻。由此看来，当今世界高尚者有高尚者的简单，卑鄙者也有卑鄙者的简单。高尚者不一定简单，诸葛亮的殚精竭虑，庄子的汪洋恣肆，绝不简单；卑鄙者不一定复杂，恶棍的横行霸道，污吏的行贿受贿，并不复杂。简单、复杂与品格无关。积极者不一定复杂，改革的大刀阔斧，冒险的孤注一掷，依靠的是简单；消极者不一定简单，老子的五行八卦，陶潜的参禅顿悟，显示的是深奥。简单、复杂与人生态度无关。看来简单与复杂主要关乎人生目标和生存手段。

面　具

沉　河

面具是用来遮蔽自己的脸面的。但面具最本质的特点在于它的不被遮蔽之处，即空洞的眼。这双空洞的眼是用来显示那双实在的眼的。在一场假面舞会上，每个人都有他特别喜欢的面具。这副面具不能说就是他的一直被遮蔽的真实的体现，但至少现在，他那双未被遮蔽的眼睛显示出更多的真实。同时，这双眼睛射出的光芒又在探寻着另一张面具下的真实。现在，一个少女可能就是一只老虎，一个绅士可能就是一匹狼，一位将军可能就是一只小白兔。面具时刻都在提醒着我：你所喜爱的未必能如你所愿，你所逃避的恰恰是你一生所求。当一次次的追寻归于失败时，你就没有理由再坚持你自己，于是寻找者变成了被寻找的人，他同样隐藏在面具下。

空洞的眼在此有了非同小可的意义。它的笑容是各不相同的，它的色彩的层次也各不相同。也许真实就存在于一瞬的闪耀之中，但已足以与虚假区分。这种真真假假的对立与前面的皮影不同就在于它是共同的，即在同一个层次上展现。因为面具对原形的遮蔽是贴近，对原形的改变是即时。而皮影不仅仅只在于影子与原形保持着一定的距离，它们一为皮，一为影，而且在于这种改变有共同的渊源，即人心中的那像——心像。所谓心由境生，境由心出。真假问题在皮影中是较为统一的，所以我说它"无真无幻，亦真亦幻"。

而面具，与它被遮蔽的原形永远有那么显著的对立，善与恶，美与丑。正像一个人的外表与内心往往不能统一在一起一样，即使统一着，外表永远是外表，内心依然是内心。面具仍是面具，原形仍是原形。一场假面舞会后，一切面具俱被摘除，而人生本就是一场最大的假面舞会，所谓盖棺论定，只有死亡才有可能摘下一个人一生的面具。那时，我有理由提出一个问题：一个人一生的面具在多大程度上就是他的原形？

【点评】

面具，作为假象的首要功能不是骗人，而是为了让眼睛无遮拦地放出追寻的光芒，"面具最本质的特点在于它的不被遮蔽之处，即空洞的眼。这双空洞的眼是用来显示那双实在的眼的。"面具下的追寻，不见得比真面孔时的追寻容易成功，过分强烈的真实欲望更容易遇到对方假面的捉弄。失败逐渐让人收起了真实的眼神，原本表达真实情感的眼，透出的则成了失真的眼神，"当一次次的追寻归于失败时，你就没有理由再坚持你自己，于是寻找者变成了被寻找的人，他同样隐藏在面具下"。面具是短暂的，因而展示真实眼神也是短暂的，更多的时间以真面示人，也就意味着更多的时间使用虚假的眼神和世界交流，因此作者感慨道："人生本就是一场最大的假面舞会。""一个人一生的面具在多大程度上就是他的原形？"

面具及假面舞会的通常意义，其实作者丝毫没有理睬，而是直接进入发挥和创造层面，将读者带入未曾想象的深刻中。

六、学生习作

疾 奔

李天语

疾走在大街上，耳机里响着快节奏的音乐。阳光有些烤人，心里有些焦躁。

行至这条正在拆迁的老街，一下子竟没认出来。柏油路面一通到底，呼啸而过的汽车扬起呛鼻的灰尘。脏乱的砖块沙粒延绵整条街，暴露的木制楼房和干净小院与其咫尺，沉默地显示着它们曾拥有的历史和宁静。

我依然戴着耳机疾走。

斜眼窥见几株绿竹和几盆海棠。青瓦屋檐在老阁楼的木雕花窗边投下一片阴影。只是窗后已没有羞涩的姑娘，却隐约有一个佝偻的背影渐行渐远。小院里残留着一本没合上的书和一盘未下完的棋。

穿过小街，摘掉突觉聒噪的耳机。身后的老街恍惚回到从前。上学的娃娃诵着诗，留下一串稚嫩的童音。棋子反复落下，啪啪声煞是清脆。慈祥的老伯蹬着三轮擦身而过，拉长调子吆喝"酱油醋——"。氤氲的蒸汽和清晨的霞光交织，萦绕古老的建筑。不远处的汉王府继续它延续了千年的沉默。

我很想回头再看一眼，可犹豫间，双脚已奔出好远。

改变、进步、发展。你、我、城市、社会还有世界都在不停地向前奔。前方有什么？神奇的未来？辉煌的文明？伟大的世界？不知道。我们只知道世界在疾奔，人类在疾奔，自己被大流推着疾奔。越来越多的人在不知不觉中，浑浑噩噩地踏上了这条疾奔的路。跟跟跄跄地，挣扎着想要跟上物质前进的脚步。我们貌似在构建更好的世界，创造更伟大的文明，可是事实是越来越多的人遗忘了历史，遗忘了人生，遗忘了最初的理想，眼中只盯着不断膨胀的物质，在欲望的驱使下疾奔。

是啊，有些东西就在疾奔中被淡忘了。曾经的月下独酌、枫桥夜泊、渔舟唱晚，不经意间已被遗忘多年。儿时幻想的自由疾奔，是草原骏马在驰骋，是大洋海燕在飞翔。当下的疾奔，只是被俗流裹挟的茫然急行！想回头时，却已刹不住疾奔的脚步。我们自己构建的世界、创造的文明，就在停不下的疾奔中被速度拉伸成了模糊的线条，压缩又重叠，急速划过，仅在眼中映下几秒怪异的光晕。

后人可以从网络、书籍、图片上了解现在这个世界，可是我们的记忆中只有那些模糊的线条与怪异的光，以及疾奔时窒息的感觉。

当我们的现在也成为历史，没入历史的长河中时，我们是否有信心用这钢筋水泥高科技去比过那千年沉淀下的厚重？

我们到底为什么疾奔？

不知道。

我戴上了墨镜，前方是刺眼的异光。

我关掉了耳机，呼呼风声，使音乐成了呻吟。

我戴上了头盔，期待着跌倒或被撞后还能爬起，继续疾奔。

【点评】

时代的疾奔，个人人生的疾奔，此刻心理感受中的疾奔，同构于一体，大大增强了文章的表现力。

"我"也是一个思考者：一开始置身于繁闹的街道，而拆迁后小街荒败的景象让"我"觉得那大街的繁闹才是真正的荒败。拆迁的惨景也勾起了"我"对小街往日的回忆，回忆又把"我"带入对物质文明的反思和对和谐宁静艺术的向往中。然而短暂的回忆无法让"我"逃离风驰电掣的时代，"我"已不能忍受现代文明，也不知道自己到底要奔向何方，只好硬着头皮继续茫然疾奔。

七、下水作文

"80后"和"90后"

李旭山

"80后"冲出成人世界；"90后"融入成人世界。

"80后"登上历史舞台，怀疑和批判当前的现实；"90后"登上历史舞台，在适应眼前的一切。

"80后"拒绝父辈主导的世界，摆出了与父辈争天下的架势；"90后"和父辈一起接受社会竞争的残酷，一起享受网络时代的精神消遣。

"80后"喜欢刻意地以另类形象亮相和塑造自我，在反对者和追随者惊惧的目光中体会自己的价值；"90后"在努力实践成人世界的成功理念，争取获得来自各方面的认可与赞许。

"80后"越与社会对抗，却越在意社会对自己的反应，假如没有对抗的现实理由，就制造一个理由来与成人世界对抗；"90后"越走入个人世界的描述而不在乎社会的反应，却越能得到意想不到的肯定回应，同时在虚拟世界里得到更多的放松和发泄，对现实世界出人预料地少了许多对抗和抱怨。

"80后"的表达追求新、奇、异，在态度和观念上热衷于另类和颠覆：

不管在小说中还是在新概念作文竞赛中都追求惊世骇俗的语言和让人无比陌生的"火星人"形象；"90后"的表达同样追求新、奇、异，尽管比"80后"更多才多艺，但在这个人人都是演员、人人都登台表演的网络时代，"90后"的表达在态度、观念层面没有"80后"那般能引来喝彩，只能顺着网络时代的特点加入到写个人、写隐情并与人分享隐情的队伍中，诉说自己所能理解的人间烟火来求得认可。

叛逆，却正好能看出有强烈的社会责任感，叛逆的消解自然在某种程度上意味着社会责任的消解。相融，在放弃了自己肆意表达的欲求及内容的同时，也多少放弃了社会责任感。

"80后"的父辈，大都饱尝过物质生活和求学生活的双重艰辛，因而喜欢对孩子进行传统教育，总认为孩子身在福中不知福；"90后"的父辈，经常回忆自己求学中的轻松愉快，认为自己接受的才是素质教育，对日趋激烈的学习竞争、就业竞争感触颇深，既非常心疼孩子学业繁重，又想方设法让孩子获得更多的竞争优势。

"80后"的父母，依次感受孩子上学与就业的压力；"90后"的父母，要同时承受孩子上学压力与就业压力，从孩子上学时就开始头疼就业的艰难。

"00后"的父辈大多为"70后"，"70后"是"00后"的启蒙老师。

"60后"的成分很复杂，可简单地划分为实践派和知识派两类。无压力的少年时代尽管贫穷，尽管处在动乱之中，但总有乐观的心态和放眼全球的理想，是毛泽东的最后一批真诚的崇拜者和最早的怀疑者。"知识60后"的成熟是在20世纪80年代的读书生涯中完成的，"反思"的热情迅速盖过了"伤痕"的热情，对李泽厚等思想巨人的崇拜彻底地代替了对毛泽东的崇拜。当"实践60后"在20世纪90年代大发其财时，"知识60后"则用周国平的宇宙意识来平衡和调整自己；当"实践60后"在新世纪既发财又升官的时候，"知识60后"只能在毕淑敏宽厚、仁和、细腻、真情中提醒自己的幸福、幸运而获得安慰。"实践60后"永远面向未来，总是在先知先觉中找到属于自己的机会和财富；"知识60后"总把眼光投向历史，寻求深刻、深沉但逐渐失去了对社会变化的敏锐感知，到头来不得不向"实践60后"讨教学习。当李泽厚和周国平等被时代遗忘时，"知识60后"的崇高声音就会被实用哲学的世俗旋律彻底掩盖。

《断章》取义

李旭山

你在桥上看风景，

看风景的人在楼上看你。

明月装饰了你的窗户，

你装饰了别人的梦。

卞之琳的这首《断章》，历来都能激起广大读者浓厚的欣赏兴趣，在这"断章"的艺术空间里，不管作者当时出于什么样的意图创作这首诗，但在读者的欣赏与再创造中则产生了更为丰富的审美意义。因此，《断章》可作为体现艺术鉴赏多样化原则的一个典型例子在教学中进行训练，以培养学生个性化的欣赏能力和创造性阅读能力。本文试从主题多义角度进行一些说明。

1. 爱情说

情人眼里出西施，情人眼里也出美丽的风景。从这看似简单的风景中，既能看到作者那丰富而复杂的情感世界，又能使读者各不相同的爱情理解、爱情体验都能在这里找到形象的诠释：在桥上看风景的"你"似乎并未以心相许他人，在楼上看"你"的人，似乎有什么隐隐的期待，两人之间像有一种若隐若现的心心相印；而从"你"在装饰别人的梦来看，又像是在抒发一种幽幽单相思，寄托永远的追求；也许这风景中保留了一段短暂的美好记忆，而内心深处含着伤感和惋惜，二人只有通过"风景"来看对方，"风景"成了失落相思的寄托物，有情无缘，长相思却不能长相依恋；也许"断章"的片段，看风景的一刻，二人目光接触的瞬间，顿时互相产生好感，互相成为对方的风景，这一瞬间成了人生最美丽的断章，这一瞬间产生了对未来永远美丽的幻想。这风景中的若心心相印，若幽幽单相思，若有情无缘，若瞬间感情的永恒，全都摄入这美丽的断章之中，而美丽的心情又使一切都成了美丽的风景。

2. 热爱生活说

热爱生活的诗人，不管是理想主义诗人对新生活的热情，还是启蒙主义诗人对人间的赞美，还是田园诗人对自然的亲近，还是珍惜青春感伤时光的诗人对故乡短笛的留恋，这些诗人的热爱生活都是建立在对另类生活的否定之上的，如理想主义诗人对旧世界的诅咒，启蒙主义诗人对神圣的叛逆，田园诗人对社会的疏离，感伤派诗人对现实和未来的冷淡。

相比之下，《断章》所表达的热爱生活却有丰富的意义，能为更多的人所接受。诗人用个性化的手段表达了热爱生活的普遍情感，将生活的内容风景化，赋予"断章"无限的时空意义。当"看风景的人在楼上看你"时，"你"也许正在看风景，也许离开了自己看的风景，而成了楼上人的风景。因而前两句的意象既可理解为处于同一时空，也可理解为处于不同时空，甚至可以理解为后人看前人，今人看未来。"装饰了别人的梦"的人既可以是现实中一位女郎或美好事物之象征，也可以是历来让人追溯的远古伊人或令人神往的文化记忆。自己走过的道路，即将到来的明天，人间的一切都是无限美好的。既欣赏日常生活，又欣赏人间奇迹；既不激进，又不消沉；既独自欣赏，又与众人分享；既静若境中之景，又像潜流急涌的海面；既有勇敢者投身其中的体会，又有淡泊者却步止言的静观；既满足于物我合一的已有收获，又寄希望于即将来临的美好未来。尤其是刚刚过去的和即将到来的都给人一种无限的自我肯定与自我欣赏，在过去和未来的映衬下，今天也变得无比美好，今天原本就是昨天的期盼之日，它又是明天的回眸之日。

3. 人际扬善说

只要你欣赏别人，欣赏人间的所有美好品质，那么你同时就会让人欣赏。人间最让人欣赏的品质莫过于欣赏他人。当你在欣赏别人时才能获得人生的最大美感，当你在欣赏风景般地欣赏人时，那么你就处在最让人欣赏的境界之中。这个世界只有人才会创造和谐发展的奇迹，只有人才能真正欣赏他人，包括欣赏大自然。人际扬善不仅应是人现实的选择，它也会将人带入理想的境界，在一定距离的欣赏中，会令你充分展示自己的优秀品质，在诗情的升华中，你会觉得假如人人都这样想、这样做，这世界将会进入一个美好的境界。

4. 参禅说

细加琢磨我们可以看出，全诗表达了一种禅意，"断章"即景的瞬间产生了永恒的意义：独特视角中的出神，使瞬间的美丽心情变成永恒的美丽心情，使瞬间的相思变成永恒的相思，使瞬间的风景变成永恒的风景，使瞬间的人生体验变成永恒的人生体验……甚至人本身都会融进这永恒的风景之中。我们感到这"看风景"的心情和追求是从《诗经》中的《蒹葭》就已开始，一直至今，而眼前的"风景"也似乎一直要延伸到遥远的未来，因而诗中这种将人风景化（自然化）的永恒，也是一种文化原型再现的永恒。由瞬间悟出永恒，我们会想到：王维在欣赏自然中参出了禅意，禅于景出；李商隐在自我感伤中参出了禅意，禅从情来；而卞之琳在自我欣赏中参出了禅意，禅从心来。镜中反观，有我即有你，有你即有我，既不像王维执意离开尘网在遥远地方寻找永恒，也不像李商隐在付出时间和情感代价之后才悟出人生的真谛，倒像随物赋形、信笔抒意的苏东坡。即王维追求自然之永恒，李商隐追求情之永恒，在《断章》中我们看到的是人的永恒。

5. "相对"主题说

我们还可在诗中体会到一种相对感，有评论家认为"相对精神"是这首诗的主题。诗人余光中也支持这一说法。"你站在桥上看风景"，"你"和"风景"是互为异质的两端。在"看风景的人"眼中"你"却成了风景，而原先的风景就不再是风景了。"这里人物与风景，主体与客体，主动与被动，明处与暗处的关系都是相对而言的，随时都有可能变化"。当桥上赏风景的"你"来到窗前悠闲地享受月光时，却无意中惹得别人心旌摇曳魂牵梦绕。对于别人的梦境而言，"你"就是一轮璀璨的明月，前两句的相对意蕴由此获得进一步净化、丰富。《断章》"艺术地揭示了一种无穷尽的多元开放的系统现象。世界上许多人和事，貌似彼此独立、无关，犹如'断章'，实际上却构成了一个互有关联、统一不分的整体；'断章'本身也是相对的，任何一个系统，既是'断章'，又是更大系统的有机组成部分"。这种相对性的形象揭示也可以理解成另外一种"参禅"。

事实上，读者对《断章》主题的理解远远要比上述几点丰富得多，获得这种丰富性正好是我们诗歌教学应该追求的目标。

亦喜亦悲，亦情亦理，亦瞬间亦永恒，亦一体亦相对，在这主题的多义取向中，全诗的情感特点和审美追求在这些两极相对的距离中摇荡生成。因热爱生活、人际扬善而喜悦；因单相思而犹豫，犹豫如永不能靠近的等待和孤独；因参出禅意而闲适宁静。有执着痴迷，也有举重若轻的悠闲；有内心深处的热烈，也有喃喃自语的细细品味；

有对心目中具体恋人的欲言又止的矜持，也有对整个人间之爱的开放。

也许多义的主题取向使全诗蒙上了一层朦胧的色彩，也许是追求艺术上的朦胧而使诗的意象有了丰富的含义，朦胧的诗义却由清晰的画面来显示，第一个"风景"的清晰与第二个"风景"的模糊交织相映。沉浸于具体的此时此景，又恍惚于捉摸不定的彼时彼景，相对的距离中产生了美，产生了想象和再创造的空间，产生了让人流连忘返的审美形态，如画面的清晰与诗意的朦胧、境界的空灵与丰富、空间的相离与相融、感觉的瞬间与永恒、图像的断章与完整……开放的断章生成了无穷的审美意义。

读唐斌小说《本命年》

李旭山

唐斌先生发表于《袅雪》2010年第3期的小说《本命年》，真实地展示了以宗海为代表的知识分子的生存状态，并通过宗海这一形象的出色塑造深刻地揭示了当今知识分子的精神特质，为我们思考人生提供了一个极好的视角。

宗海是一个小有名气的书法家，他不是一根筋的书呆子，也不是怪僻狷狂的艺术家，更不是大红大俗的艺术市侩。他好表现自己但不自以为是，商业头脑灵活但又有较高的艺术追求，应酬多会来事但坦诚而不油滑，老道精明又不乏天真幼稚，广交朋友事务繁忙但还能顾家顾妻儿，能适应社会发展变化但能坚守做人原则，追求物质利益但也寻求超脱淡泊之路。他似乎总在雅与俗之间、务实与幻想之间、沉溺于物质与不懈精神追求之间游走徘徊。

本命年是中年人的一个坎儿，中国人总这么认为，所以对本命年格外在意，尤其是四十八岁这个百事缠身的本命年更是被人们填充了各种意义。人和命运在这一年似乎总要捉一番迷藏，你或处心积虑，或小心翼翼，但祸不单行的结局总会让积极者懊悔小心不够，总是让消极者感叹命中注定的在劫难逃；假如是有福双至的结局，不管是积极者还是消极者都会谢天谢地谢自己。宗海则既没有感叹命运不济，也没有庆幸什么，而是在渐悟与超脱中感受了自己的本命年。在对本命年的体味和对未来的展望中，我们看到了宗海已不单单关心自己什么，似乎将关心的温情指向了和自己一样的千千万万的人，因为读者在这里不单单为宗海的自我超脱获得安慰而感到高兴，也在宗海那里得到了启发：生发于自我、生发于天地之间的温暖可以抵消来自世间的凄冷阴湿。

本命年还暗含了一种轮回的咒语，在暗中折磨那些运气不佳、原地踏步的人。当一个人挣扎于漫长的打拼输得精光以后，当一个人经历了辉煌的过程也有较大收获后，却又总觉得自己反而退回到原点。宗海确实是有了一种重新开始的感觉，但那感觉是在新的高度上的重新开始，此后再也不会遭遇那轮回咒语的折磨。"虽然我们不能改变周遭的世界，我们就只好改变自己，用慈悲心和智慧心来面对这一切"，写给庙中的这条语录很好地反映了宗海能摆脱本命年咒语。

宗海和许多知识分子一样，认识社会能保持一种敏锐和深刻，反思自我却显得相对迟钝，幸亏这个本命年的形式提醒了对自我的认识评价：福让人迷茫于本真之外，祸让人清醒于浮躁之中。宗海家庭美满、事业有成、生意兴隆，可谓之福，妻子停课、儿子留学变故、自己投稿被骗，可谓之祸，然而身在福中不知福的感觉，将这些祸无形中放大了，当清楚地体会到自己的福时，这些所谓的祸也不成其祸了。妻子的停课是别人的灾难、单位的灾难（学生自杀）的连锁反应，与妻子毫无关系，妻子必须做适当的回避，相对于死去的学生，停课算得了什么呢？而儿子留学变故也不是儿子的原因，是那所澳大利亚学校破产了，儿子的学籍得另行认定，回国过一段日子，问题会自然解决的。至于自己投稿被骗，也只是丢了先前的书法作品，没有其他大的损失。好在宗海对生活没有太高的奢望，追求物质还有节制、有原则，因而宗海并非迷途难返之人。

有了清醒的自我认识，在"本命年"意识里，那些迷途知返的人自然要进行一番自我宽慰，甚至心灵的自我救赎。

凡夫俗子的心灵自我救赎，和大雅至深者的心灵自我救赎，同样具有难度。一个文人被抛入商品大潮的世界，很快就会失去应有的优势，社会达尔文主义的训导让他们虚心地当起了凡俗世界的学子。这些人要想立足社会，首先得将自己改造成凡夫俗子，因而他们往往会走向无法自我救赎的不归之路；那些自认为自己还有独立思想、独立品格，而且有独立能力的文人，进入这个社会往往将自己的特立独行推向极致，与时代、与社会格格不入，这种人若走入偏狭绝境也是很难自我救赎的。

宗海不属于上述两种人，在心灵迷途中涉之不远，他的自我救赎要容易得多。他既不拒绝时代大潮，也不丢弃独立的艺术追求，而是将自己的独立追求很巧妙地转化成世俗的需求，甚至将之变成商品出售，但他并不是来者不拒、靠手艺赢利，他还在自己的办公室里写了一个告示："敬告：鄙人以写字为生，凡求字者，无论亲朋好友、关系远近，按尺论价。欲还价者，免开尊口。"朋友批评他，他解释说："这是吓唬那些没有交情的人的，人家开口了，不给写不好，写吧，哪有那么多精力，烦不胜烦啊。"他在努力经营"翰墨溢香斋"的同时，给学生上课贯彻自己对书法艺术的独特理解，还拒绝了一家根本不懂书法艺术的茶楼的装修订单。在他那里能做到：商品价值和艺术价值相结合，追逐利益和公益事业相统一，参与社会活动与为妻子分忧相兼顾，期待社会发展与守护地域文化传统相和谐。于是在与妻子登山时他心里能够一下子敞宽许多，与庙中方丈的那番彻悟之言，给庙里写下的那几幅参禅悟道的字幅，竟然使方丈赞叹不已，面对这个书法家香客，方丈赞叹的不是字幅的高超艺术，而是字幅的思想境界。

在这里，我们看到了知识分子的自省意识、自我修复能力，更看到了自我宽慰，这种自我宽慰竟代替了自我救赎。

时代进入今天这种万象状态，不是知识分子所能为之，万象中的一些罪尊也并非知识分子造成，因而对时代的反思，知识分子似乎只愿意承担自我宽慰的保守职责。被不断弱势化、边缘化的中国知识分子，今天已逐渐失去了思想优势和责任优势。面对一切只能用自我宽慰来代替自我反思、自我救赎，就成了当今时代给中国知识分子的最大赋予。

因而宗海的自省意识、自我修复能力，使得自我宽慰代替了自我反省、自我救赎的同时，人的生存价值也被置换成了生存艺术。方法手段的高明恰好掩盖了目的的纯粹。与其说是宗海认识到了生存的价值，还不如说是他将生存的艺术推向了新的高度。

是艺术，就难免美化过程中的曲折艰辛，就会将结局的悲剧赋予崇高的意义。生存艺术只是暂时掩盖了先前不曾注意的生存价值，还是生存艺术从此将逐渐取代知识分子的生存价值？方法论替换了本体论，中庸之道代替了对仁的督导和对己的积极实践，曾经是很久以前中国知识分子安全生存的密码。是以宗海为代表的当今知识分子破译了这个密码，还是中国的现实只能让中国知识分子重拾中庸之道这个衣钵而延续生存呢？《本命年》提醒我们长期思考这些问题。

对于艺术，以俗养雅，以雅净俗，也许是保持艺术良知的唯一途径了；对于人生，以生存智慧代替生存价值，成了知识分子最佳的处世态度。

《本命年》和宗海形象的深刻意义就在于此。

第四节　从现象到本质，岂一个"透"字了得
——现象类材料作文审题思维训练

一、现象类材料作文存在的问题

很多现象类材料作文出现问题，往往是因为我们对待各种社会现象，不去深入思考，只用下面两个方法来处理。

（一）直接评价法

1. 直接评价法的表现

直接评价法表现为评价社会现象时，不是情绪化地表态，就是贴标签式地下定论，而很少对这些社会现象进行深入透彻的分析。

（1）将"透过现象看本质"偷换成"透过现象看动机"。所谓动机，往往无须证明，可信手拈来。如"爱美之心，人皆有之""不是冤家不聚头""无风不起浪""有钱能使鬼推磨""马无夜草不肥，人无横财不富""天下没有不吃荤的猫"等。

（2）将"透过现象看本质"处理成"不看现象也知本质"。即对一些人、事所的体现出的本质无须思考，开口就来。如"冰冻三尺，非一日之寒""狗嘴里吐不出象牙""无毒不丈夫""有其父必有其子""世风日下，人心不古""一朝天子一朝臣""人不为己，天诛地灭""天下乌鸦一般黑"

"龙生龙，凤生凤，老鼠生来会打洞"等。

（3）将"透过现象看本质"的最终结局说成无须思考的必然结局，那些现成的结论早已等着你。如"天网恢恢，疏而不漏""多行不义必自毙""天底下没有不散的宴席""一人得道，鸡犬升天"等。

如此武断地给出评价，却总是被人们当作深刻透彻。既然已做到了深刻透彻，那就自然无须继续思考了。人们满足于那些言简意赅的"先天深刻"，而不去具体问题具体分析。这些言简意赅的"先天深刻"，其实都是"先天肤浅"，既没有去"透"视现象，也没有去"看"清本质。这种思维习惯是一种自我愚化的体现，是丧失社会批评话语权的无能体现。那些熟语，看起来是帮助他们走向深刻，实则是带他们走向了肤浅。

2. 直接评价背后的原因及影响

中国老百姓关注社会并热衷于对时事的评论，但一些评论往往流于个人情绪的表达和盲目的标签粘贴。中国老百姓热衷评论，也只是口头吆喝、在微博微信上喊话。口头发泄、微博放言为情绪化贴标签创造了方便。他们没有机会在主流媒体上完整地表达意见，当然也不愿意说空话、假话，于是情绪化地斥责、谩骂社会弊端就成了自然选择，用那些自认为是"公理"的话来怀疑一切、否定一切。这样不仅没有增强批评社会的力度，更没有带来新的思维，最终走向了浮泛浅薄。

（二）简单辩证法

1. 简单辩证法的表现

简单辩证法表现为以下四种方式。

（1）借口"普遍联系"坦然认可一切社会现象的存在，不管这些现象是正面的还是负面的，如"近朱者赤，近墨者黑""没有无缘无故的爱，也没有无缘无故的恨""卑鄙是卑鄙者的通行证，高尚是高尚者的墓志铭"等，用来圆满总结我们的认识。

（2）借口"对立统一"抹平了事物的是非界限，如"祸兮福所倚，福兮祸之所伏""公说公有理，婆说婆有理""成也萧何，败也萧何"等，止步于对现象的进一步分析。

（3）借口"发展规律"，把事物的发展解释成简单的循环，如"分久必合，合久必分""风水轮流转""三十年河东，三十年河西""成者为王，败者为寇"等，以此代表着我们对社会发展的最高认识。

（4）借口"矛盾规律"，将事物变化的因素解释成半斤八两的暧昧关系，如"恶有恶报，善有善报，不是不报，时候未到""苦海无边，回头是岸""尺有所短，寸有所长""一个巴掌拍不响"等，以此表达我们的处世智慧和人生态度。

2. 简单辩证法评价背后的原因

中国人格外喜欢辩证表达，同时总将自己置于所评价事物之外。高高在上的哲理优越感，让消极者觉得找到了以不变应万变的"无敌太极"，让积极者认为找到了能打开所有新锁的万能钥匙。没出息的愚人，可以通过一分为二的辩证思维消除认识劣势；有作为的智者，也陶醉于在辩证中游刃有余地把握世界；能力平平、智商普通的人，则在"比上不足，比下有余"的辩证训导下以世界的主流人士自居。没了辩证法，愚人无法精神胜利，庸人无法自我平衡，智者无法显示高明。

道家的整体观思想，儒家的中庸思想，佛家的禅宗思想，这些传统辩证思想已深深根植于中国人的心理结构中，塑造着中国人的思维方式。20世纪后期开始，马克思主义辩证法被写入教科书，成为每一位中国人都要学习的必修课，于是辩证法由方法论又上升到了意识形态的高度，成了官方和所有公职人员都烂熟的思想。如果说儒、道、释建造了中国民间的辩证神龛，那么马克思主义思想则授予了中国官方的辩证圭臬。原本并不缺乏辩证思想的中国人接受西方辩证思维格外容易，最终建成中西合璧的辩证"大厦"。

3. 倚重辩证法的影响

这一辩证"大厦"在中国几乎等同于哲学"大厦"，原本属于认识论中的方法论之一，辩证法却以偏概全，成了方法论的全部，进而成了认识论的全部，而原本属于哲学三部分之一的认识论，常常压倒了本体论和本源论，一枝独秀，俨然成了哲学的全部。辩证法这种至高无上的地位，自然寄托了中国人认识世界、把握自己的所有期待。

依赖于矛盾对立观，干扰、阻碍了科学分类，不管是老子式的一分为二，还是孔子式的合二为一，都在压制着孟子、荀子等人开创的一分为三新思路。对立两极之间的地带被忽略了，没有硝烟、没有剧烈震荡的和谐状态被忽略了。

依赖于整体观，压制了对概念和微观世界的研究，以公孙龙思想观念为代表的逻辑研究一再被扼杀于摇篮之中，公孙龙每每被提及都是被当作嘲笑和挖苦的对象。《本草纲目》代表微观研究，却被列入阴阳五行学中，不能充分显示科学价值，那些来之不易的药物个体性能，在药方里大凡做了"辩证"的平衡物，就无法显示它们的独立功能。

依赖于循环发展观，积极进取的人生态度总被无为的人所嘲笑。孔子见南子夫人，甚至遭到了学生的反对，追求政治理想受挫被说成是丧家之犬，而他自己也承认这一"犬说"。圣人尚有如此遭遇，普通人就更是被时时劝诫"枪打出头鸟""木秀于林，风必摧之；堆出于岸，流必湍之；行高于人，众必非之"。而当代批评更直接，一不小心就被批为个人英雄主义。

压制本体论，使中国人从来不问"我是谁？""我从哪里来？我到哪里去？"这样的问题，这就注定了中国人缺乏反思精神，缺乏防止异化的基因。只承认世界之大，而不承认心灵之大；只重视外宇宙，不重视内宇宙。如果有人反其道而行之，就会被列到唯心主义者的行列。

压制本源论，使中国哲学对宇宙的认识由物质的金木水火土，转向了抽象的"五行"和"一生万物"，大大阻碍了中国人由哲学走向科学的脚步。提前进入理性时代的中国，却没有完成由哲学理性向科学理性的过渡。即使在对科学深信不疑的今天，我们也对各种问题的原因和影响缺乏不断追问的精神。

过分依赖辩证法，泛化辩证法，这原本被人使用的工具，却在左右着人，束缚着人。辩证法驱使我们轻而易举地驳斥任何观点，轻易地为任何观点找到理论根据，而且将方法论转变为人生态度，要么极端傲慢地藐视别人，将否定之否定偷换成了否定别人，肯定自己；要么消极面对新生事物和新知识、新思想，认为在普遍联系中无需人的研究和创新，在"人算不如天算""善有善报，恶有恶报"的懒惰思维下虚度光阴。

二、构建"表现—原因—影响—建议"的思维范式

我们应放弃情绪化、标签化表达，放弃用简单辩证法思维，学会具体问题具体分析，学会完整表达自己的独立思考。绝不可把社会现象的"本质"看成动机，更不能用那些公理阻挡我们对社会现象的真正剖析。我们

要把社会现象的"本质"范畴化为"社会现象产生的原因—社会现象产生的影响—社会现象发展的趋势"这三个部分。

在做审题思维训练时，我们还要将整个思维过程完善成四个结构："社会现象的表现—社会现象产生的原因—社会现象产生的影响—社会现象发展的趋势及建议"（简称"表现—原因—影响—建议"）。

在正式作文时，以分析"原因"和"影响"为主，或二者兼顾，或选择其一，作为文章的重点。

"表现"，就是用排比思维，从多个角度描述对某社会现象的直观印象，描述或概括现象的表现特征，烘托渲染此现象的广泛性或严重性，为下文讨论提供清晰明确、全面完整的对象范围。

"原因"，用分类递进、分类互补思维来揭示现象产生的直接原因与间接原因。力求大类穷尽，忌讳只说一个原因。原因的排列最好形成递进或互补关系。

"影响"，用分类递进、分类互补思维来指出现象产生的直接影响和深远影响。力求大类穷尽，忌讳只说一个影响。影响的排列最好形成递进或互补关系。

"建议"，针对原因和影响对症下药，提出对策或指出现象可能发展的趋向。

"原因"和"影响"部分是思考的核心，也是现象背后的本质。分类递进、分类互补是思维训练的灵魂，必须熟练掌握。

此外，还必须注意下面几个容易犯的错误。

（1）没能将分析"原因"和"影响"作为审题重点，简单地由"表现"到"建议"组成文章。

（2）说"原因"和"影响"时没能很好地充分展开，只满足于一两点的收获。

（3）"表现"部分不会使用排比思维，导致所议话题范围太小，在下文无法充分展开。

（4）"原因"和"影响"部分，不能自觉运用分类递进、分类互补的思维。

现象类材料作文，有的现象指向明确，有的现象指向有待于提炼，有的现象只是一个案例，有的现象只是孤立的统计数据，而且很难提炼统计数据所代表的真实含义。下面分别对这四种题目进行举例说明，并附上范文和下水作文。

三、现象指向明确的作文题目

(一) 题目析例

1. 模拟文题

你怎么看待愈演愈烈的追星现象？

【思路点拨】

(1) 追星现象存在的"表现"可用排比思维做如下描述。

① 哪里追？可描述为城市孩子追，农村孩子也追。

② 谁在追？可描述为学生、上班族、老年人追。

③ 怎么追？可描述为课余业余追，课内业内也追。

"表现"部分的范畴分类越完整，越能为下一部分分析"原因"和"影响"的重头戏提供更多参考。这部分排比思维往往能用在作文的开头，既开阔了视野，又提炼了现象，还美化了语言。

(2) "原因"按照递进式依次揭示。

① 青春自我爱恋的对象化反映。

② 娱乐化的时代，追逐时尚的个人心理和社会风气。

③ 崇尚成功的时代，偶像一夜成名的榜样暗示，激发人们的成功幻想。

④ 媒体、商家的推波助澜。

⑤ 现代传播技术的不断更新和无孔不入。

"原因"部分的范畴分类越着眼于大类优先，越能在更开阔的背景下找全现象出现的原因；"原因"间递进或互补关系的形成，能大大增强文章的逻辑说服力。

(3) "影响"用并列或递进思维来揭示。

① 丰富了年轻人的文化生活，能减轻学习和工作的压力。

② 助长了社会追逐时尚的风气和"成功"风气。

③ 严重影响了严肃高雅文化的传播。

④ 明显影响学生的学业。

⑤ 刺激了传播技术的迅速更新换代，成就了广播电视的娱乐节目。

"影响"部分的范畴分类与"原因"部分一样，越着眼于大类优先，越能在更开阔的背景下概括诸多重要影响；"影响"间递进或互补关系的形成，能大大增强文章的逻辑说服力。

（4）针对"表现""原因""影响"提出的问题，分别予以"建议"。

① 建议学生正确处理学习和娱乐的关系，加强文化课学习；进一步树立积极进取的创造观，抵制享乐主义；进一步树立成就来自汗水的成功观，放弃一夜暴富、一夜成名的急功近利思想；进一步树立健康的偶像观，多学习科学家、经济学家和人民英雄等。

② 建议家庭既不要放任也不要禁止孩子的追星行为，而应引导孩子了解更多其他杰出人物、杰出事迹；限制孩子购买各种新潮视听通讯电子产品，防止攀比浪费和荒废学业；训练孩子的吃苦精神和长期奋斗精神；鼓励孩子规划自己的奋斗人生。

③ 建议学校多开展丰富的文化活动、社会实践活动，并使之课程化。校园文化活动应突出知识竞赛、技能大赛、发明创造展览，杜绝选秀等娱乐性活动。培养个性化的人才，思想独立，追求高远，喜欢独创，应成为学生成长的要素。

④ 建议社会在各行各业宣传、培养行业达人，使社会呈现"三百六十行，行行出状元"的繁荣景象，彻底改变娱乐明星独尊天下的社会风气。为学生开展各种创造型选拔活动、知识竞赛型评比活动。禁止义务教育阶段的学生参加任何选秀活动。通过媒体出版大力宣传靠勤劳和智慧获得成就的形象，大力宣传为社会做出真正贡献的先进人物。

"建议"部分的范畴分类，既要着眼于大类，还要有具体的指向，原则性和操作性特点都要突出。对症下药，要大致和前面的"表现""原因""影响"对应，也可以高瞻远瞩，提出更具建设意义的建议。

2. 2016 高考北京卷

请以"'老腔'何以令人震撼"为题，写一篇议论文。不少于 700 字。

《白鹿原上奏响一支老腔》记述老腔的演出每每"撼人胸腑"，令人有一种"酣畅淋漓"的感觉。某种意义上，可以说"老腔"已超越其艺术形式本身，成了一种象征。

要求：从老腔的魅力说开去，不局限于陈忠实散文的内容，观点明确，论据充分，论证合理。

【思路点拨】

明确的意义：激越高亢的声音形式；质朴简单的生存形态；渴望释放的精神诉求。

不明确的意义：表现什么？渴求什么？延续什么？是再现历史中的原汁原味的老腔，还是表达今天老腔后继乏人的悲慨？

3. 2010 年高考浙江卷

阅读下面的文字，根据要求作文。

传说有的雏鸟长大后，会衔食喂养衰老的母鸟。人们把这种现象称作"反哺"。

人类社会也存在着类似现象。年轻一代对年长一代的文化影响被称之为"文化反哺"。千百年来，在以父辈对子辈施教为主流的正统传承方式下，文化反哺犹如潜流，隐而不显。但在迅疾变化的当今世界，年轻人获得了前所未有的反哺能力。他们在科学知识、价值观念、生活方式、审美情趣等各个方面，越来越明显地影响着年长一代，施教者与受教者之间，角色常常发生转换。

请针对上述现象及所反映的问题，以"角色转换之间"为标题写一篇文章。你可以讲述故事，抒发情感，也可以发表见解。

（注意：① 角度自选，立意自定。② 除诗歌外，文体不限。③ 不少于800 字。④ 不得抄袭。）

【思路点拨】

（1）表现。

与鸟类的反哺相比，文化反哺有如下几个特点。

① 老鸟的能力退化，老人的知识和观念未必退化。

② 老鸟受反哺的时间短，只在生活能力丧失时才受反哺；老人受文化反哺的时间长，有可能从中年时代就开始了。

③ 鸟的反哺是一代代的复制；人的文化反哺却是一代人强过一代人，反哺现象越来越突出，不仅意味着子女文化意识强，也意味老人与时俱进。

④ 鸟的反哺受外部环境影响不大，人的文化反哺受时代背景的影响很大。

（2）原因。

① 有回报父母的良知和责任，有把弱势群体转变为强势群体的清醒认识。

② 感到父母落伍，对其进行积极的"教育"。

③ 知识与观念更新，使人更容易进入知识老化的状态，没有文化反哺，就会使更多的人无法适应社会的变化，因而文化反哺也是社会进步的需求。

④ 父辈与时俱进的意识使文化反哺能较顺利地进行。

⑤ 技术的进步为文化反哺提供了便利条件。

（3）意义。

① 使父辈能更好地享受社会进步的成果，并与时俱进。

② 显示了社会进步不单单是物质的进步，还有文化道德的进步。

③ 反映出文化反哺现象会成为一种越来越突出的人类生存现象。

④ 对继承传统造成了一定的挑战。

（4）建议。

① 年轻人应多为父母着想，满足父母适应和追求新事物、新观念的需要。

② 在新文化面前，父辈成为弱势群体，就像当年子女是弱势群体一样，转换角色就意味着强弱关系的转换，哺育关系也应随之转换。

③ 父母也应理解追逐新文化的子女，子女吸收新文化的意识越强，将越会减轻子女反哺的负担。

④ 文化反哺不单是两代人的事，也是全社会的事。

⑤ 子女对父母所坚持的传统文化观念也要给予一定程度的尊重，要处理好新旧文化间的关系。

4. 模拟考题

如何反思针对青少年学生的隐私侵权

2014 年 12 月，多家媒体刊发了洛阳一小学生所写的情书。据说，洛阳一所小学的老师没收了一位学生写的情书，"我对你的爱很深很深，像无底洞一样……""稚嫩的语言逗乐了老师，情书的背后还画了一幅画"。随后，这篇有图有文、原信照搬的报道就成了社会热点。曝光"小学生情书"，这不是第一次。从"王乐乐"的文言情书到安徽某小学二年级学生"你根本就不爱我"的情书。各式各样的学生情书，时不时就会在媒体上露露脸并引发一阵热议。

2014 年 7 月，南京一派出所民警接到了一个特殊的报警电话，打电话的是 13 岁的孩子张某。张某向民警叔叔投诉："就在刚才，爸爸妈妈趁我不在家的时候，偷看了我的 QQ 聊天记录。爸爸妈妈的行为肯定是违法行为，请派出所警察叔叔处理他们。"

报警者张某是一名初中生。放暑假了，由于父母上班，他一个人待在家里无聊，就把电脑打开上网。谁知，父母下班回来，看他频频上网，生怕他在网络上交一些不三不四的网友。于是趁张某外出，父母偷看了张某和网友的聊天记录。张某回家后，父母批评他不该经常上网，应该集中精力好好学习，不要乱交朋友。张某发现父母偷看了他的 QQ 聊天记录，觉得很委屈："我的 QQ 好友都是我的学校同学啊。"张某说他大多时候是用 QQ 问问作业，探讨难题什么的，并没有乱交网友。他反而质疑父母偷看 QQ 聊天记录的行为违反了《中华人民共和国未成年人保护法》，侵害了自己的隐私权。

【思路点拨】

保护青少年的隐私权，早已是社会共识，并被列入法律条款。然而侵权的主体常常是孩子的老师，甚至是父母。因为监护的身份，就多了监听、监视的机会；因为是教育者，就有了了解心灵隐秘的借口。当不断有老师将小学生的情书在网上传播，当 13 岁的孩子报警要求警察处理偷看他 QQ 聊天记录的父母时，问题的严重性才真正暴露出来。该由谁反思，不言自明，如何反思，却是尊重生命及其成长的大学问。

信息时代更需要保护隐私，但这种条件下隐私也容易被张扬于天下，弱者的隐私最容易被窥探和张扬。窥探者、张扬者恰好是孩子的父母和老师。这里涉及若干问题：父母和孩子、老师和学生到底是什么关系？孩子的成长最需要什么样的尊重？孩子如何保护隐私权？父母、老师侵犯孩子的隐私权该怎么担责？孩子对什么权利最敏感？父母和老师在尽责任的同时是否分清了"责任"里含有的义务和权利的区分？社会良知如何压住社会窥探欲？媒体的操守和底线如何坚守？等等。无论讨论哪个问题，还是其中几个问题，我们都应做到：厘清侵权的基本表现；分析侵权的深刻原因；揭示侵权引发的各种后果；给出面向多方的建议。其中原因和影响是我们反思的重点。

以分析隐私被侵犯的原因为例，可做如下思考。

① 隐私权是独立权的一部分。一方面，家长、老师、社会希望孩子能

有独立的能力；另一方面，与孩子面对时，却很不愿意孩子以独立意识、独立形象示人。因此，在家庭和学校里，孩子的独立不是完整的独立，甚至只是"伪独立"。不完整的独立自然不会得到真正的尊重，弱者的隐私频频遭曝光就在所难免了。

② 以教育者为中心的传统思想主导下的教育，必然无法让孩子获得真正的独立意识和包括隐私权的独立权利，因而父母、老师在剥夺孩子的隐私权的同时也侵害了孩子的独立人格。

③ 自认责任重大的家长、学校和社会根本不懂得这笼统的"责任"其实应分为"义务"和"权利"两个部分，只知道行使教育权利，而不知道自己的义务是什么，不尊重孩子的独立人格，反倒把侵犯孩子的隐私当作自己的权利，如此理直气壮，不许孩子设防，侵权现象自然会泛滥。

④ 隐私被娱乐化、网络化的恶俗社会潮流所吞没，以家长、老师为代表的成人既容易获取孩子的隐私，又容易传播孩子的隐私，处于弱势地位、没有维权能力的孩子，就会始终成为受害的一方。

⑤ 可悲的是，法律意识淡薄的中国孩子，往往自觉或不自觉地参与到隐私的传播中，窥探隐私这一"古老传统"又增加了复杂的现代因素。长期处在独立人格随时被老师、家长侵犯下的孩子会是什么样的精神状态？长期随时侵犯孩子独立人格和隐私的教育是什么样的教育？

（二）范文展示

中国私企失败的 20 个致命原因

（来自网络）

1. 哥们儿式合伙，仇人式散伙

中国企业最常见的聚散模式——公司创办之初，合伙者们以感情和义气去处理相互关系，制度和股权或者没有确定，或者有些模糊。企业做大后，制度变得重要，利益开始惹眼，于是"排座次、分金银、论荣辱"，企业不是剑拔弩张内讧不止，便是梁山英雄流云四散。

2. 盲目崇拜社会关系

社会关系推动生产力发展，因此社会关系的建立和运用是商人必要的能力。但社会关系不等于生产力，把社会关系当成解决企业发展所有问题的灵丹妙药，忘记了"打铁还须自身硬"的真理，企业在发展上就本末倒置了，大难迟早降临。

3. 迷信"空降兵"

都说"外来的和尚会念经"。正确的做法应该是，不可不用"空降兵"，不可乱用"空降兵"，不可全用"空降兵"。这方面，中国企业的教训已经太多，可永远会有人情不自禁地做错：放弃身边的人才，迷信远方的"大师"。

4. 企业支柱亲信化

中国私企是靠人控制人，而不是靠制度控制人的。中国私企是一种组织，起源于农民打江山的传统，泛滥于信任危机加重的当代商业社会。中国以情感为纽带的企业管理，是转向规范治理的主要瓶颈。

5. 面子大于真理

面子是，我已经这样定了，而且全世界的人都知道了，必须这样；真理是，这个方向是一条曲曲折折的弯路，而且很可能此路不通，需要换路。爱面子的老板会说，就这么着了，谁不执行谁下课，玩也要玩到底。

6. 商业式迷信

罗盘神签加卦相，诚惶诚恐去算命，测风水测人才；香火缭绕进庙堂，顶礼膜拜神佛，求机运求财富。商海无情，翻云覆雨，谁来保佑？

7. 知人而不自知

看人头头是道，看己昏头昏脑。从来没有看清自己在行业中领先的关键因素，一段成功史，满脑糊涂账。也因此，该坚持什么、改进什么，该如何创新、如何固守，从来没有清晰的战略规划。

8. 习惯性信用缺失

说话不算数、合同不算数、承诺不算数，这几乎是中国商人部落最常见的景观。对内，规则计划变幻无穷，今天立，明天改，后天再改，让下属无所适从；对外，合同、承诺如一张废纸，视情况涂抹、打折甚至撕毁，让合作者有去无回。

9. 匪文化心态

民营企业老板如山寨大王，生于青萍之末，长于江湖之野，走的是匪文化路线：关上山寨大门，老子天下第一；冲出山寨掠财，碰壁拐弯，见缝就钻。做企业图的是人生痛快，少一份使命精神；既没有经济上的长远目标，也没有文化上的成熟主张。

10. 阶级斗争企业化

企业内部可以搞平衡，但不可以搞斗争。历史告诉我们，"挑起群众斗群众"最后所失去的，是企业的效率和凝聚力。

11. 沉湎酒色

有人因为无力控制欲望沉湎酒色；有人因为事业再无激情沉湎酒色；有人因为"过去吃了苦"，怀着找补回来的心态沉湎酒色；有人因为"人生苦短"，信奉挣钱是为了享受的哲学沉湎酒色。

12. 投资冒险主义

拿自己"吃稀饭"的钱去搞投资，或者借来甚至骗来别人"吃稀饭"的钱去搞投资，所谓成败荣辱在此一举，身家性命系于一线，战战兢兢，急功近利，举止失措，焉能不败？

13. 投资经验主义

在另一个时间、另一个市场、另一个行业，面对另一群员工或消费者，以当年的感觉投资、布局、生产、销售。指挥还是昨天的指挥，音乐还是相同的音乐，可这一次为何起舞者寥寥数人？

14. 投资极端主义

三个月前兴奋地投下钱来，三个月后沮丧地要抽身离去，前脚踩油门，后脚踩刹车，企业振荡，"落英缤纷"……这是投资者的常见毛病，主要原因是对产业投资纵深化及企业竞争复杂化的特征估计不足。

15. 人力资源幻觉

一方面永远高估员工的高度，另一方面永远低估员工的水平。

16. 过度追求系统平衡

企业总是由各个系统、各个部门组成，它们彼此之间需要有一种动态的平衡。但老板过分看重平衡，在奖惩政策、人员提升、部门权限、业绩考核等方面一味强调"一碗水端平"，最后优者不奖、庸者不罚，所有部门都"吃大锅饭"，企业所要的平衡反而荡然无存。

17. 抬头批判潜规则，低头猛搞潜规则

从不认为自己对理想社会的到来负有身体力行的责任。

18. 完美主义群众化

完美主义不是坏事，但若将其扩大化，就会给个人和企业带来无尽的烦恼与麻烦。

完美主义的老板总想达成最高的目标。他们对下属高标准、严要求，因为求之深，所以责之切，总是有太高的眼光、太多的挑剔、太多的责备。

19. 附庸风雅

一窝蜂登山，一窝蜂打高尔夫，一窝蜂读 MBA，一窝蜂在墙上挂艺术品……值得指出的是，这一切并不是因为爱好或需求，而是因为模仿及炫耀。

20. 不学无术

老板每天要处理各种各样的情况，事情一多，就不愿意学习了。很多人不读书，不看报，不看电视，不上网，更不愿意专门花时间参加培训。在他们看来，市场是最好的老师，学习只是装点门面的过场罢了。由于长期沉溺在小圈子里，信息封闭，知识结构老化，最终要么被市场淘汰，要么被主流遗忘。

【点评】

这篇文章虽然文字平直朴素，但揭示事物的原因深刻到位，是对中国私企文化的透彻剖析。中国私企文化的实质是，在充分释放中国百姓的创业能量的同时，暴露了中国老板们严重缺乏商业精神和契约精神。这既是私企的致命缺陷，也是中国经济的致命缺陷。每个人都有开私企的幻想，本文将给你一剂冷静的良药。与学生最接近的经济体莫过于私企，因而这个话题还是能引起他们的高度重视的。一果多因，常常不被我们注意，本文将一果多因的关系揭示得非常充分，给文章观点提供了强有力的例证。

（三）学生习作

解　剖

罗昱炘

为什么二十年前容易被理解的事情，在今天的我们看来却如此不可思议？为什么代表祖国明天的小花朵们，在拿到分析题后满脑子是利益、私欲？为什么"真、善、美"只能出现在空洞的书本中，而不是真实的生活里？所谓的素质教育，人们的素质跑哪儿去了？

一道分析题，赤裸裸地把人们的自私自利暴露在光天化日之下，等待人们解剖。可我们解剖的不仅是这道题谁对谁错，而是产生这道题的社会现象。我们解剖题，解剖社会，却忘了解剖自己。

利益界线愈发鲜明清晰，在保护利益安全的同时，却阻碍着人与人之间的释放交流。每天牢牢捏紧钱包里的纸币，生怕被人抢走，对有关一己之私的事绝不放过，"事不关己，高高挂起"的态度也常常出现在自我慰藉中，人们并不在意这件事公平与否，而在意自己的利益有哪些损失。久而久之，利益成了人们相互交往的媒介，而忘了这个世界上还有种东西叫真情。

权利愈发膨胀，义务却在缩水。总是贪婪地希望天平朝自己倾斜一些，同时自私地希望天平不要对别人也这么慷慨。总是希望别人给予很多，往往忽略了世界是动态平衡的，付出和得到应该是互补关系。心安理得地接受人们的善良与好意，却忘了回馈他们一个微笑。权利在急剧膨胀，而义务在严重地缩水，那些"投我以木桃，报之以琼瑶"的美德早已被我们遗落了。

社会在进步，道德却在退步。我们不禁要反问：为何经济与道德不能同步前进，反而以反比互相制衡？是经济发展过快，人们跟不上它的脚步，还是基本道德不适应现代生活的生存需要？解剖社会，让人无奈，解剖自己，获取反思，为追求外表的光鲜而忽略了对内心的装扮，为追求物质而忽略了对精神的塑造，为追求现代的快节奏而忽略了对古老传统的坚守。

解剖案件，我们还原真相，还原社会本质；解剖自我，我们还原生命本色。

这些不和谐的现象已经引起人们的关注和反思，我相信，有那么一群人在为我们的社会努力付出着；我也相信，在不久的将来会有越来越多的人加入这个队伍，一起为这些现象的消失奋斗着；我更相信，随着时代的车轮不断滚滚向前，社会会更加和谐，更加美好！

在透明的"笼子"里

唐小璇

我们好像一直生活在一个"笼子"里，一个用很多双眼睛编制的"笼子"里。在这样一个"笼子"里，享受着所谓的"自由空间"，殊不知，"笼子"的建造者正时时刻刻地注视着我们，监视着我们。我们还是一群年幼的孩子，就这样毫无戒备地任人观赏、任人注视、任人监视。我们多想跳出笼子。

在我们成长的道路上，父母早已用他们的眼睛编制了我们人生的第一个"笼子"，我们在这个"笼子"里安全地长大，我们的朋友、我们的秘密在冰冷的"笼子"里——被呈现；而社会以它发达的大众传媒、以它雄厚的科技力量创造出了更为庞大的"笼子"，只因我们是孩子，被理所当然地透视、关心、监视、保护。没人在意我们是否需要这样的"关心"和"保护"，哪怕是我们最亲的人——我们的父母。

尽管一再呼吁尊重未成年人的隐私权，注重保护未成年人的隐私，但是依然存在着偷看者、偷听者、监视者。父母、学校、社会用窥视来"关心"着我们，而共同的说辞都是"为了孩子的安全着想"。

13岁的孩子报警，要求警察将偷看自己聊天记录，侵犯了自己的隐私权的父母抓走。从这个看似不懂法的报警，却能看出未成年人已有保护自己隐私的强烈的意识，而父母不知保护孩子的隐私权是他们的义务。这样的教育悲剧该怪谁呢？是信息时代使社会变得透明的必然，还是传统教育观念的延续？我们还来不及思考悲剧的这些原因，不断上演的悲剧还在继续给孩子造成很深的精神伤害。可是依然有人认为，监护未成年人是父母的职责，孩子这样做未免小题大做。但监护不等于监视，监视是"笼子"，笼中的翅膀真的能飞起来吗？

越来越多的学生反感将本该追凶的"天眼"高密度地布置在校舍走廊。他们会问：镜头对准的究竟是什么？是安全，还是隐私？这是保护，还是侵犯？"校方这样做是为了保护学生的安全，监控只有三名管理员与警方才能调取，校方保证……"我们往往被诸如此类早已背得滚瓜烂熟的说辞所安慰，认为社会是关心我们的、爱护我们的，安然生活在安全的"笼子"里是我们的福气。一边说着这些充满人性的话，一边凭借科技编制着一个个全方位、无死角的"笼子"，清晰，完整，无盲区。巨大的社会樊笼到底要营造一个什么样的成长环境？

因为生活在"笼子"里，我们不再写日记；因为生活在"笼子"里，我们习惯性地清空聊天记录；因为生活在"笼子"里，我们变得不善交流……本是受人瞩目的花样年华，我们却开始遮遮掩掩、躲躲藏藏。我们不甘，不甘就这样一直活在"笼子"里，不甘在别人的监视下失去自我，不甘就这样毫无保留地成长；我们怕，怕像一张白纸一样被呈现，怕失去了对生活的向往，怕失去了对社会的信任；我们想，想保留一点秘密，增添一些刺激，收藏一份记忆。我们的要求不高，一点，一些，一份，就好。

一双又一双的眼睛，窥视的是我们的秘密，侵犯的是我们的隐私；一个又一个的"笼子"，套住的是我们的内心，隔绝的是我们的信赖。也许在某个阶段，年代的进步性会完全体现，也许在某一代，父母身上教育公开性理念会完全消失，也许在某一个时代，社会的牢笼会被完全打开，那些用很多只眼睛编制的"笼子"也会荡然无存，那时候的孩子也许就能像花儿一样，毫不躲闪地接受人们的目光，接受社会的青睐。

"笼子"外的自由，这一代，下一代，哪一代才能拥有？！

（四）下水作文

谁来阻止危险的行车

李旭山

一位父亲在高速公路开车打电话，旁边的孩子一再提醒父亲不要拨打电话，可是父亲不听劝阻，最终孩子选择报警。警察到来后对父亲进行了批评教育，此事引起社会争议。以此为内容，写一封不少于 800 字的信。可选择给违章当事人、孩子、警察写。——这是 2015 年的高考作文题。

这则新闻看似好笑，实则反映了严酷的社会现实，不文明驾驶、违法驾驶行为的严重程度超出了人们的想象和容忍。驾驶中打电话这等严重威胁他人安全和自身安全的行为，几乎每一位司机都存在。很多司机几乎每天都边打电话边开车，几乎每一种路况下都边打电话边开车。不管是私家车，还是公务车，甚至大巴、校车、警车的司机，都如此开车。

快速增长的经济和决堤般的消费大潮，鼓舞了所有消费者"只要出钱就是爷"的心理。至于消费时应遵守的规则法律，绝不是要首先考虑的事情，哪怕这些规则直接保护着他的安全。汽车是消费，电话不也是消费吗？这两个让国人理直气壮地消费的东西，同时集中到正在开车的司机身上，岂不更能体现消费者的价值和派头？

炫技、充豪、耍横、逞强，成了中国公共场合中的显著特征。驾爱车行路，岂能不随心所欲？以前在影视作品中才能看到的潇洒行为，今天自己可以亲自体验了。不让我飙车？不让我频繁变道？不让我插队？竟然还不让我打电话？哪儿来这么多破规矩！我还没有放松潇洒，就让我束手束脚，担心摄像头，害怕交警。这就是中国司机的典型心理。这种心理下还能有安全意识的地位？还能有别人的生命财产的地位？

安全事故是小概率事件。"我开车打了那么多电话都没出事，今天为什么一定要我停下来呢？""那么多人开车打电话都不会出事，我就更不会出事了，警察连这个都管，其他事儿就都别干了。""开车打电话，又没有被摄像头拍到，不会扣我的分。""你们这些人，怎么就不盼我好，偏盼我遇到危险?""告诉你，我车技好着呢，命大着呢，飞来的横祸能落到我头上?"

然而，就是你潇洒的个人行为，威胁着公共安全，使得道路充满了安全隐患；就是你的逞强和激情体验，将自己和他人置于无比危险的境地，他人每时每刻都会成为你激情体验的牺牲品；就是你的"小概率"意识，在积累着习以为常的错误经验，这些经验根本无法对付意外情况，无法保证自己安全的情况下让别人也同样安全。

有这么多中国式司机，有这么多横冲直撞的中国汽车，有这么一种无法真正严格起来的执法环境，使得每年十万多鲜活生命惨死在车轮下。死难者的鲜血一刻都没有被吹干，因为我们的城市道路、我们的乡村道路、我们的高速公路每时每刻都在上演着车祸惨剧：轧人、侧翻、相撞、追尾、冲出路基、掉入悬崖、爆炸起火……

谁来阻止危险的行车？事件一出，似乎就有了答案，是司机自己，是司机的亲人，是每一位乘客，是应该更加严格的法规。

每一辆汽车都曾碾过流有死难者鲜血的道路，每一个人都担心行路中的亲人，也许每一个担心亲人违法行车的人都会拿起报警电话拨打110，因为他们绝对不想拨打120……

四、现象指向较为模糊的作文题目

（一）题目析例

1. 高考模拟题：生活品质，靠什么来支撑？

阅读下面的材料，按要求作文。

衡量生活品质，每个人都有不同的标准。在过去的三十年，中国人把对美好生活的向往寄托于物质生活的改善，于是乎，名牌和奢侈品在一些人心目中的分量似乎愈来愈重。

据有关统计，68.8％的受访白领愿意花钱购买奢侈品，受访白领在奢侈品上的年人均消费达到22062.8元。26岁的外企职员Flora月薪5000元。她说，自己购买奢侈品的主要原因还是为了挣面子。28岁的部门主管

Amber 拿着 8000 元月薪，也是一名奢侈品的追随者。她自称买名牌不为面子，不求舒适，只为"激励自己"。Amber 说，她会关注千万富翁的生活方式，这会让她在搜罗名牌时更有"方向感"。

在平时的生活中，你会在意名牌和奢侈品吗？金钱是衡量生活品质的唯一标准吗？作为现代人，生活品质靠什么来支撑？

读了上述文字，你有何感想？请联系社会实际或你的人生体验，自定立意，自拟题目，写一篇不少于 800 字的文章，文体不限。不得抄袭。

【思路点拨】

材料中的第三个问题"作为现代人，生活品质靠什么来支撑"具有很大的讨论空间。按照考题的要求，我们将审题只放在"原因"的分析上。

现代人的生活品质应由"创造""独立自由""资源危机意识""勤俭节约"来支撑，然而以白领为代表的现代人陷入了跟风趋俗的奢侈品消费的泥潭，原因是什么呢？

按理，越是现代人越有创造力。事实上，有能力创造的人只是少数，大多数人在追求时代进步带来的物质成果，在这个物质引领变化的时代，最容易体现一个人"新潮"的东西莫过于奢侈品了。

按理，现代人更应具有独立自由的品质，不趋俗媚俗。然而白领阶层的人大多处于工作负荷重、企业化管理严格、人群集中的环境中，他们恰恰缺少的就是独立和自由。这种人群里，大家关注更多的是在严密的等级中晋升，在辛苦劳作后享受，在与人攀比中得到某种满足，因而现代人更容易陷入奢侈品消费的泥潭。

按理，现代人应具有资源危机感。然而，人与人之间的激烈竞争逐渐转化成针对资源的激烈竞争，人们却浑然不知。中国这些年已由资源出口国迅速转变为资源进口大国，但百姓还处于纵享资源的无忧无虑之中。

按理，我们有勤俭节约、艰苦奋斗的优良传统。社会主义初级阶段建设更需要这种品格，但是摆脱困境、赶超他人的百年民族理想、民族心理已经深入到每一个中国人的心里。尤其是改革开放以来，我们发现和别人的差距主要在物质文明方面，改革开放的最大贡献就是使中国人摆脱了贫困，摆脱贫困的最大动力就在于逐富，逐富不成就装富，勤俭、艰苦就被抛诸脑后了。

2.2010年高考全国卷

阅读下面的材料，根据要求写一篇不少于800字的文章。

今年世界读书日这天，网上展开了关于"浅阅读"的讨论。

甲：什么是浅阅读？

乙：就是追求简单轻松、实用有趣的阅读嘛。浅阅读很时髦的。

丙：如今是读图时代，人们喜欢视觉上的冲击和享受。

丁：浅阅读就像吃快餐，好吃没营养，积累不了什么知识。

乙：社会竞争激烈，生活节奏这么快，大家压力这么大，我想深阅读，慢慢品味，行吗？

丙：人人都有自己的阅读喜好，浅阅读流行，阅读就更个性化和多样化了，挺好。

丁：我很怀念过去的日子——斜倚在书店的一角，默默地读书，天黑了都不知道。

甲：浅阅读中，我们是不是失去了什么？

要求选准角度，明确立意，自选文体，自拟标题；不要脱离材料内容及含意的范围作文，不要套作，不得抄袭。

【思路点拨】

首先，我们来归并要点。

第一，将甲、乙、丙、丁四人的议论，"语归原主"进行合并得出：甲是提出问题；乙是主张适应浅阅读；丙是浅阅读的支持者，也是浅阅读的主体；丁是浅阅读的批评者。

第二，四人对浅阅读的态度形成两个联合阵营。甲、丁一组，乙、丙一组。甲、丁既无法说服对方，更无法改变浅阅读的现状，因而思考者却处于弱势地位。

其次，对浅阅读成风的原因、影响、建议进行分析。

（1）浅阅读成风的原因。

① 繁忙的工作，激烈的竞争，使得读者没有更多时间阅读艰深的书籍。

② 激烈的竞争使得人们对实用类、轻松类的读物有了更强的需求。

③ 娱乐化的时代，轻松有趣成了阅读的趋势。

④ 浅文化的大背景下，往往受影视网络的影响出一些影视副产品的读物，并形成一种阅读风气。

⑤商家的推波助澜。

（2）浅阅读成风的影响。

① 标志着社会的深刻变化。以实用和娱乐为主要功能的出版和阅读，将是今后很长时间的主流，非实用、非娱乐类读物的出版与阅读逐渐退出主流。

② 经典读物无人问津，文化的传承受到了空前的挑战，因而我们将进入一个越来越背离传统文化的时代。

③ 理论和科学探索的阅读不仅在社会上，就是在高校等地方阅读的人也减少了，因而我们将进入一个重技术、轻科学的时代。

④ 人们的理论思考能力可能会退化。

（3）针对浅阅读成风的建议。

① 国家应为严肃的经典、理论研究等出版物实行免税或补贴政策，在阅读的源头上"抢救智慧"。

② 政府应该倡导民众阅读高水准的书籍，还可以开展读书大赛，通过这种形式来激发年轻一代的读书兴趣，汉字听写大赛的广泛影响就是最好的例证。

③ 管制低俗读物出版，坚决禁止黄色、暴力读物出版。

④ 对学校尤其是高校提出更高的阅读要求。

⑤ 浅阅读出版物可以适度高雅化、理论化，不要将浅阅读和深阅读对立起来。

3. 文题试练

阅读下面的材料，按要求作文。

面对两岁的小女孩王悦在佛山五金城被车撞倒，路人见死不救事件，有人说是因为中国社会金钱至上，有人说是因为中国人信仰缺失，有人说是人们缺乏人文关怀，因而必须在这些方面加强国民素质教育。

对这一材料，你是如何认识的？请写一篇不少于800字的议论文。

【思路点拨】

谁应该承担责任？她的父母是监护人，却忙于生计，疏于对孩子的照料。司机是责任人，却肇事逃逸。那18个路人本该出手相救，却自认没有法律义务，毫无人性地无视而过。

舆论关注什么？舆论批评一致指向了那18个路人：他们或旁若无人地

走过，或避之不及地绕道而行，显示出见死不救已是社会常态。

如何防止悲剧重演？拾荒的陈阿婆之所以能出手相救，成为"见义勇为"的模范，并非是有人向她加强了什么教育，恰好是因为她长期处于社会的底层，人类最基本的恻隐之心尚在，伸手去扶一下，开口去叫一声，是最自然不过的反应。其实越是加强，越是变异。人只需回归为人之本，就不会出现这些冷漠行为了。

（二）范文展示

李阳"疯狂家暴"击中社会痛点

李力言

"让暴风雨都来吧！让我付出代价！让我归零！你使我斗志昂扬！你使我咬牙切齿！"疯狂英语创始人李阳这些传销式的"励志名言"，曾经喊得震天响，不想却成为日前"家暴"事件的预言。当李妻Kim在微博上展示遭受李阳老拳交加、抓头撞地后的"暴力成果"时，网友惊呼"李阳原来如此疯狂"，舆论更是一片声讨。

现在，疯狂者似乎已经冷静下来，承认错误，夫妻调解，向妻女及公众道歉，做出"非暴力"承诺，接受心理咨询，并一再亮相媒体，称自己是家暴"反面教材"，希望此事能推动立法，推动解决家暴问题。

抛开当事人的动机与目的不谈，仅从"家暴"事件就事论事，李阳的拳头给社会带来的震撼不亚于响彻云霄的"疯狂英语"。因为，"英语"切中了许多人的兴奋点，而"家暴"击中的是社会的痛点。

李阳不是"一般人"，头上顶着"教育专家""青年新锐""名誉校长""成长大使"等众多光环，不仅教英语，也涉足家庭教育，肩负公众信任与期待，理应对自己有更高的要求。一面在台上对受众大讲家是充满爱与宽容的地方，一面回到家里大肆上演"全武行"，偶像在"还原"中倒掉也就罢了，关键是这种强烈的反差，在李阳及其教育机构的影响力下，对公众心理和社会价值观带来冲击，其负面影响远远超过了一个普通人"喝酒打老婆"的家庭纠纷。可见，公众人物的私德私行也关乎社会责任，公众固然需要有包容、理解之心，但名人自己绝不能放任自流、无所顾忌。

久病未必成良医，"家暴者"不是家暴的良医，在自己的病没有好起来之前，还是少以医者自居给别人开药方为好。但另一方面，客观地说，

169

李阳的拳头确实把家庭暴力这个社会问题"打"显眼了，引起了广泛关注。这个事件中这么两个细节值得注意：一是李阳挥舞拳头时，脑中曾经一闪念，这要在美国就犯法了，其潜台词是，在目前的中国似无"王法"管着；二是事件发生后，李阳抵京，直接从机场去了派出所，警察也非常为难，说自己也是第一次处理这种事情，尽管家庭暴力现象不在少数。

通过李阳家暴这个"反面教材"，人们一则意识到法律上的空白，二则看到了缺少对受害者的救济渠道。最新数据显示，我国家庭暴力发生率高达 35.7%，这类现象不再是"私事""家丑"，已日益成为严重的社会问题；而目前法律上约束家庭暴力的条文少得可怜，且不乏原则性宣示，缺乏操作性。在此背景下，对家暴事件的舆论浪潮，使得反家暴立法呼声更为高涨。事实上，国家层面的法制建设也在推进，目前反家庭暴力法已经进入到最后的调查论证阶段，2011 年 8 月 14 日，全国人大常委会将反家庭暴力法纳入预备立法项目，标志着该法的研究论证工作正式开始。

当然，家庭暴力问题并非靠法律就能药到病除，其中牵涉到司法、经济、社会结构、生活方式、思想观念、风俗习惯等多方面的复杂问题，需要全社会的合力参与，压缩家暴意识与言行的生存空间，促进"抑暴土壤"的生长，用法律回击家暴者的拳头，用各类救济渠道维护受害者权利，从而提升家庭这一社会细胞的文明和谐程度。李阳家暴事件给其本人和社会造成麻烦和不堪，但如果个人知错能改，社会革除家暴积弊，坏事未尝不能变成好事。从这个意义上说，李阳的另一"名言"还算靠谱："重要的不是现在丢脸，而是将来少丢脸！"

（选自人民网 2011 年 09 月 19 日，略有删改）

【点评】

李阳"疯狂家暴"击中社会痛点，说明家暴在中国的普遍，就连公众人物的家庭也不例外；家暴问题没有得到社会的真正关注和重视；家暴问题长期得不到解决；家暴问题牵涉到司法、经济、社会结构、生活方式、思想观念、风俗习惯等多方面的复杂问题。而这些方面我们都做得很不尽人意，甚至很差。

李阳"疯狂家暴"击中社会痛点，说明李阳用极端方式揭示了中国家庭伦理文化的丑恶；李阳家暴被认为"损害"了中国大丈夫的"形象"；李阳家暴提醒了全社会对中国家暴的真正正视；李阳家暴暴露了中国有关反家暴法律的空白。

(三) 下水作文

对矿难，我已无话可说

曹 林

记不清这是今年第几次矿难了，也记不清今年的矿难已经死了多少人，只知道自己打开搜狐网看到这条新闻时的第一感觉：对矿难，我已无话可说。

差不多每次矿难发生后，我总会写文章说些什么，总结点儿什么，顺着媒体调查的真相，把批评的矛头指向唯利是图的矿主、贪得无厌的官员、得不到实施的制度、落后的安全管理体制、触目惊心的利益链，等等。可到如今，话已经说尽了，道理也讲烂了，制度也分析透了，警钟快敲碎了，"理性、建设性"也榨干了，可一个个催命的矿难依然接踵而至，我还能说什么？还能怎么说？重复说那些众所周知、说了也白说的话吗？我们对于矿难的理解，已经没有了多少对生命逝去的痛感，没有了灾难下的人性震撼，更多只是一套习以为常的程序。

在频发的矿难中，一切都变得那么轻飘，轻如鸿毛：正义感疲惫了，理性厌倦了，愤怒蒸发了，同情心都变得非常慵懒。鲁迅当年的《记念刘和珍君》，走的也是这个路子，在"无话可说"中分析那让人失语的现实。失语，其实并不是无话可说了，而是一种愤怒的状态。

五、现象只是个案的作文题目

(一) 题目析例

1. 高考模拟题

阅读下面的文字，自拟题目写一篇议论文。

从 2003 年起，杭州市图书馆就开始实行对所有读者免费开放，包括乞丐和拾荒者，图书馆对这些特殊读者的唯一要求就是把手洗干净再阅读。这一举措推行以来，一直引起一些读者的不满。"我无权拒绝他们入内读书，但您有权选择离开。"杭州市图书馆馆长褚树青的这句话在新浪微博上被转发了几万次。不少网友直赞这位馆长有北大遗风。

【思路点拨】

（1）观点例举。

① 读书原本就是穷人的喜好，而非富有阶层的专利。就像常言说的"穷学文，富练武"一样。

② 其他读者在物质上未必富有，不客气一点说他们是五十步笑百步。

③ 拾荒者和乞丐来到的是图书案馆，而不是高尔夫球场等富人俱乐部，因而不应歧视也不必惊奇。

④ 从图书馆的平等姿态和读者的不同反应可以看出，在社会上实现真正的平等任重而道远。

⑤ 免费开放对那些反感乞丐的人更有利，也许他们才是最需要充分读书的人。一旦收费受影响最大的就是那些普通读者。

⑥ 乞丐不在街上行乞而到这里，和其他人在工作之余到这里也许有相同的意义，也许有不同的意义。

⑦ 文化、文明成果不能像其他资源那样被富人垄断。

⑧ 可从读书的内容来看这条新闻的意义。

⑨ 在神圣的书籍面前，每个人都是精神乞丐。

（2）普通读者反对的原因。

① 认为允许乞丐、拾荒者进入图书馆，就贬低了自己的身份。

② 对乞丐和拾荒者有一种轻视的心理。

③ 缺少人人平等的意识。

④ 忘记了读书是穷人的喜好这一传统。

⑤ 没有看清自己在社会中的真实地位。

（3）普通读者反对的影响。

① 蔑视平等原则。

② 将会损害自己的利益，恢复收费不仅挡住了乞丐、拾荒者，也挡住了更多普通读者，包括这些反对者。

③ 会让更多的文化垄断局面出现，就像其他资源被垄断一样。

（4）选写角度评价。

本题可以从正面来写，但角度不会多，不容易写深刻，如果从反面来写，角度要多一些，也容易写深刻。因而这种材料作文从反思角度写会更容易出彩。

（5）作文类型意义。

这个材料既有犀利的新闻视角，又给人留有思考余地，既展现了新生事物，又让人看到了新生事物的对立面，因而是个很好的题目。练习时不应满足于个人看法的表达，还应追求全面深刻，这毕竟是一件意义深远的事情，分析这件事能让学生充分认识时代、认识社会。也可以鼓励学生进行网络调查，看看网民对这一问题的看法和态度。

2. 2016 年高考全国卷 III

阅读下面的材料，根据要求写一篇不少于 800 字的文章。

历经几年试验，小羽在传统工艺的基础上推陈出新，研发出一种新式花茶并获得专利。可是批量生产不久，大量假冒伪劣产品就充斥市场。小羽意识到，与其眼看着刚兴起的产业这么快就走向衰败，不如带领大家一起先把市场做规范。于是，她将工艺流程公之于众，还牵头拟定了地方标准，由当地政府有关部门发布推行。这些努力逐渐见效，新式花茶产业规模越来越大，小羽则集中精力率领团队不断创新，最终成为众望所归的致富带头人。

要求：综合材料内容及含意，选好角度，确定立意，明确文体，自拟标题；不要套作，不得抄袭。

【思路点拨】

这个题目容易让学生对小羽创业做价值评价，而忽略小羽动机的变化：通过专利获取利润—自救共同致富—利用行业标准制定者的身份赚钱。

被假冒是事件的转折点。试想小羽在一开始就将技术公诸于众，大家未必用他的技术。因为没有成功者，也无从谈起假冒。有了第一次成果，大家才相信第二次技术发明，才会响应。

"小羽创业"个案背后的普遍意义：①一个新兴的产业需要规范的市场环境、法治环境，需要从业者共同呵护，否则就会夭折。②中国手工业者缺乏技术研发能力、市场的预测能力、清晰的投资思想。③政府对知识产权的保护、对地方产业的扶持、对市场监管的力度都不够。④期望出现领袖来自救，成功率低。多亏了小羽，否则后果不堪设想。

3.2013 年高考广东卷

阅读下面的文字，根据要求作文。

有一个人白手起家，成了富翁。他为人慷慨，热心于慈善事业。

一天，他了解到有三个贫困家庭，生活难以为继。他同情这几个家庭的处境，决定向他们提供捐助。

一家十分感激，高兴地接受了他的帮助。

一家犹豫着接受了，但声明一定会偿还。

一家谢谢他的好意，但认为这是一种施舍，拒绝了。

要求：① 自选角度，确定立意，自拟题目，文体不限。② 不要脱离材料内容及含意的范围。③ 不少于 800 字。④ 不得套作，不得抄袭。

【思路点拨】

这个事例是否能代表一种社会现象，学生不能一下看清，因此我们就结合个案来揭示社会现象。或者我们认定这就是中国社会对慈善态度的缩影，然后展开讨论。

面对突然降临的救助，生活难以为继的三家人态度的截然不同，这能否代表中国穷困百姓对慈善救助的态度呢？这一事例能否证明中国的大众对整个慈善事业的基本看法？这两个问题可以用"能"来回答，即使犹豫，我们也确定为"能"，这样可降低作文难度，便于结合自己掌握的信息来讨论。

也许慈善是刚进入这些人的视野的新事物，他们还将信将疑。他们会想，连政府都不能解决我们的问题，陌生人怎么会愿意帮助我们解决呢？相信政府还是相信个人？所以有一多半的人不相信捐献者的慈善之心。第二户人家把慈善看作有契约的借贷，虽然接受，但承诺过一段时间会偿还。第三户人家认为这就是施舍，剥夺了他们的尊严，所以拒绝。其实慈善是和每个人都有关的事业，捐献者与受捐者之间永远是兄弟般的关系，再完善、进步的社会也离不开慈善事业，我们每个人都应认可和支持慈善事业。

也许慈善已经走过了让人信任的时期，进入了声名不佳不能让人充分信任的时期。人穷志不短的人，更愿意用纯洁的道德眼光来看当下已经蒙羞的慈善，自己不愿和慈善沾边，所以，第二户人家接受捐助，但把它当作借贷，承诺日后定会偿还。第三户人家干脆拒绝并认为接受捐助就有损于尊严。穷人总认为慈善事业是有钱人为了赚取更多的钱的事业，他们对慈善帮助会本能地躲闪。其实慈善不是只有金钱的意义，在贫穷面前，金钱解决不了根本问题，我们应将慈善当作应对贫穷的启动行为，而不是应对贫穷的终极行为，通过慈善带动更多消除贫困的社会力量，通过慈善激励贫困者走上致富之路。

也许是捐助的方式，既影响了捐献者的动机，也影响了受捐者的尊严。高调、无顾忌似乎成了捐献者的通常做派，而高调捐助就意味着高调宣扬受捐者的贫穷，所以受捐者在成功者面前有一种做人失败的感觉。没能将心比心的高调捐助，也许还体现着超出本次捐助的意义，这个成功的奋斗者要证明自己不忘穷乡亲，这个慈善者想带动更多富有者参与到慈善中来。没有慷慨就不会捐助，没有成功者的姿态则依然可以做一个慈善者。将高调的形式低调化，将复杂的身份单纯化，才是捐献者角色的最佳选择。

4. 文题试练

阅读下面的材料，按要求作文。

2011 年 8 月 9 日，台湾某综艺节目中，一位名叫 Miss Lin 的网友以夸张另类的造型、一口做作的英语、扭捏妖娆的姿态震撼了所有观众，其口头禅"整个场面我要 hold 住"——此后"hold 住"一词红遍网络，可谓是 2011 年最热的网络流行语之一，像"吃了没""忙什么呢""最近怎么样""去哪儿了"一样，成为中国人的常用语："你要 hold 住啊！""你 hold 不 hold 得住？"

读了这段文字，你是如何理解的？请自选角度，自拟题目，写一篇不少于 800 字的议论文。

【思路点拨】

"hold 住"与大陆某些方言有异曲同工之妙，人称"糇住"，有粘住、抓住、稳住、占有、搞定之意，语意丰富，切中当下人们的情绪，因此即刻流行于网络、微博与短信，迅速成为"重口味"者和"小清新"者都使用的口头禅。

"hold 住"的潜台词是，稳定意味着一切——自我情绪的稳定、社会情绪的稳定以及做事的稳定性。转念一想，可以发现，此词流行的背后，是本年度发生的事儿太多了，"hold 不住"的环节太多了，没有安全感的事儿也太多了。因此，"hold 住"便成了大家互相提醒、互相温暖的幽默金句，正类似于"小心啊，别摔跤"。

以下是陕西省汉中市第八中学的易朝芳老师所用的一篇实战示例文。

网络词汇定能"hold 住"

一

去年检查初三学生的假期作文时，看到一位学生在作文里写了这么一段："我假期作业忒多，有点 hold 不住了，老妈见状说：'儿子 hold 住，坚持能战胜困难。'老爸更豪迈，说：'不要怕，在咱家什么事都能 hold 住。'"

之前我也听过"hold 住"这个词，但我没太在意它的完整含义，可现在不得不认真研究这个词了。仔细揣摩，"hold 住"在这篇作文中出现了三次，分别表达的是本词的三个基本意思——"承受住""稳住""搞定"，学生用得准确无重复。欣慰间，我进一步明确了我对学生使用网络新词写作的基本态度——不鼓励，不禁止，但要有自我引导意识。

之所以放弃老师直接引导，而让学生自我引导的原因有两个：一是面对时尚和新鲜，老师已经"out"了，引导常常会不得要领，不一定能让学生接受；二是学生自我引导更能让学生将兴趣和沉思结合在一起，深刻认识语言规律，实现学习的飞跃。

具体做法是让学生自己进行对比分析。

1. 对比有同义关系的网络新词和传统词的不同表达效果。

如"给力"和"来劲"可否互换？

描述事物的性状时，两个词可以互换，如"这段话真给力（来劲）"；描述人的特性时一般用"来劲"，如"这人真来劲"，一般不会说"这人真给力"；描述含有主客关系的事物时多用"给力"，如"这事儿政府太给力了"，一般不会说"这事政府太来劲了"。

再如"out 了"和"落伍了"可否互换？

在描述见识和观念时可以互换，如"连这都不知道，你太 out 了（落伍了）"；在描述行为和能力时一般用"落伍了"，如开旧款的车只能说

"落伍了",而不能说"out 了"。

2. 体会没有传统同义词的网络词汇的独特表达效果。

如"雷人""拍砖""打酱油"的含义和用法。

"雷人"指某人的语言或形象荒唐反常、可笑异常、出人意料、令人吃惊、颠覆形象、突破底线、超出人们的接受力,常用来讽刺无耻无畏者。任何一个传统词汇都无法同时表达这么丰富的含义。

"拍砖"指网络中的语言攻击隐藏暗处、未知人数、突然进场、公开攻击、出手快狠、群殴乱砸,常用来形容网络中先发表言论的人遭到后来者的语言暴力。任何一个传统词汇都无法将这些背景、缘由、情态、过程信息融在一个双音节词中。

"打酱油"指网络发言者与话题无关却爱凑热闹、无聊多嘴却并不多言、插科打诨但不持立场、想显示存在却弱小怕事,常常形容网络交流或冲突中旁观且沉默的看客或路过者形象。任何一个传统词汇都难以将这几对矛盾形态统一在一个词中。

3. 对网络新词进行分类,哪些生命力强,可能会被约定俗成加入到大众词汇中;哪些生命力弱,不易融入大众词汇,或可能被时间淘汰。

如前面几个词和"菜鸟""虾米"等,因使用频率高,能够较快加入到大众日常词汇中。

"神马都是浮云""哥只是个传说"等,因句式太长、不够灵活和对语境要求苛刻,所以不容易加入到日常大众语汇中。

"杯具""稀饭""偶"这些词,因表现力没有超过传统同义词,只是传统词的异形或谐音,没有语义的贡献,徒增形式可能会成为词汇的累赘负担,所以容易被大众所拒绝,注定要被冷落直至淘汰。

如此的自我引导和研究,其意义是将语言运用的时尚性推向建设性,让语言新实践汲营养于语言传统,由词汇学习上升到对语言规律的把握。

二

好的网络新词,往往有较强的概括力和较强的表现力,而且照顾了大众的理解力。如"白骨精"(白领、骨干、精英),"无知少女"(无党派、知识分子、年轻、女干部集于一身的培养对象)。有的网络新词汇,虽然具备了概括力、表现力和理解力的条件,但因为与事实不符,也会被淘汰,如国务院在搞大部组建时,有网民调侃说"把劳动部、民政部、商务部、财政部合并在一起,就叫'劳民商财部'"。

概括力、表现力、理解力集于一身的网络语言能大行其道，是因为大众借这个词汇找到了集体宣泄的机会，这样的词汇，一时间想禁都禁不了，如"钓鱼执法""月光族""五毛党""坑爹""吐槽""装嫩""卖萌""亲"等。

当概括力、表现力较强，但不具备大众理解条件的网络词汇，只在某一阶层使用时，是这些人利用这个词在表达同一社会角色的认同与暂时的凝聚愿望，这样的词汇想大众化都实现不了，或者只能在网络形式下使用，如"灌水""潜水""偷菜""逆袭""刷屏""汗"等。

当概括力强，但表现力差，而且不具备大众理解条件的新词汇，只在极少数人的交流中使用时，正好证明是使用者对被边缘化的抗议，因此这种词汇流行的可能性就更小了，或者只能在一对一的网络交流中才能使用，如"BT"（变态）、"KHBD"（葵花宝典）、"PMPMP"（拼命拍马屁）等。至于骂人词汇就更不会成为社会通用语了。

约定俗成的铁律的存在，使任何词汇都难以逃脱它的裁定。倡导或禁止某一词汇，是对大众交流的扭曲，大众未必肯买你的账。

语言环境的净化，首先要从大众传播做起，用大众传播来带动大众交流。当大众交流语汇和大众传播语汇对立时，问题一定出在语汇之外，如敏感字符的不断划定，必然缘于强者心胸狭窄的思想禁忌。禁忌与敏感字符越多，越会逼出新的网络语言，无声反抗整个反禁忌的语言"革命"中。

当然，作为语文老师，必须尽最大的努力让学生熟悉、喜欢真正的精美语言，尽最大的努力在当下语境中筛选美文佳作推荐给学生，甚至将这些不乏时尚信息的智慧语言编入教材来提高学生的语言水平。

我正在做一个课题，是关于提高学生语言水平的。我的做法就是筛选当代美文、时评力作来让学生阅读、仿写。当这些代表时代智慧的语言成为学生与时俱进的陪伴物时，那些拧巴的网络语言就会失去"市场"，即使学生学几句网络语言，也绝不会影响他们语言水平的提高。网络新词能否"hold住"，自然要遵循语言规律，语言教学面对袭来的网络新词能否"hold住"，取决于能否执着于时代的语言智慧，面对学生滥用网络新词而不作为就是"坑爹"，和学生比着说网络新词就是"装嫩""卖萌"。

（二）范文展示

"第一时间"到底是什么时间？

周稀银

截至 2012 年 3 月 15 日中午，广西桂平市水上交通事故已致 14 人死亡，仍有 6 人失踪。国家安监总局官员表示，事故存在迟报。而面对当地官员在汇报中多次出现"领导第一时间赶赴现场""警方第一时间控制船主"等陈述，国家安监总局官员赵瑞华不禁追问："第一时间是几点几分？"当地官员无言以对。赵瑞华表示，以后别提"第一时间"，说具体时间，这是对事故调查依据和责任追究依据。

每当有事故发生，在所涉政府的新闻发布会或情况通报材料上，抑或是在相关新闻报道中，类似"第一时间"的说辞几乎成了常规辞令。令人不解的是，如此不断扭曲"第一时间"，却很少受到参与调查的上级官员的质疑或反对。难怪赵瑞华的追问这么令人印象深刻，并且让说惯了"第一时间"者始料未及，更无法回答"第一时间"到底是几点几分。

"第一时间"是指事情发生后的最早时间，本来应很具体明确的。可是在事故发生地的政府官员那里，"第一时间"俨然成了糊弄人的代名词。即使是事故发生后的数个小时，只要领导没有到达现场，或者事故救援没有到位，都不应说是"第一时间"。只有领导赶到现场了，才会产生他们所谓的"第一时间"。更为匪夷所思的是，在事故现场明明救援人员比领导先到，但为了凸显领导对事故处理的迅疾反应，总是把"第一时间"让位于领导，好像领导不到救援就无法开展似的。

"第一时间"的频频亮相，充分流露出事故发生地政府的故意瞒报和蓄意推责。所以，笔者十分支持"以后别提第一时间，只说具体时间"的事故汇报原则。但要将"第一时间"从事故处置中彻底"赶跑"，却绝不是件容易的事。

一方面，要严格区分事故上报时间与处置时间。尽管事故上报也属于处置的一个方面，但不能混为一体。事故发生后上报的第一时间应是无条件的，只要符合上报级别就该在最短的时间上报，至少是边上报边处置。一旦上报时间与救援混杂在一起，那注定导致等待观望式上报的情况出现，也必然为瞒报做铺垫。而对待事故瞒报越宽容，此类"第一时间"的马虎眼式的汇报就越多，也越会干扰事故调查依据和责任追究依据的确立。

另一方面，事故处置与时间领导到场时间应该区分开来。各地都有事故处置应急预案，该怎么做就怎么做，尤其是专业救援人员的及时有效行动，要比单纯的领导到场有益得多。但一个奇怪的现象是，不少地方十分强调省长、市长、县长的"第一时间"赶到现场。不说领导们公务繁忙，即便是在办公室坐等处置，也未必做到每起事故都能在救援人员之前赶到现场。也正是基于领导"第一时间"赶到现场的指令性规定或习惯，也才导致了"第一时间"概念愈加模糊，模糊得可以大事化小。

因此，欲让"第一时间"在事故处置中变成具体的"几点几分"，绝不仅仅是个措辞的纠正问题，而是关系到事前重大事故隐患是否排除和预案是否落实，关系到事故上报是否坚持实事求是和救援是否做到专业为先，更关系到瞒报是否得到及时揭露和处置拖延是否得到严厉查处。可以说，"第一时间"没有错，错的是官员拿它做盾牌，且不断在事故瞒报和处置不力中得以"软着陆"。

（来源中国新闻网，略有删改）

【点评】

这篇新闻述评的核心话题是什么？是怎么展开的？

这篇新闻述评的核心话题是，在灾难性事件发生后，媒体一般都会使用"当地领导在第一时间赶到现场，第一时间进行了处置"这一模式进行报道。本文先从对一个新闻事件的简述开始，然后由这一新闻事件提炼出一个普遍存在的社会现象，接着对这一社会现象产生的原因进行剖析，对这一现象的社会影响进行揭示，最后提出建议。

本文的"第一时间"是从一个新闻事件中提炼出来的。敏锐的作者总能从个别案例中看出一般规律性的东西，尤其是这个新闻事件成为大众关注的焦点、热点的时候，事件背后一定有丰富的信息或内涵，导致事件发生的原因也一定丰富复杂，自然也会产生复杂多向的影响。明白了原因和影响，就能提出相应的建议、对策等，或者就能预测事件发展的趋势。

新闻述评的写作目的是"评"，也就是"议"，不管是先叙后议，还是夹叙夹议，还是叙议融合。那这类文章一般会有什么样的内在逻辑呢？

首先，将某一新闻事件放在大的新闻背景中考察，并提炼出本文所需要讨论的话题。提炼时，力求突出这一话题的现象意义，是一种普遍存在的意义。"每当有事故发生，在所涉政府的新闻发布会或情况通报材料上，抑或是在相关新闻报道中，类似'第一时间'的说辞几乎成了常规辞令。""第一时间"成了常规辞令，也就是习惯用语，然而"令人不解的是，如此不断扭曲'第一时间'，却很少受到参与调查的上级官员的质疑或反对"。这样不仅提出了话题，而且提醒读者思考其背后的意义。

其次，分析新闻事件背后的原因。说出人们在一般情况下看不出的原因：或直接原因、间接原因，或单纯原因、复杂原因。分析、揭示这些原因，才会将新闻背景的意义反射到新闻事件中来，才会使读者对新闻事件有更深入的认识。如《包身工》描写的新闻事件是在包身工宿舍（起床）、食堂（吃饭）、厂房（上工）的一天的情景，文章分析、总结包身工现象产生的三大原因：工人家乡闹饥荒，父母迫于活命让孩子做包身工；中国工头昧着良心进行欺骗和残酷的人身控制；日本资本家无视中国工人的生命权益，以低廉的劳动力获取暴利。这三大原因的揭示，无疑使人们对包身工现象有了深刻的认识，而且强化了爱憎的情感态度。

再次，揭示新闻事件的影响。新闻事件一般很快就会淡出人们的视线，那些原本就波澜不惊的所谓事件，就更容易被人们忽略它存在的意义，因而，不管是作者还是读者，都应该对新闻事件的深远影响给予高度重视，铭记曾经的历史。如《奥斯维辛没有什么新闻》中的无新闻，就是对历史的永远铭记，就是对历史悲剧重演的断然拒绝。而集中营门前孩子们玩耍游戏的和平图景，其实在显示历史事件离人们越来越远，就连眼皮底下巨大的集中营纪念馆，都被掩映于茂密的树丛中，让人几乎看不出这里曾上演过人类历史上最惨无人道的悲剧。新闻会提醒人们一些事情的存在，没有什么新闻则会让人忘记许多，除非哪一天再一次被"历史惊人相似的一幕"教训，我们才会铭记历史的教训（新闻事件的影响）。

最后，提出建议。针对原因和影响提出相应建议。如"第一时间"建议的那样。

（三）下水作文

转变角色，防患于未然

李旭山

学生自杀、致他人死伤，这类校园恶性事件频频发生。

我们不止一次被这类恶性事件所震惊。我们也早已开始了对这类恶性事件的反思，班主任和任课老师面对难以教育的烈性孩子、难以沟通的内向孩子，也要比从前小心谨慎了许多，然而悲剧不减反增，而且悲惨程度还在不断加深。

是老师们缺乏对当今学生的了解，还是缺乏对变化的世界的认识？

是老师们缺乏对教育心理规律的认识和遵循，还是缺乏对自己心理的剖析和纠偏？

是学校缺少专业心理咨询组织，无法给心理障碍者提供及时的帮助，还是班主任缺乏心理学的普及教育和必要培训？

是事故法律责任认定的限制难以责罚具体的人，还是事发后社会舆论总将矛头指向中国教育，冲淡了对具体事件的问责？

思考上述问题的答案，一定让我们还原成一个个令人失望的形象。在每一个问题前，我们都经不起拷问；在每一个问题前，都暴露出我们的种种缺失和不作为；在每一个问题前，我们不仅没有解决这些问题，反而制造了新的问题。

不过我们还是先看看，那些问题孩子从哪里走来？

在成人环境中长大的独生子女，有一种与生俱来的对抗成人的心理，在家中如此，在学校里也如此。那些经历过留守生活的孩子，先天失爱，后天遭人歧视，既无法融入城市生活，也格外嫌弃农村生活，"多余人"是他们基本的自我判断。

日趋激烈的人才竞争在不断加剧着家长和老师的焦虑，这种焦虑又被家长和老师全部转嫁给了学生，而且往往是放大后转嫁给了学生。当这种焦虑逐步演变成社会焦虑时，学生就成了焦虑传输链中的终端，只能不断承受却无法转嫁他人。焦虑的巨大压力日积月累，说不准孩子在哪个时间里就突然崩溃了。

媒体和舆论，尽管在事前丝毫没有让孩子感觉到来自社会的关怀，但事故发生后一定要站在同情孩子的角度来谴责教育并表达对孩子的关心。涉事孩子平日无从获得关怀，无从引起他人关注他们的孤独心灵，只有通过极端方式才能引起关注，通过消灭自己或他人才能惩罚这个冷漠的世界。与其说他们想通过这些极端方式向舆论索取关爱，还不如说他们想通过这些极端方式让舆论释放（转达）憎恨。

家长们面对"小黑社会"对孩子的敲诈勒索、面对孩子被性侵的反应总是忍气吞声，但面对孩子自杀，就会不管责任在谁，一定要将学校闹个天翻地覆。这种中国式的"维权"，其本意根本不在于要讨回公道，而是发泄愤怒、借机惩罚他人。这无疑给潜在自杀者一种暗示，"当我受不了的时候，也会制造一个让你们悲痛欲绝、愤怒无比、声名狼藉、一片混乱的事件"。

学校，在众人眼里负有原罪，事故发生后只有忏悔、任人斥责、承担赔偿、接受惩罚，方可赎罪，否则在职业道德的批判中将万劫不复。小小的弱者自寻短见或挑战师道，就可置强者学校于低头认罪的弱势境地，这无疑会刺激出"下一个"模仿者。

游戏厅，不断收容着一个个孤独的人、被边缘化的人、被淘汰的人，初到这里这些人可以暂时忘却现实世界的种种不快，缓解一下失去关怀的伤感。稍事休整，就迅速以"我"的意志，来暴力处置网游中人物的生死，释放各种极端感情。在虚拟世界里练出来的对爱恨情仇的处理手段，很可能有一天要复制到现实世界里。

这绝非危言耸听，让人感到风声鹤唳、草木皆兵。然而，整日疑神疑鬼、严防死守也于事无补，那些恶性事件并不是每天绷紧神经就能提防的，我们需要做的恰恰是放松神经，放松自己的神经，放松学生的神经；这些事件涉及的问题也不是一个单纯的心理问题，而是一个如何育人的大问题。所以为了所有学生都能健康成长，并最大限度地防止学生极端心理的出现，老师首先要树立正确的教育观，扮演好老师该扮演的一切角色。

1. 老师要当好弱者

每一起事故，不管是自杀还是伤害他人，都直接起因于对抗关系。不能消除对抗关系，也无法维持对抗的平衡，结果就会是老师"彻底制服学生"、学生毁灭自己或伤害老师。顽劣学生不易陷入恶性事件，是因为他们总能和老师保持对抗平衡，在斗智斗勇中保持平衡。只斗勇不斗智就会破坏这种平衡。如果老师只斗勇不斗智，就会将学生逼向死角；如果学生只斗勇不斗智，就会将对抗升级，推向剧烈冲突。问题学生很容易陷入恶性事件，是因为他们不认为师生间是猫和老鼠的关系，而是老虎和鸡的关系，很容易用极端方式打破原本就脆弱的平衡。对抗中，不管是面对顽劣学生还是问题学生，老师永远处在强势一方。弱者的求和只能换来很短暂的和谐，强者的求和示弱才能换来真正长久的和平。

小学生怕老师，家长经常说"不然我就告诉你们老师了"；中学生怕家长，老师经常使出的撒手锏就是请家长。这是学生压力不断增大的最根本原因。当家长和老师强强合力来对付学生时，学生的压力就会增到极限。若强强合力管教的对象正好是问题学生，那么这个原本的弱者就会一下崩溃。如果学校和家里都没有安全感和可靠感，他就会对这个世界彻底失望。所以老师和家长改变强者角色是消除隐患的良策。

2. 老师要当好欣赏者

一个善于欣赏学生的老师，绝不会只欣赏那些高才生、优等生，他一定会同时欣赏那些顽劣学生和问题学生身上的闪光点。人的全面发展，绝不仅仅是对文化课的学习和对校规校纪的遵守。我们要在开展各种活动中发现学生的优点，及时给予肯定。其实老师应该羡慕学生，自己的当年，自己当年的理想，不也非常可爱吗？为什么就不能欣赏眼前孩子们的青春？当你作为一个热爱教育的老师，为什么不在身边发现更多值得欣赏的事物？天天和你打交道的学生难道不是你欣赏的最大资源？假如我们不欣赏学生，要么就会拉开师生的距离，彼此间少了一些亲切感，要么就会讨厌、反感学生的毛病，甚至本能地讨厌有毛病的学生。讨厌学生的毛病，其实是用学生的缺点来惩罚老师自己，与其如此，还不如让我们来利用学生的优点来奖赏自己。

3. 老师要当好需求激发者

未来的需求、学校的要求、老师的要求，因学生的懈怠或冒犯而打了折扣，于是老师就站在了捍卫这些要求的立场上。其实捍卫再有力也无济于事，因为你所做的这些既不能实现这些要求，也不能激发学生其他的健康需求。以学习为主的学校生活，最大的需求就应在学习方面体现，因而既能激发学生热情，又能改善师生关系的做法是可取的。让学生摆脱教师、家长们的围追堵截，由"要我学"转向"我要学"，老师应不断去满足学生主动学习的需求，对学生学习之外的许多正常需求，也不该压制，如追星的心理需求就不该压制，因为追星是一种青春自我价值寻求的表现，追星者往往对生活和人生充满了希望，追星在某种程度上是热爱生活、热爱生命的表现。调动追星中的正能量才是老师需要做的。调动更多智慧和正能量才是我们不遗余力要做好的。

4. 老师要当好潜力的发掘者

　　一些和老师、学校、家庭本无矛盾的学生，由于给自己施加的学习压力过大，给自己提的期待值过高，因此陷入焦虑、抑郁等心理泥潭而不能自拔，最终出现极端行为。对待这种学生，除了给他减压，让他降低期待值外，老师还应分析这些焦虑产生的主要原因。"和自己的缺点或弱项过不去"，是学生产生焦虑的普通原因。大家都迷信那个所谓的短板理论，认为短板补不上就全桶无用。其实我们真要拿这个理论来打比方，还会发现，有的短板需要及时补，有的短板只能在以后补，而且我们也不是在制作各种短期使用的小桶，需要快速补齐短板，而是在制作一个需要长期努力才能完成的大桶。因而，既不要因为用了更多的时间做短板而焦虑、懊恼——殊不知您用了极短的时间竟然完成了其他所有长板的制作。也不要认为继续做长板就没有意义——难道这个桶只是用来装水的吗？如果做得越来越大，哪怕都用一样的长板，桶也未必能装得了水，桶越大，水的压力也越大。一个漏洞百出的理论，却耽误了许多本可扬长避短顺利成长的孩子，所以我们必须明确发挥潜力重要于补漏，让学生在发挥潜力的过程中获得更多成就感，获得更多正面评价。

　　5. 老师要做好倾听者

　　面对那些心理有问题的学生，也许我们很好奇，很想知道他们的内心世界，但我们又总想通过"审问"的方式来一探究竟，而很少会创设机会、营造氛围来倾听他们的主动诉说。倾听，既能体现老师对问题学生的关怀、尊重，又能实现问题学生压力的释放、抑郁的释放、焦虑的释放。师生间的倾听与诉说关系的建立，恰好也是师生平等、消除对抗的基础。倾听与诉说间的互信，将彻底改变相关学生的待人态度和处世态度，自然也就会有效防止极端事件的发生。

　　不管是面对学生长期的压力，还是特定关系中的对抗，还是意外事件的冲动，我们都必须改变以前的角色，必须改变以前的师生关系。既然老师已无法像以前那样维护自己的权威，那就索性自弃权威，放下身段，做个弱者、欣赏者、发现者、倾听者；既然学生早已没有什么"一日为师，终身为父"的观念，那么老师还不如顺势和他们做平等的朋友，在平等前提下处理各种关系。这样不仅能有效防止极端事件发生，还能让所有学生更加健康地成长。

六、现象很难提炼的作文题目

（一）题目析例

1. 高考模拟题

阅读下面的材料，根据要求写一篇不少于 800 字的文章。

"我发的不是帖子，是寂寞""我用的不是手机，是寂寞""哥儿睡的不是觉，是寂寞"，从去年 7 月开始，这样的句式开始攻占各大论坛，钟爱以此句回帖的人被称为"寂寞党"。当下各大论坛里，几乎所有帖子的跟帖都能看到"×××的不是××，是寂寞"这样的句式，一些帖子干脆就直接用这样的句式作为标题，而帖子本身并无实际内容。但就是这样的空帖子，也能吸引无数网友以同样的句式大量留言，颇为壮观。"寂寞"两字还现身新闻的标题中，如《易中天嘲讽主持人：他砸的不是场，是寂寞》《国足这些哥踢的不是球，是寂寞》。

社会上对"寂寞党"的看法不尽相同：有人认为这种"寂寞"能彰显出某种或调侃或讽刺的态度，是一种网友表达情绪的创意方式；有人认为这种"跟风"纯粹是无聊、耍酷的表现，根本不值一哂；也有人认为"寂寞"表现出流行文化反智的特征，这种反智，常常表现为颠覆文化，颠覆传统价值，强调无聊和颓废；还有人认为"寂寞"是当今社会人与人之间缺少关爱，心灵、情感无所寄托的表现……

对此你有何看法？要求：选准角度，明确立意，自选文体，自拟标题；不要脱离材料内容及含意的范围作文；不要套作，不得抄袭。

【思路点拨】

这是典型的现象类材料作文。因而，我们要重点分析产生这种现象的主要原因，以及这种现象的主要影响。

（1）原因。

① 我们对新鲜表达有追求和渴求。网络中某种句式很容易流行，就连"某某某，你妈喊你回家吃饭"等看似平淡无奇的表达都受到大多数网民的热捧。

② 人们对成功、成名有强烈渴望。寂寞是没有获得成功的标志，成功往往意味着轰动、热炒，相比之下，"寂寞"自然就成了大多数草根人士

的典型心理状态。这是时代浮躁症的典型反映。

③ 人们对社会急剧变化的被动适应。我们无法积极主动创作什么，只能消极被动地以"寂寞"的形式和姿态，来显示自己和社会发展的关系，无法参与又不甘落后，只能口口声声说自己寂寞。

④ 残酷的竞争使每个人都埋头于个人的事情，鲜有机会和人进行交流，新型的社会结构和家庭结构，也使人与人之间多了交流的障碍，寂寞就在所难免。

⑤ 主流表达的强势和话语霸权，不能使民间表达有更多的渠道，因而几乎每个人都难以公开被抑制着的思想和情绪，所以中国人的寂寞就更加特别。

⑥ 也有自恋心理的体现。

（2）影响。

① 反映了网络时代的表达的趋同性，网络时代很容易形成某一种一夜风靡的流行语，各种时髦语言都能迅速蹿红，并使网络表达趋于简单化、新奇化。

② 反映了时代变化的一种无奈，无奈则会使某种表达集聚巨大的社会能量，和大红大紫形成对抗，或给成功哲学拥护者提供反思的机会。

③ 对压抑的一种释放，这种看似无意义的语言形式，却避免了有意义释放带来的风险，能使每个人安全释放而不会危及他人、危及社会。

④ 对交流障碍进行了瓦解，其引起的热闹非凡的共鸣就是对交流不畅的抗议。

（3）建议。

① 如果是单纯的娱乐和情绪释放，这些流行语只要不低俗，我们就应顺其自然，可以当作对紧张生活的一种情绪调剂。

② 如果频繁使用网络语是因为淤堵了太多的积郁，不妨多参与社交活动，多进行一些旅行，多参加一些沙龙之类的活动，哪怕少说多听。

③ 如果梦想成功，那就得耐得住寂寞，只有耐得住寂寞才能在将来获得发言权、话语权。

2.2016 年高考上海卷

随着现代社会的发展，人们的生活更容易进入大众视野，评价他人生活变得越来越常见，这些评价对个人和社会的影响越来越大。人们对"评价他人的生活"这种现象的看法不尽相同，请写一篇文章，谈谈你对这种现象的思考。

要求：自拟题目；不少于800字。

【思路点拨】

题中说明"评价他人生活"的影响越来越大，我们不妨从原因角度加以分析。

（1）客观原因。

①人们的生活暴露在所有人面前。

②评价他人有很方便的条件。

③评价他人有足够的自由。

（2）主观原因。

①表达对信息资源不对称的不满。

②表达对富有阶层炫耀羡慕或不满。

③将什么都娱乐化的时代心理。

这些原因的揭示，力求抓住时代特征。时代特征抓得越准，越容易使文章变得深刻透彻。

3.2013年高考全国大纲卷

阅读下面的材料，根据要求写一篇不少于800字的文章。

高中学习阶段，你一定在班集体里度过了美好的时光，收获了深厚的情谊，同窗共读，互相帮助，彼此激励，即便是一次不愉快的争执，都给你留下难忘的记忆，伴你走向成熟。

某机构就"同学关系"问题在几所学校做了一次调查。结果显示，60％的人表示满意，36％的人认为一般，4％的人觉得不满意。

如果同学关系紧张，原因是什么？有人认为是自我意识过强，有人认为是志趣、性格不合，也有人认为缘于竞争激烈，等等。

对于增进同学间的友好关系，营造和谐氛围，72％的人表示非常有信心，他们认为互相尊重、理解和包容，遇事多为他人着想，关系就会更加融洽。

要求：选好角度，确定立意，明确文体，自拟标题；不要脱离材料内容及含意的范围；不得抄袭。

【思路点拨】

这个题目最容易让慌不择路的考生当作励志类作文来写。这个题目让学生很难将材料呈现的内容和社会现象联系起来，因为学生无法把握数据显示的社会现象到底呈现什么走向。

我们不清楚以往的调查数据，我们也不清楚以往是否做过这样的调查统计，单就这次调查结果来看，对朋友满意的中学生超过了半数。因为缺乏其他对比，我们无法知道这个比例是高还是低，与其他时间比是升还是降，无法知道要揭示的是对朋友的传统认识还是时下对朋友的期待。60%的满意度，可以理解为一个让人欣喜的比例，也可以理解为让人悲哀的比例。无论如何，应立足于一种理解，然后展开对这种现象原因或影响的讨论。

无论以什么做朋友的标准，得到一个朋友远远难于失掉一个朋友。

当今社会是最渴望朋友的社会。"拼爹"爹不行，找关系关系不行，最靠得住的可能还是同学、朋友，同学、朋友是未来最重要的人际资源。人员流动，机构跨区域，交流活动越来越频繁，传统意义上的"日久见人心""远亲不如近邻"下形成的固定人际圈子已远远不够了。我们存的电话号码、名片、通讯录越来越多，我们的 QQ 微信互动越来越多，越来越频繁，我们在各种群里获取信息、寻求声援越来越积极。逢年过节、生日纪念的庆祝热闹程度早已超出了传统的饭局、茶楼、歌厅中的热闹了。

当今社会是最难交新友的社会。对朋友感情、朋友数量越来越渴望，失望也可能就越来越大。竞争无处不在，好多新认识的人都是在竞争中认识的。工作、生活节奏越来越快，无法深交，一面之交越来越多，无法持续保持交往；误会越来越多，初浅接触往往留下坏的印象；戒备越来越多，总觉得别人主动示好是别有用心；骗局越来越多，越是在有财富机遇诱惑的地方越不敢相信陌生人。古道热肠早已被"新道冷肠"代替了，"海内无知己，比邻若天涯"。

当今社会的残酷的竞争、复杂的人际关系、复杂的利益关系是背弃朋友的时代原因。残酷竞争不仅体现在学习竞争中，体现在劳动力竞争中，体现在事业发展竞争中，还体现在对各种资源的占有和利用的竞争中。几乎所有的竞争首先要在同事、朋友、同学、战友这些最近的人之间进行。复杂的人际关系体现在，朋友的朋友未必是我的朋友；上级支持我的朋友未必支持我；我得罪了朋友的朋友，则往往意味着得罪了朋友；我帮助了朋友的朋友，朋友未必感激；我的做法适合朋友甲，未必适合朋友乙。复杂的利益关系突出体现在，契约和友情常常冲突，因朋友而走到一起合伙经营，经济活动越来越多，经营结果不如意，权利义务出现纠纷，朋友反目成仇的越来越多；誓言、承诺包含了太多物质的内容，仗义疏财往往是变相的投资，两肋插刀最终还是为了自己的利益。

"对于增进同学间的友好关系，营造和谐氛围，72％的人表示非常有信心"，这个调查结果，较之满意度60％那个结果要好理解得多，含义较为清晰，显示出乐观的一面。

当前还很单纯的生活使得学生有信心处理好朋友关系，眼下形式多样的交友形式和联络方式，能较好地增强沟通、巩固学生间的友谊，在家无兄弟姐妹，在学校或许能得到弥补。新生的、时髦的交流方式层出不穷，总能吸引学生共同关注、相互分享。

4. 文题试练

阅读下面材料，按照要求作文。

借助互联网事业的蓬勃发展，马年春节最大的亮点无疑是网上抢红包。在公众环保意识上升的今天，爆竹已被人们冷落，春晚的收视率更是连年下滑，公众亟须一个新年俗来填补节日中的空白。而网上抢红包以其快速、新鲜、刺激的玩法吸引了万千民众疯狂加入。有人说，新的时代，过年文化也需要发展变化，要与时俱进，"抢红包"作为一种传统与现代结合娱乐形式，是不可阻挡的"时代年味"。同时，对"抢红包"的质疑声音也一直未断，有人说"抢红包"是玩物丧志，有人说红包抢走了我们的时间和亲情。

你对上述材料有何感受、联想和思考？

要求：选准角度，自定立意，自拟题目；除诗歌外，文体不限，文体特征鲜明；不要脱离材料内容及含意的范围；不少于800字。

【思路点拨】

红包寄托了长辈对晚辈的期待与祝福、晚辈对长辈的孝敬与感恩，发红包、收红包是一种传统年俗。随着移动互联网事业的蓬勃发展，马年春节最大的亮点是网上抢红包，由此演绎出诸多故事。

（1）"抢红包"体现了年俗的变化。

传统红包是藏在亲人身上的，新红包是虚拟于网络中的；传统红包是"拜"来的，新红包是"抢"来的；传统红包是内聚性的家庭交流物，新红包是外向型的社会狂欢事；传统红包是维系亲情的长效纽带，新红包是商业化运作中的临时联络；传统红包带有寄寓祝福性，新红包更多带有娱乐性。

（2）"抢红包"的积极意义。

它体现了公众对春节文化的重视，年俗的与时俱进；促进了人与人之间平等的交流，不分长幼、尊卑，大家一起抢红包；从某种意义上说，"抢红包"也加深了亲朋好友间的亲情和友情；从商业角度看，发红包者扩大了用户群，等于打了绝佳的广告……

（3）"抢红包"的消极影响。

它的初衷还是不可避免地被慢慢扭曲，"抢红包"无可奈何地变得十分物质。春节是家庭文化建设的重要组成部分，有限的春节假期本是家庭成员交流感情的最好机会，但人们为了"抢红包"而忽略了身边真正美好的事物。"抢红包"隔离了亲情，浪费了时间……

5. 文题试练："诗歌除外"自由谈

在中考试题、高考试题的文体要求中，总有一句话："诗歌除外。"甚至在平时的模拟题、测验题的作文要求中也忘不了"诗歌除外"这句话。就这一现象谈谈你的理解和感受，题目自拟，文体不限。选择诗歌体的一般不少于30行，选择其他文体的字数不得少于800字。

以下是两篇学生的习作。

关到笼子里的诗歌？

龚 达

自从接受教育以来，历来的语文作文考试中都会出现一句可有可无的"废话"——"诗歌除外"。其实就大多数学生而言，本不需要这样的"友情提示"，因为"诗歌不是我可以涉猎的""诗歌太高端、大气、上档次""诗歌是给诗人写的"……诸如此类的观念早已根深蒂固地盘踞在广大考生的心中，学生们早已习惯了对"诗歌"的麻木反应。"写诗得不了高分"已成普遍认识。可是诗歌真的只是属于诗人作家的固定承担？

答案是否定的。

诗，是每个人内在心灵与外部环境的一次神圣碰撞，是个人才情的自然流露，是生活的慨叹、回忆、向往，是对美好事物的歌咏、欣赏、创作。中国早在几千年前便有了《诗经》，有了李白、杜甫、王维……可为什么随着物质的进步，后代子孙见着诗歌反而畏首畏尾，甚至麻木不仁呢？

因为，诗歌从来不在"笼子"里。

什么"笼子"呢？我自己就是"笼子"。适应社会，追逐成功，选择成功的捷径，是我自己编织的"笼子"，这里没有象征自由的诗歌。越来越多和我一样的青年，已和诗歌作别，已和自由的想象作别。

要打破这种尴尬局面，就要首先跳出自己营造的那一方小天地，主动地自由创作。蓝天白云可以写，山川草木可以写，鸟语花香可以写，甚至柴米油盐、鸡毛蒜皮都可以写。总之，你要愿意写，敢于写，跳出"笼子"。

光这样就够了吗？

不，这只是第一个"笼子"，还有命题的"笼子"。

考试的作文必定会涉及到命题，哪怕是"题目自拟"都会含有限制的意味。可诗歌无法限制，限制出来的诗歌只是华丽辞藻的泡沫堆积，寡而无味。我无法想象李白能在限制中"举头望明月"，泰戈尔能在命题中"幻化飞鸟"。诗歌是灵感的爆发，而考试中的限制性命题恰好是灵感的慢性毒药，让人慢慢失去诗意的创造，自然而然就出现"诗歌除外"的现象。

但考试毕竟是检测，是划分优劣等级的手段。考试中能不能写诗歌是次要的，生活中能不能发散诗意才是需要加倍注意的。

所以，我们不必抱怨考试中的"诗歌除外"。但在生活中，我们不仅不能"诗歌除外"，而且要跳出自我的"笼子"、命题的"笼子"，真诚地去创造，充满喜悦地去感悟。这样，人生就会变得富有诗意，散发出绿茶般的空灵清香。

请记住：

诗歌从来不在"笼子"里。

【点评】

一个"笼子"的设喻，揭示了高考把诗歌关到"笼子"，其实是把考生关在了"笼子"里，把未来的诗人进行不间断的囚禁。把青年这个天然诗人关到"笼子"的还有青年自己，越追逐成功，越容易设置自我牢笼，追求写作自由象征着我们摆脱"成功"牢笼的束缚。"诗歌从来不在'笼子'里"，恰好指明了创作和人生的双重自由，而两者都须跳出种种牢笼。这个设喻一气呵成，用本喻体的多点关联充分地写出了自己的体验和认识。

浅谈"诗歌除外"

某考生

"诗歌除外"在大大小小的考试中我们已经见多不怪了。但是突然要讨论，它便成了一个陌生的问题，诗歌需不需要"除外"？

古往今来，能让我们朗朗上口的除了散文等文学作品中的优美句子便是诗歌了，一首好的诗歌犹如清风拂柳一般，每每诵读总会激起心中的涟漪。当想起《乡愁》时，总会有一丝愁意袭上心头。但转念一想，一首好的诗歌又仿佛在海中的一座小岛，站在大陆上的人能有几个可以站在小岛上，不时向我们描述岛上的美景？这样一想，作文试题中的"诗歌除外"好像有些合理，对于渴望写诗但又写不好的考生来说，这种要求无疑是一种保护与帮助。

但是，当想到清朝的八股取士时便又觉得有一点不合理。八股取士只利用古板的、落后的八股文来考察，就好像一只老虎被关在笼子里，供大家观赏一样，几乎没有什么有趣可言，并不能展现出老虎的高大与活力。诗歌除外，无疑对诗歌水平很高的考生来说是像老虎住在铁笼子，雄鹰没了翅膀一样只能在地面爬行。

诗歌除外，或许并不是一个合理的规则，语文作为一门学科，就要学活、用活，在大大小小的考试中，语文的作文便是一个极好的平台，可是对于要飞的学生来说，"诗歌除外"犹如要其在水中游一般艰难、不可行。因而我认为，作文应该不限文体，任由学生的思绪在学问中飞舞。或许有一天，我们朗朗上口的诗歌便出自于一名考生的试卷上，因此成为诗歌创作中那闪亮的一瞬。

习以为常的要求，若深入探讨时或许会发现其合理与不合理的两面。就像一座草房在古时并不能发现其在家园中的不合理，而对于现在便有些不合时宜。考试中的"诗歌除外"也同样如此。在学问并不灵活时或许会忽视它的不合理性，但在交流日益频繁的今天，这个规则或许有些并不合时宜。因此我认为，"诗歌除外"应渐渐淡出考题，毕竟雄鹰游水并不合理，只有让各种事物发挥长处才能更加全面、真实、合理地认识事物，这才是现代的思想潮流。

（二）范文展示

"我爸是市长"的谣言为何能量巨大

詹 勇

"我爸是市长！"几天前，在温州街头，一场因为停车导致的口角和纠纷，随着这句话在围观人群中流传蔓延，事态迅速扩大，短时间内上千人聚集，不仅围住19岁的肇事者富家子马文聪和到场民警达5个多小时，而且不少人情绪失控，上演了一出"怒砸奔驰"的"威武活剧"。与此同时，通过微博，"我爸是市长"也在网上疯传。然而，事后证明，这句掀起轩然大波的话是谣言。

一句谣言为何有这么大的能量？回到事件现场，年轻的肇事者开着百万豪车，打人撞人，蛮横粗暴，显然一副很有"来头"的架势；再加上交警处置失当，有"袒护"之嫌。一旦这些片段组合起来，刺激着人们的神经，"我爸是市长"的脱口而出就有了"顺理成章"的特定语境，也有了在网络不胫而走的动力。

谣言虽假，产生谣言的心理动能却是真实存在的。因为一句"我爸是市长"，众人群起围之、砸之，一则是出于愤怒，对肇事者凭借"权势"恣意妄为、态度嚣张的表现义愤填膺；一则是出于担忧，这么有"背景"的肇事者，能不能得到应有的惩处？会不会在"爸爸"的关照下不了了之？平民受害者的权利会不会得到维护？当时在现场采访的《温州晚报》记者也有这样的感觉，人们传这样谣言的时候，其实是希望弱者能得到帮助，让事情更快、更好地解决。

自从2010年河北大学校园车祸现场传出"我爸是李刚"以来，"我爸是某某"已经成为一种新闻句式，不管是真实的"我爸是李刚""我爸是村长"，还是虚构的"我爸是市长"，都指向了相似的社会问题：一些强势群体成员，以权力、财富等为底气和"保护伞"，挑战公序良俗，危害公众利益；而"萝卜招聘""拼爹就业"、选择性执法等社会不公现象的存在，又不断在事实和心理层面强化了人们对"爸爸"身份的"偏见"，对于自身权益受损的担忧，产生了许多"非直接利益相关者"。"我爸"是不是"市长"并不重要，重要的是如果一些人可以凭借特殊身份横行无忌，那么每个无"身份"的人都将是潜在的受害者，说不定哪天也会碰上被打被撞的遭遇，这实际上是一种集体的焦虑。

一个文明和谐的社会，注定不能容忍用"我爸是某某"的句式无限制地"造句"下去。然而，拆解这一"问题句式"，不能靠传播谣言，不能靠情绪宣泄，不能靠无端指责，更不能靠暴力打砸，还得回到理性与法治的轨道上来，抑暴扶弱，端正风气。李刚之子李启铭被判处有期徒刑六年，李双江之子李天一受到劳教一年的处罚，"市长"之子马文聪因涉嫌故意伤害罪被刑拘，"京城四少"之一的王烁因多项罪名被公诉，这些处理结果，表明了有关部门的严正态度，向一些跋扈的"二代"们敲响了警钟，同时也告诉人们，公平正义的力量，认真负责的行动，才是扫除"我爸是某某"现象的强劲"铁帚"。

（来源人民网，略有修改）

【点评】

（1）推荐理由。

大喊"我爸是某某某"，是刺痛着绝大多数人的社会现象，刺痛最深的是那些将人生希望全寄托在高考上的广大学子，尽管同属于"二代"，可他们那个"二代"前只能加一个"贫"字，因而他们更有理由阅读本文。

（2）品鉴。

作者敏锐地抓住一个令人费解的现象：围观群众和网民"故意"疯传"我爸是市长"。作者对此现象产生的原因进行了逐层剖析：第一，对为富不仁者本能的痛恨，对交警偏袒的严重不满，使得人们宁可相信"我爸是市长"为真，或明知是假也当真的来传，借此发泄愤怒。第二，人们担忧肇事者不能得到应有的惩处，平民受害者的权利得不到维护。"人们相传这样谣言的时候，其实是希望弱者能得到帮助，让事情更快、更好地解决。"第三，人们有一种集体的焦虑。社会不公现象强化了人们对"爸爸"身份的"偏见"，对于自身权益受损的担忧，产生了许多"非直接利益相关者"。每个无"身份"的人都将是潜在的受害者。

最后，作者指出严格执法是消除"我爸是某某某"现象的基本路径。

某一社会现象的产生，原因往往不是单一的，揭示原因是我们思考社会现象的首要任务，本文为我们提供了一个层层剖析社会现象、找出现象产生的原因的经典范例。

家长群里，老师拒抢红包是职业自觉

易朝芳

在家长微信群里，老师不抢红包，是在避嫌，更是在坚守自己的原则。

无论何种交往，无论交往得如何亲切，在学生上学期间，老师和家长的关系就是老师和家长的关系，而不是别的什么关系。交往形式的现代化，改变不了老师的传统角色，也改变不了老师和家长的传统关系。只要有教育存在，就有老师的尊严和形象。

当抢红包表达朋友间亲密无间的意义时，老师的"公众人物"形象需要与每个人保持相同的距离。任何一个群，人们的关系都有近有远，任何一次群友间的亲密表示，都有漠视者甚至抵触者。所以部分人的亲密言行，往往彰显着与另一部分人的疏远。老师在家长群里和每个人保持相同的距离才是明智的选择。

当抢红包是一种纯娱乐的行为时，老师并不比别人那样容易体会到其中的乐趣。其他人津津有味、乐此不疲，成天琢磨智慧表达的老师则觉得抢红包是低幼化的游戏。群里的某些过度娱乐，常常会使部分群友不再发言甚至退群。也许抢红包还不算过度娱乐，但如果成天抢红包，这个交流教育的群的主要目的也就丧失了。

当抢红包颠覆了长发幼受的传统礼仪意义时，现实世界中的"长者"老师的尊严就受到了挑战。老师发红包别人来抢更符合红包的传统礼仪，而群里谁都可以发红包，实际是对老师"长者"身份的否定。或不愿调整身份，或还没来得及调整身份，于是在哄发哄抢中，老师只能保持静止，既不凑趣也不扫兴。

当微信朋友圈具有公共空间的性质时，老师有一种维护形象的自觉。社会赋予老师为人师表的终极意义，一日为师，终身楷模。交往形式的现代化，改变不了老师的传统角色，也改变不了老师和家长的传统关系。只要有教育存在，就有老师的尊严和形象。信息时代，老师无法垄断"言教"，而"身教"的意义则越来越大。只要有老师出现的公共空间，老师都应有职业约束的自觉。

当谁都不把发红包当作送礼时，老师在家长群里抢红包依然有舆论价值，舆论依然可以借此对老师说三道四。当俗人在从事神圣职业时，舆论最大的兴趣就是喜欢揭出各种与神圣相反的事实。在教育环境中老师是尊者，但在舆论环境中老师是十足的弱者。在舆论场中保持谨慎低调也是弱者自保的自觉。

家长有将老师当亲友的渴望，也有把老师当亲友的真诚，所以他们不了解老师的顾忌。但是如果你不是家长，还会来这个群吗？如果老师不做老师，还会来这个群吗？

家长和家长成为朋友的例子比比皆是，家长和老师成为朋友的寥寥无几，老师清楚地认识到这一点。不能和家长成为朋友的老师未必不爱家长们的孩子，老师和部分家长成了彼此不分的朋友，未必对教学有利。

第五节　一分为三，缘同化异

——建议劝说类作文审题思维训练

建议劝说类文章，是中国最早成熟的文章类型。然而我们在生活实际中提出建议及劝说他人时总是很不成熟，要么求胜心切急不可耐，要么明明语言浅直还满嘴导师口吻。如推销自己主张的，只说美妙的蓝图，就像售楼小姐忽悠人的说辞；打报告请求上级批准项目的，只说必要性和可行性，而不懂得说预测性；教导人该做什么时，只会高高在上或强势压人，或做一个正反对比连哄带吓。

习惯于顺从权威及权威观点，是建议劝说类文章在今天难以成熟的根本原因。劝说类文章与其他类文章最大的区别，是要展示自己和劝说对象的分歧。例如，励志类文章因谈自我修养、自我塑造，与他人无甚关联，更没有什么分歧，不需要为任何人赔小心；托物言志类、寓言哲理类文章曲折含蓄，不直接伤及任何个人或团体的尊严与利益，也不存在与读者的分歧，写来自由轻松，还可炫一炫文学语言；社会现象类文章尽管不乏批判现实的锋芒，但只说现象不说人也较为安全，因而一般也无须过多考虑领导们的心思，有很大的自由空间。只有建议劝说类文章和读者对象有这样那样的分歧——或选择性分歧，或操作性分歧，或评价性分歧，都会给建议劝说的效果造成很大的影响。下层劝说权威阶层时不敢直面分歧，会自觉不自觉地委屈自己甚至背叛自己，说一些投其所好的谄媚之语，将劝说变成歌功颂德；权威阶层向下层进行劝说时就无须讲究做什么"思想工作"，只喜欢发号施令，只愿意享受别人云集响应的成就感；平级间劝说别人改变不良习惯和做法，也只寄希望于规则的强制，不愿意将心比心说服对方。这个世界除了教导和命令，似乎不需要自上而下的说服；除了投其所好，"抬轿子""吹喇叭"似乎不需要自下而上的说服；除了一团和气、明哲保身，似乎不需要平级之间的说服。

说服他人时要想真正做到让人心悦诚服，不管你劝说的对象是谁，我们还得回到最善于劝说别人的时代——战国时期，向"诸子"学习一下劝说的艺术。

百家争鸣的现实，使得劝说成了"诸子"的家常便饭，如何劝说成了"诸子"的必修课。孟子是劝说文章思考最透彻、研究被劝对象心理最精细的一位。孟子的劝说类文章为我们创立了若干逻辑典范，从范畴思想角度看，孟子善于"一分为三"。孟子的示范有"认识—态度—做法""回避事实—开始假设—走入逻辑""历史现象—历史规律—现实问题"等几类文章结构模式。

一、"认识—态度—做法"类文章结构模式

（一）经典示例

所有的建议劝说类文章，都得面对与劝说对象间的分歧，分歧主要体现在三个方面：认识层面、态度层面和做法层面。我们先以孟子的经典之作《齐桓晋文之事》为例做一些说明，从古人那里吸收被我们遗忘的智慧。为了方便读者，我们将这篇文章全文附出。

齐桓晋文之事
孟 子

齐宣王问曰："齐桓、晋文之事可得闻乎？"

孟子对曰："仲尼之徒无道桓文之事者，是以后世无传焉，臣未之闻也。无以，则王乎？"

曰："德何如，则可以王矣？"

曰："保民而王，莫之能御也。"

曰："若寡人者，可以保民乎哉？"

曰："可。"

曰："何由知吾可也？"

曰："臣闻之胡龁曰：王坐于堂上，有牵牛而过堂下者。王见之，曰：'牛何之？'对曰：'将以衅钟。'王曰：'舍之！吾不忍其觳觫，若无罪而就死地。'对曰：'然则废衅钟与？'曰：'何可废也？以羊易之。'不识有诸？"

曰："有之。"

曰："是心足以王矣。百姓皆以王为爱也，臣固知王之不忍也。"

王曰："然，诚有百姓者。齐国虽褊小，吾何爱一牛？即不忍其觳觫，若无罪而就死地，故以羊易之也。"

曰："王无异于百姓之以王为爱也。以小易大，彼恶知之？王若隐其无罪而就死地，则牛羊何择焉？"

王笑曰："是诚何心哉？我非爱其财而易之以羊也，宜乎百姓之谓我爱也。"

曰："无伤也，是乃仁术也，见牛未见羊也。君子之于禽兽也：见其生，不忍见其死；闻其声，不忍食其肉。是以君子远庖厨也。"

王说，曰："诗云：'他人有心，予忖度之。'——夫子之谓也。夫我乃行之，反而求之，不得吾心；夫子言之，于我心有戚戚焉。此心之所以合于王者，何也？"

曰："有复于王者曰：'吾力足以举百钧，而不足以举一羽；明足以察秋毫之末，而不见舆薪。'则王许之乎？"

曰："否。"

"今恩足以及禽兽，而功不至于百姓者，独何与？然则一羽之不举，为不用力焉；舆薪之不见，为不用明焉；百姓之不见保，为不用恩焉。故王之不王，不为也，非不能也。"

曰："不为者与不能者之形，何以异？"

曰："挟太山以超北海，语人曰：'我不能。'是诚不能也。为长者折枝，语人曰：'我不能。'是不为也，非不能也。故王之不王，非挟太山以超北海之类也；王之不王，是折枝之类也。老吾老，以及人之老；幼吾幼，以及人之幼：天下可运于掌。诗云：'刑于寡妻，至于兄弟，以御于家邦。'言举斯心加诸彼而已。故推恩足以保四海，不推恩无以保妻子；古之人所以大过人者，无他焉，善推其所为而已矣。今恩足以及禽兽，而功不至于百姓者，独何与？权，然后知轻重；度，然后知长短；物皆然，心为甚。王请度之！抑王兴甲兵，危士臣，构怨于诸侯，然后快于心与？"

王曰："否，吾何快于是，将以求吾所大欲也。"

曰："王之所大欲，可得闻与？"

王笑而不言。

曰："为肥甘不足于口与？轻暖不足于体与？抑为采色不足视于目与？声音不足听于耳与？便嬖不足使令于前与？王之诸臣皆足以供之，而王岂为是哉？"

曰："否，吾不为是也。"

曰："然则王之所大欲，可知已：欲辟土地，朝秦楚，莅中国而抚四夷也。以若所为，求若所欲，犹缘木而求鱼也。"

王曰："若是其甚与？"

曰："殆有甚焉。缘木求鱼，虽不得鱼，无后灾；以若所为，求若所欲，尽心力而为之，后必有灾。"

曰："可得闻与？"

曰："邹人与楚人战，则王以为孰胜？"

曰："楚人胜。"

曰："然则小固不可以敌大，寡固不可以敌众，弱固不可以敌强。海内之地，方千里者九，齐集有其一；以一服八，何以异于邹敌楚哉？盖亦反其本矣。今王发政施仁，使天下仕者皆欲立于王之朝，耕者皆欲耕于王之野，商贾皆欲藏于王之市，行旅皆欲出于王之涂，天下之欲疾其君者，皆欲赴愬于王；其若是，孰能御于？"

王曰："吾惛，不能进于是矣。愿夫子辅吾志，明以教我；我虽不敏，请尝试之。"

曰："无恒产而有恒心者，惟士为能；若民，则无恒产，因无恒心。苟无恒心，放辟邪侈，无不为已。及陷于罪，然后从而刑之，是罔民也。焉有仁人在位，罔民而可为也？是故明君制民之产，必使仰足以事父母，俯足以畜妻子；乐岁终身饱，凶年免于死亡；然后驱而之善，故民之从之也轻。今也制民之产，仰不足以事父母，俯不足以畜妻子；乐岁终身苦，凶年不免于死亡。此惟救死而恐不赡，奚暇治礼义哉！王欲行之，则盍反其本矣。五亩之宅，树之以桑，五十者可以衣帛矣；鸡豚狗彘之畜，无失其时，七十者可以食肉矣；百亩之田，勿夺其时，数口之家可以无饥矣；

谨庠序之教，申之以孝悌之义，颁白者不负戴于道路矣。七十者衣帛食肉，黎民不饥不寒，然而不王者，未之有也。”

孟子在这篇文章里要解决齐王关于实施仁政的三个问题——"认识问题""态度问题""做法问题"，这是"一分为三"。为了不过早暴露和齐宣王的根本分歧，一开始孟子对齐宣王的提问总是避而不答，这是为了"缘同化异"。

孟子虽然善辩，但像《齐桓晋文之事》这样劝说成功的例子并不多见，这一成功很大程度上应归功于齐宣王。齐宣王很有抱负，但似成竹在胸而实无方略，这使孟子看到了达到自己劝服意图的希望，只是两人之间还有根本分歧：齐宣王惦记的是如何称王称霸，孟子则琢磨着如何让齐宣王施行仁政，但孟子不愿过早地暴露这一根本分歧。所幸，齐宣王对孟子的尊重使孟子充满了热情和信心，齐宣王的主动姿态又给孟子提供了发挥其辩才的绝佳机会，于是，在热诚友好的气氛下，使整个谈论完成了：引出'仁'和'百姓'的话题—愿不愿实行"仁政"—如何实施仁政的逻辑过程。齐宣王的几次主动姿态遇到的回应是，前几次孟子回避分歧并未作答，而是乘机说出早已准备好或现场即兴发挥的话来，使双方始终有共同的话题和共同谈论的前提，而最后几次则是正问正答。这些问答也正好体现了孟子缘同而化异的基本策略，真正说服了齐宣王实行仁政。

首先看齐宣王的第一次主动问话。文章开头他问孟子："齐桓、晋文之事可得闻乎？"孟子竟以"仲尼之徒无道"为由避而不答。那么齐宣王问的意图是什么？孟子到底为什么不答？什么原因能用"仲尼之徒无道"而将宣王哄过？很显然，齐宣王对齐桓、晋文很感兴趣，甚至自况于齐桓、晋文，对这点孟子一眼就能看出。深明此意的孟子为什么不顺着谈齐桓、晋文之事而把话题引到王道上来呢？齐桓、晋文与孟子下文所说的"王"有很大的差距，并非孟子理想中的"王"，可孟子不愿意一开始就暴露他和齐宣王的分歧，错失这次来之不易的交谈机会。为很好地实现"缘同化异"的策略，在肯定了齐宣王"可以保民"后，引出齐宣王颇为得意的一件事——衅钟，这不仅避免了问而不答可能引发的提问者的不快，还能使齐宣王更高兴一些，其潜台词是，"宣王您对他人感兴趣，其实我对您更感兴趣，您感兴趣的齐桓、晋文之事我无法和您谈论，我和您谈谈您更感兴趣的'衅钟'吧"。

孟子的衅钟之事首先引出齐宣王对牺牲的怜悯之心，亦即"仁"。而孟子指出百姓对齐宣王的"仁"的不理解，使齐宣王对百姓的心理产生好奇："是诚何心哉？我非爱其财而易之以羊也，宜乎百姓之谓我爱也。"无意中，"百姓"成了齐宣王关注的对象，于是"仁"和"百姓"自然就成了齐宣王和孟子的话题。"仁"为君王之仁，与百姓到底有什么关系呢？诸如对家族之仁、对下臣之仁以及对牺牲之仁，当然也能体现其优良品质，然而和孟子说的"仁"相去甚远。如何让齐宣王也能认识到应对百姓施仁，首先必须让他对百姓产生关注的兴趣，幸好齐宣王的谈话兴趣很浓，孟子就要利用和发挥齐宣王的兴趣，于是就把齐宣王对齐桓、晋文的兴趣引到衅钟上，然后由对衅钟的兴趣引到对"仁"和"百姓"的兴趣上。到这里，孟子在认识和兴趣两方面完成了"缘同化异"的第一步，肯定了齐宣王的仁慈，引出了"仁"和"百姓"的话题。

再看第二次问而不答。当孟子积极肯定齐宣王的仁"是心足以王矣"和肯定齐宣王的君子品格后，齐宣王迫不及待地问："此心之所以合于王者，何也？"孟子仍然没有回答，而是说："有复于王者曰：'吾力足以举百钧，而不足以举一羽；明足以察秋毫之末，而不见舆薪。'则王许之乎？"竟然是这样一句不答而倒问的没头没脑的话。

如果说第一次问而不答，让齐宣王得到"臣未之闻也"这一明确拒答信息的话，那么第二次问而不答则让齐宣王仍存期待，因为孟子并没有直接拒答。孟子认为此时作答时机并未成熟，并很想趁此机会讲出仁道之心合于王者的原因是王者具备了实施仁政的品质的话，可他担心齐宣王只是在认识层面上对仁道之心（仁政）感兴趣，而没有在愿望态度上对此重视，虽然明白仁政的好处但又不愿意施行，这样就不能达到孟子说服齐宣王施行仁政的目的。因而在齐宣王很想知道"此心之所以合于王者，何也"时，孟子那句"……王许之乎"的没头没脑的话实际上开始了这样的心理暗示：要想知道此心合于王者的原因，首先得愿意听我的，愿意真正做一个王者，否则就得不到你想要的答案。于是在齐宣王用"否"来回答孟子的"王许之乎"之后，孟子引出"王之不王，不为也，非不能也"，来进一步暗示齐宣王：想实行真正的为王之道，你得愿意听我的。然而愿意的事，也应该是出于齐宣王本心的事，这样才能"缘同"，于是孟子诱导齐宣王说出自己最愿意做的事是成就统一霸业并给予了肯定，实现了第二次问答总的"缘同"。

然后，孟子才摆出了他和齐宣王在寻求霸业途径上的分歧："以若所为，求若所欲，犹缘木而求鱼也""以若所为，求若所欲，尽心力而为之，后必有灾"。提出分歧，一方面显示出孟子已有能力彻底掌握今天谈话的主动权，另一方面由此开始了齐宣王与孟子正问正答的对话。在这种新的对话方式下，孟子一连回答了齐宣王"若是其甚与"和"可得闻与"两个关键性的问题，由"邹人与楚人战……孰胜"的讨论开始，从正反两方面论述了实施仁政的重要意义，彻底解决了齐宣王愿不愿施行仁政的问题，消除了两人关于仁政的分歧，实现了"化异"，使齐宣王迫不及待地以学生的口吻请教孟子。

当齐宣王把如何实行王道的希望寄托在孟子对他的教辅之时，也就是孟子把实施仁政的希望寄托在齐宣王身上的最佳之时。最后，齐宣王请教道："吾惛，不能进于是矣。愿夫子辅吾志，明以教我；我虽不敏，请尝试之。"孟子则正面回答了齐宣王的问题，用为百姓置恒产的那段精彩语言，阐明了如何实施仁政，亦即宣王应如何实行王道。而这段著名的议论既是孟子在回答齐宣王的问题，又是孟子终于找到了说出自己早有准备的话的机会。到此为止，"缘同化异"的逻辑画上了圆满的句号，齐宣王把仁政当作手段来实现他王道的目的，孟子则把齐宣王之王道当作手段来实现自己仁政的目的。总之，仁政必须与王道共存。

这"缘同化异"的深层原因又是什么呢？我们不妨再做进一步的思考。

纵观全文，在逻辑总体上，在国家意义上，施行不施行仁政是个策略问题；在逻辑的起点上，在人的意义上，施行不施行仁政则是一个君王的本色的问题，也就是一个人的人生目的和境界的问题。严格地讲，孟子和齐宣王在这两大问题上都存在着严重的分歧。孟子有三种选择：第一种，直面两大问题的分歧和齐宣王讨论甚至辩论；第二种，只选择一个大问题来说服齐宣王；第三种，只承认在一个大问题上的分歧，并在这个问题上寻找尽量多的共同认识和共同态度，使分歧减少到最低程度，直到完全消除，进而达或共识。齐宣王的主动和谈兴促使孟子做出了最难驾驭的第三种选择，以便寻找两人在认识上的更多的共同点。

在策略层面，仁政的分歧貌似突出，实则容易消除，只要仁政有助于王道，那么任何人都会接受孟子的观点；在目的层面，仁政的分歧貌似没有，实则较多且较难消除。孟子选择了第三种劝说方式，且确定了先目的层面后策略层面的由难到易的顺序。如果先策略层面后目的层面，就会形成这样的逻辑："您目前的做法不合适，不过您还是一个有仁爱之心的君主。"在齐宣王听来就会是这样："尽管我目前做得不合适，但我仍是一个很有仁爱之心的君主。"这显然是个容易使齐宣王对目前做法产生满足感的逻辑。如果先目的层面后策略层面，则是这样的逻辑："您真是一个富有仁爱之心的君主，但您目前的这种做法不合适。"宣王听罢会这样认为："只要我改变目前的做法，我不仅是个有仁爱之心的君主，而且是一个会有更大作为的君主。"这种逻辑过程显然是促使齐宣王改变的过程，于是最终被孟子选中。也许只有齐宣王这样有怜悯之心的君王才能接受仁政，因而文章的前半部分更多地发掘和利用了许多很具齐宣王个人色彩的材料，在人的意义、人的境界上对齐宣王的"仁"进行了充分的肯定，达成了基本的共识。有了这些肯定，在最容易达成共识的策略层面，孟子却对齐宣王目前的做法提出了直接的批评，然而这已不是对人的批评，只是对人所用谋略的批评，因而齐宣王自然会欣然接受批评。

两人真正的分歧在仁的目的层面上，被孟子这样"缘同化异"地一评说，却让齐宣王认为分歧在策略层面上——那是孟子和齐宣王之间最容易消除分歧、达成一致的层面。先给人定位，然后给策略定位的这种"缘同化异"的逻辑过程，既是孟子的追求，也是齐宣王的主动选择。

进一步总结，我们可以提炼出劝说过程中的几个重要步骤：在"缘同化异"思想指导下，孟子完成了劝说的三个步骤——"分析认识—端正态度—明示做法"，这三个步骤也是"回避实质分歧—增加边缘性共识—说出核心建议"的步骤，而对方也随之经历了三个步骤——"理解认识—自我塑造—赞成做法"。

"认识层面"又可分为三个小层面："天时—地利—人和"（"外部机遇—自身条件—主观意愿"）"事实—道理—原则"。

"态度层面"的劝说在日常劝说中是最难的，态度的劝说一般又分为"诱导—警告—惩戒"三个层面，如劝说顺利，只需诱导就行；如劝说不顺利，可能会用到警告；如劝说不顺利而且是上劝下，则可以用到惩戒的方式。与态度对应的是"自我塑造"，"自我塑造"又分"品德塑造—责任塑造—能力塑造"三个层面。

"做法层面"一般有"设计—方法—过程""动员—组织—实施""寻求突破—巩固重点—全面展开""抓好基础—促成运用—实现创新"，等等，这些都已是日常生活中比较成熟而有规范的基本做法模式。

与《齐桓晋文之事》中"缘同化异"相类似的还有《寡人之于国也》中的劝说方法。

梁惠王曰:"寡人之于国也,尽心焉耳矣。河内凶,则移其民于河东,移其粟于河内;河东凶亦然。察邻国之政,无如寡人之用心者。邻国之民不加少,寡人之民不加多,何也?"

孟子对曰:"王好战,请以战喻。填然鼓之,兵刃既接,弃甲曳兵而走。或百步而后止,或五十步而后止。以五十步笑百步,则何如?"

曰:"不可!直不百步耳,是亦走也。"

曰:"王如知此,则无望民之多于邻国也。

"不违农时,谷不可胜食也;数罟不入洿池,鱼鳖不可胜食也;斧斤以时入山林,材木不可胜用也。谷与鱼鳖不可胜食,材木不可胜用,是使民养生丧死无憾也。养生丧死无憾,王道之始也。

"五亩之宅,树之以桑,五十者可以衣帛矣;鸡豚狗彘之畜,无失其时,七十者可以食肉矣;百亩之田,勿夺其时,数口之家可以无饥矣;谨庠序之教,申之以孝悌之义,颁白者不负戴于道路矣。七十者衣帛食肉,黎民不饥不寒,然而不王者,未之有也。

"狗彘食人食而不知检,涂有饿莩而不知发,人死,则曰:'非我也,岁也。'是何异于刺人而杀之曰'非我也,兵也'?王无罪岁,斯天下之民至焉。"

但《寡人之于国也》并没有复制《齐桓晋文之事》的全部套路,而是增加了新的逻辑智慧:"五十步笑百步"的荒唐,恰好证明了战争的荒唐;"刺人而杀之曰'非我也,兵也'"的荒唐,恰好证明了战争发动者的荒唐、反动。"王好战,请以战喻"中的"战",形式上是喻体,实质上是本体,在证明形式上的本体"治国"的教训的同时,也证明了实质上的本体"通过战争来治国"的教训。

(二)考题分析

1.2016年高考浙江卷

阅读下面文字,根据要求作文。

网上购物,视频聊天,线上娱乐,已成为当下很多人生活中不可或缺的一部分。

业内人士指出，不远的将来，我们只需在家里安装 VR（虚拟现实）设备，便可以足不出户地穿梭于各个虚拟场景：时而在商店的衣帽间里试穿新衣，时而在诊室里与医生面对面交流，时而在足球场上观看比赛，时而化身为新闻事件的"现场目击者"……

当虚拟世界中的"虚拟"越来越成为现实世界中的"现实"时，是选择拥抱这个新世界，还是刻意远离，或者与它保持适当距离？

对材料提出的问题，你有怎样的思考？写一篇论述类文章。

注意：①角度自选，立意自定。②标题自拟。③不少于 800 字。④不得抄袭，套作。

【思路点拨】

认识：事实上每个人都在享受着虚拟世界带来的变化，只要我们生活，就得拥抱这个世界。

态度：不愿意适应，就会被孤立、淘汰。热爱生活的人，有谁愿意被淘汰呢？

做法：和同龄人一起适应，向晚辈学习。

2.2014 年高考新课标卷 Ⅱ

阅读下面的材料，根据要求写一篇不少于 800 字的文章。

不少人因为喜欢动物而给它们喂食，某自然保护区的公路边却有如下警示：给野生动物喂食，易使它们丧失觅食能力，不听警告执意喂食者，将依法惩处。

要求：选好角度，确定立意，明确文体，自拟标题；不要脱离材料内容及含意的范围作文；不要套作，不得抄袭。

【思路点拨】

针对这个题目有很多考生会选择写建议劝说类型的文章，如《请不要给景区动物投食物》《请尊重人类的朋友》《莫让景区变成动物的墓场》，等等。

这则考试材料本身就包含了"认识""态度""做法"三方面的内容。"给野生动物喂食，易使它们丧失觅食能力"，这是认识；"不少人因为喜欢动物而给它们喂食""不听警告执意喂食""依法惩处"这是态度；要求游客应自觉遵守警告，不遵守就得认罚，则是做法。

我们可以按照上面的结构充分展开文章内容。

（1）认识部分：强化渲染给野生动物喂食，使它们丧失觅食能力的情形，可以展开想象来完成；同时也可以想象给野生动物喂食引发的其他灾难；太多的人的干预，太强的人的环境，对野生动物的生存繁衍造成严重影响。

（2）态度部分：热爱自然就要尊重自然、尊重自然规律；端正自己的玩赏态度，约束、规范自己的玩赏行为；树立保护自然的义务观；时时警告自己，严守法规底线。

（3）做法部分：个人，包括每一位游客，都既是自然游玩者，又是自然保护者，要履行保护自然的义务；旅游景点、旅游部门，不仅要给出提示警告，还要将保护自然宣传作为游客"进山"的第一课，或让其进展览室，或让其看宣传片，或发放宣传资料。游客应把保护自然看成比游玩更重要的行为，并以身作则，对下一代产生更好的教育作用；国家、地方政府应该从立法层面，规范自然保护区的管理行为，给保护区以财政支持，杜绝为创收而降低对游客的要求的情况，并防止客流"超载"。

本次作文依次涉及这几个问题：科普与法律；对自然规律的尊重与游客玩赏的规范；自然保护区对游客的严格要求与吸引游客之间的悖论。

（三）范文展示

媒体应怎样报道大学课堂问题

曹　林

《辽宁日报》策划的一组致信中国高校教师，让教师们"别在课堂上抹黑中国"的报道，引发了热烈的舆论争议。这封长长的来信批评一些高校教师缺乏理论认同，用戏谑的方式讲思想理论；缺乏政治认同，追捧西方三权分立；缺乏情感认同，把生活中的不如意变成课堂上的牢骚。这封信所引发的争议很大，有人称赞其针砭时弊，有人觉得其言过其实，立场先行，以点盖面，干扰大学的课堂自由。

我们都是从学生时代走过来的，对大学课堂都很熟悉。客观地看，这封来信所谈到的一些问题，在大学课堂上确实存在，我们也曾遇到过那种在课堂上发牢骚、讲段子、做"喷子"的教师。大学提倡思想自由、兼容并包，应该容得下各种人、各种声音，所以学生们虽然对上述现象比较反感，但多没有太当回事，多是一笑了之。

其一，不要低估大学生的智商和判断力，现在已经不是教师讲什么学生就全盘接受的年代了，大学生已经有了自己的思考和思想，有了质疑和批判的能力。对于胡喷瞎侃的教师，学生们或者会站起来与之辩论，或者会用嘘声去鄙视他。我上大学时还写过一篇题为《教授，我来剥你的皮》的评论，炮轰那些不好好授课的教授。

其二，不要高估教师在大学课堂上的影响力，互联网上的牢骚和段子比大学课堂上听到的严重多了，如今年轻人基本上都生活在网络世界中，相对而言网络对年轻人的影响大多了，某些教师只是拾网络"牙慧"罢了。

其三，大学课堂一方面是开放与自由的，另一方面也有自我净化功能，并不像中学那种由教师主导，"填鸭"式的课堂。真理越辩越明，自由的讨论和声音的争鸣会让年轻人对某些社会问题看得更清楚。

其四，应该相信大学自治的能力，如今每所大学都有教学评估机制，即学生给教师评分，一个教师如果整天在课堂上发牢骚、讲段子和胡侃乱喷，学生肯定不会给其高分。

媒体的这封来信，初衷可能是给予一些大学教师善意的提醒，客观上却放大和渲染了这种问题，让部分高校教师产生抵触情绪。如果换一种方式，效果可能会好一些。

比如，媒体如果把握一下评论的尺度，尽可能地去客观记录来信内容，以新闻报道的方式让读者自己判断，而不是代替读者判断，舆论就更能接受。这封来信称：研究老师的问题，我们选择再老老实实地当一回学生。本报记者深入北京、上海、广州、武汉、沈阳5座城市的20多所高校，用了半个月的时间，听了近百堂专业课。——既然听了这么多的课，不妨做一个旁观者和记录者，将教师所讲一节课的内容完整地整理出来，并经讲课者同意后刊登出来，由读者来评价。洋洋洒洒的来信内容，都是评论和批评，却没有具体的论据——到了哪所高校？听了哪个教师的课？这个教师在课堂上讲了什么？没有翔实的报道，只有抽象的评论，这种批评如何能服人呢？

一方面，评论永远不能走在新闻的前面，没有新闻，就没有事实的基础，评论很容易让人产生"立场先行"的反感。而且，不提具体学校，不提具体教师，不提具体讲了什么，既让人无从核实记者所言的真假，也让高校教师失去了为自身辩护的机会。空洞抽象地提"高校教师"这个符号，只会让所有教师跟着被污名。

另一方面，如果媒体和记者老老实实当一个旁观者和记录者，避免成为当事人，会避免很多争议。如果我去操作这个报道，我会尽可能多地去采访学生，让学生去发言，让学生去评价教师的讲课。虽然媒体派了很多记者，去了很多大学，听了很多教师的课，但这种听课，只能是浮光掠影地听。听得再多，也不会比学生更有发言权。你只是听了一节课，可学生是听了一学期、几学期的课，学生的评价显然会更客观些。有些教师可能只是偶尔开开玩笑，记者听了几句就拿去当批评的材料了，这对教师也是很不公平的。多采访学生，多让学生去评价，媒体做一个记录者，由读者去评价，由教育部门去重视这个问题，这才是应有的角色分工。可媒体想垄断所有的角色，报道中没有学生的声音，多是记者主观的判断，自然就削弱了评论内容的说服力了。

大学教师应该如何去讲课？这个不需要谁居高临下，带着教训口吻去教，而应该在大学系统内形成讨论氛围，媒体最好不要替代教师和学生去当判断的主角。

（来源于《晶报》，略有删改）

【点评】

这是"认识—态度—做法"范式的精彩一例。

在当时那种上层与主流媒体一边倒的形势下，本文作者却能力排众议，为高校老师说话，显示出令人佩服的胆略和责任感的同时，也让我们看到本文有理、有力、有节的论述，虽语言平实质朴，但有扭转乾坤、一锤定音之力。文章如此精彩，其中一个奥秘就是作者出色地运用了"认识—态度—做法"的劝说模式。作者在"认识层面"指出，《辽宁日报》的文章不符合事实，夸大了高校教师言论的实际作用，许多论断都是不实之词。作者在"态度层面"指出，作为新闻写作，《辽宁日报》记者故意回避人物、地点、事件这些新闻写作的要素，是严重违反职业精神、新闻报道原则的态度，如此态度下只能使报道走向主观化，不管是批评还是歌颂，都不能令人信服。作者在"做法层面"指出，新闻写作应客观真实，应是追踪、统计后的客观报道，要有起码的完整记录，形成广泛的事实基础和扎实的数据支持。

二、"回避事实—开始假设—走入逻辑"类文章结构模式

在日常劝说中，我们明明知道事实对我们严重不利，却总是不能回避事实，在事实层面和对方纠缠不清，对方总觉得事实胜于雄辩，底气十足，而我们也总是无法说服对方。当我们的劝说，尽管在道义和原则上都能站住脚，但不能被事实支持，很难说服对方时，我们应学习孟子的劝说智慧"回避事实—开始假设—走入逻辑"。

（一）经典示例

宋牼将之楚，孟子遇于石丘，曰："先生将何之？"

曰："吾闻秦、楚构兵，我将见楚王说而罢之。楚王不悦，我将见秦王说而罢之。二王我将有所遇焉。"

曰："轲也请无问其详，愿闻其指。说之将何如？"

曰："我将言其不利也。"

曰："先生之志则大矣，先生之号则不可。先生以利说秦、楚之王，秦、楚之王悦于利，以罢三军之师，是三军之士乐罢而悦于利也。为人臣者怀利以事其君，为人子者怀利以事其父，为人弟者怀利以事其兄，是君臣、父子、兄弟终去仁义，怀利以相接，然而不亡者，未之有也。先生以仁义说秦、楚之王，秦、楚之王悦于仁义，而罢三军之师，是三军之士乐罢而悦于仁义也。为人臣者怀仁义以事其君，为人子者怀仁义以事其父，为人弟者怀仁义以事其兄，是君臣、父子，兄弟去利，怀仁义以相接也，然而不王者，未之有也。何必曰利？"

（《孟子·告子下》）

劝说君主不要发动战争，宋牼的基本策略是用利益（利害关系）来说服楚王不要发动战争，而孟子反对以利为由反对战争，而应以仁义为由反对战争。其实孟子想从根本上否定战争、阻止战争，难度自然要大得多。而宋牼选择的劝说理由更能奏效，更能让楚王听得进去，其原因是当时各国发动战争和停止战争都是为了利益。一时看不清发动战争代价的君主，在明了代价后会停止战争，只要劝说者指出其中利害让他明白，一般决策者都会听取劝说的。这种情况不乏其例，《烛之武退秦师》就是最好的例子。秦、晋准备合攻郑国，烛之武出使秦国劝秦退兵。烛之武巧妙地利用

秦、晋之间的矛盾，向秦伯分析了当时的形势，采取分化瓦解的办法，说明了保存郑国对秦有利、灭掉郑国对秦不利的道理，终于说服了秦伯。秦伯不仅撤走了围郑的秦军，而且派兵保卫郑国。

孟子反其道而行之，其实是反事实而为之。因利而发动和停止战争是铁的事实，谁也改变不了。对于这种事实孟子不屑一顾，而是准备利用逻辑的力量来说服对方。具体步骤是"回避事实—开始假设—走入逻辑"：如果利可以作为不战理由，那么楚王就可以以利为由退兵，将军就可以以利为由不执行君命而不战，士兵就可以以利为由不听命令而拒绝打仗。推而广之，臣子以利事君，子女以利事父，弟弟以利事兄，最终远离仁义，会导致国破家亡。接着孟子用同样的思路证明了以仁义止战的逻辑力量：臣子以仁义事君，子女以仁义事父，弟弟以仁义事兄，最终国泰民安，君主想不称王都不行。

撇开事实，由假设而展开的这个逻辑推理，说服力胜于事实。这一例子给我们的启发就是，逻辑要战胜事实，就得回到原点、起点，而坚持原则、遵守公理就是好的起点；事实总在结局中显示出它的分量，逻辑必须在起点上才站得住脚；学习孟子的"回避事实—开始假设—走入逻辑"则可以反败为胜，最终让真理和原则胜利。

（二）考题分析

2014 年高考江西卷

阅读下面的文字，按要求作文。

探究作为我国现行课程标准倡导的学习方式之一，常常出现在课堂、实验室或课外学习过程中，有的同学觉得，探究给自己留下了一段难忘的学习经历；有的同学认为，探究是一种学习方式；有的同学则抱怨，探究在教学活动中往往流于形式……

对课内外学习中的探究，你有何体验、见闻或思考？请自选角度，自拟题目，写一篇文章。

要求：（1）写记叙文或议论文；（2）不得透露个人信息；（3）不得抄袭，不得套作；（4）字数不少于 700 字。

【思路点拨】

越来越多的教师将探究式教学引入了课堂，越来越多的学生开始喜欢这种较新的教学方法，探究式方法能促进课堂教学，为课堂教学增添新的活力，已成不争的事实。

然而我认为大量探究学习应放在课外而不是课内。

假如放在课堂进行，那么课堂中的讨论就不能深入，课堂中行政分组无法组合兴趣相投的成员，课堂中的分工负责目标无法实现，课堂中无法查阅和准备更多资料，课堂中热闹的形式会冲淡师生沉静的思考，课堂中短时间内无法取得真正的探究成果。总之，将探究学习放在课堂短短的时间内无法准备，无法展开，无法真正锻炼人。

假如放在课外进行，就可选择更合适的志趣相投的合作者，并进行分工统筹，可以制订科学的计划，可以搜集大量资料，每个人都可以提出自己的真知灼见，可以撰写总结报告，可以进行评估与自我评估，可以更好地培养学生的发现意识、怀疑精神、求异习惯等，并将这种发现意识、怀疑精神、求异习惯推广到所有的学习之中。

课外的意义，就在于它不是课堂的简单延续，不是为了继续完成课内没有完成的作业，学生课外的独立自由权利不可被延续的课堂剥夺。正因为课外有独立自由，所以才应该把探究学习放在课外，哪怕课内的那些探究再新鲜有趣，都不可以放弃课外这个主阵地。课内也别忘了基础知识积累的主要任务，而抢了课外的"饭碗"，教师应充分相信学生探究的兴趣和能力，充分相信学生的自我组织能力，充分相信我们一定能通过课外探究获得更多的智慧与才能。

（三）范文展示

清华经管学院 2014 年毕业典礼上的演讲（节选）

马 云

在座所有的人今天毕业于纠结的时代，这个时代看起来充满着怀疑，充满着各种的不信任，学校的老师对学生不信任，学生对老师不信任，媒体对大众不信任，大众对媒体不信任，甚至有各种的担忧，老百姓对政府也有各种的不信任。这世界看起来缺乏各种各样的机会，但这世界看起来又有各种各样的机会，这世界看起来年轻人似乎是可以无所不能，什么事情都可以做，但看起来年轻人又什么事情都做不了。

所以我觉得这是一个纠结的时代，很恭喜大家来到了一个很了不起的纠结时代，因为纠结是一种变革，因为我们正在进入一个变革非常快速的时代。如果没有变革就不会有阿里巴巴的今天，阿里巴巴、马云有今天，就是因为前30年中国的变革。

但是我想跟大家讲讲我心里的感受，未来30年中国的变革会更大，机会会更大。就我这个行业来讲，IT正在走向DT，这看似只是两个字母的差异，其实这背后的思想、文化、社会方方面面都存在着很大的差异。绝大部分的人今天站在IT的角度看待世界。什么是IT？IT是以我为主，方便我管理；DT是以别人为主，强化别人，支持别人。DT思想是只有别人成功你才会成功，这是一个巨大的思想的转变，由这个思想转变产生技术的转变、技术的转型。

所以我想跟大家讲，所有的变革都是年轻人的机会。当然，麻烦也会更多，但今天我看到那么多人以后，我在想，要是你们中有70％～80％成为阿里巴巴的员工就好了，我就不用那么担心了，真的。未来30年我想跟随大家，你们会改变这个世界，你们会把握这个机会。纠结、变革都是年轻人的机遇，也是这个时代的机遇。

不管你怎么看，我们经常说生意越来越难做，其实生意从来就没有好做的。年轻人纠结于今天IT行业给阿里巴巴、腾讯、百度搞去了，我们年轻时也觉得机会给IBM、思科、微软拿走了。但是你要相信，30年以后的今天，中国企业一定比今天好比今天大，30年后的富人一定比今天多，30年以后的文化一定比今天丰富多彩，30年以后的年轻人一定会超越我们，这就是世界的变化。我爷爷说我爸不如他，我爸说我不如他，我觉得我爸比我爷爷厉害，我比我爸厉害。所以，你们会比我们厉害。

在变革的时代，我也特别想给大家分享一下我自己的经历，前30年我坚持三样东西，我也希望大家去反思和思考这三样对你是否有用，就是三个坚持：第一永远坚持理想主义，第二要坚持担当精神，第三要坚持乐观的正能量。

我永远相信"相信"，我相信未来，我相信别人超过相信自己。其实在阿里巴巴，我数学不好，管理也没学过，会计理论也不懂，连预算报表、财务报表到今天为止我也看不懂，这是真话。我并没有觉得这是丢人的，承认自己不懂并不丢人，不懂装懂很丢人。我到今天为止没到淘宝上购过一件物品，我没用过支付宝，因为我不知道该怎么用，但我会竖起耳朵来，我老是在听支付宝到底好还是不好，因为用多了，我会捍卫自己的产品，但是我不用，就永远担忧自己，因为只有担忧让我晚上睡不着觉，只有我睡不着觉，这公司才"睡得着觉"。我们看了《中国合伙人》，这个电影很好，但是这个电影有很大的问题，男主人公老哭，其实创业者是不哭的，而是让别人哭。所以我永远相信未来，相信年轻人，相信别人，我如果不相信别人，阿里巴巴的程序写不出来，不相信别人，今天市场不会做得这么大，我们只是告诉大家什么是我们要坚持的。

第二个是要有担当精神。支付宝今天存在巨大的争议，其实我在2004年准备做支付宝、做阿里金融的时候，我就知道有一天会碰到这样的麻烦，我也纠结过。后来在达沃斯会议上听很多的政治家、企业家在谈论：什么是担当？你觉得是对的，对社会发展有利，你真相信，就要勇敢地担当起来去做。我记得那次会议以后，我在达沃斯打电话给公司说：立刻、现在、马上去做，如果出问题我愿意去解决。去年年初在阿里金融内部的会议上，我跟所有的同事讲，如果我们想对中国金融改革有激活、有创新作用，而这个需要有人要付出代价，那让我来。我相信大家如果真的带着完善这个社会的希望，激活金融、服务实业、稳妥创新，我们一定会越走越好，因为社会总会越来越好。

今天社会缺乏理想主义、缺乏担当的时候更需要理想主义，更需要担当，不仅仅是你需要，不仅仅是社会需要。社会最缺的东西是最稀缺的资源，做那些别人不愿意做的事情，你要的事情才能有所成就。有人说这个社会非常大，每天淘宝有几千万笔交易在进行，几千万人把自己的包裹送给一个完全的不相信的人，交给快递不相信的人，辗转几千公里送到另外一个人手中，这在以前是不可想象的，这是我们今天年轻人在以不同的方法，在以技术的方法表达"信任"真正存在。

第三个，我希望大家坚持正能量，乐观地看待问题。我是犯过无数错误的人，今天阿里巴巴在前面15年内至少顶过100多次灭顶之灾，可以这么讲，今天再走一遍——我们今天的人比那时候的多，我们今天的人知识和能力比那时候强，但是重新再走一遍，我们一定走不出来。但是当时我们怎么走出来的？我们坚持乐观，我们相信这个世界你不成功有人会成功，我们相信阿里巴巴、淘宝能做得出来，一定有人也能做得出来，我们相信有人花更多的时间在学习这些东西，只是看我们是否有足够的运气。所以我后来给自己的座右铭，也是给所有年轻人，给我同事的座右铭，"今天很残酷，明天更残酷，后天很美好，但是绝大部分人死在明天晚上"。这就是残酷的生活。所以你今天必须很努力，才能面对明天的残酷，明天你必须很努力，才有可能看到后天的太阳，但是绝大部分人是看不到太阳的。你光努力还不够，还要有运气。运气从哪里来？运气就是自己好的时候多想想别人，自己不好的时候多检讨检讨自己，我相信总会走过困境。

最后给大家一个建议，永远相信你的对手不在你边上，在你边上的都是你的榜样，哪怕这个人你特别讨厌。很多年以前我说，我用望远镜都没有找到过对手，人家说你好骄傲。其实他们没有听到我下一句：我用望远镜找到的不是对手，是榜样。你的对手可能在以色列，可能在你不知道的什么地方，他比你更用功，你今天获得了清华的毕业证书，不学习了，不读书了，因为你觉得我毕业于清华。而那个人毕业于杭师大，他还在不断学习，不断努力，不断进取。所以这一点是我希望给大家讲的，战胜你自己，才是真正的英雄。

我想我们人类今天共同面临的巨大的挑战，就是知识和教育跟不上技术的发展，但这正是我们的机会。什么是抱怨？哪里有抱怨，哪里就有机会。中国电子商务发展得这么好，跟阿里巴巴其实没什么关系，是中国原来经济的基础设施太差，我们相信了这件事情，走了10年而已。今天中国的电子商务交易额超越了美国电子商务的总和，原因不是因为美国人不努力，而是美国昨天的基础太好。美国没有互联网金融，是因为美国的金融环境实在太好，根本插不进去，中国的金融环境不太好，才给了我们机会。所有昨天不好的事情都是你的机会，别人在抱怨的时候才是你的机会所在。阿里巴巴有一样东西也是我想给大家分享的，我们花30年走到今天，不是3年，我们明白一个道理，什么是战略？就是做未来最重要的事情，坚持理想，坚持正能量，坚持乐观，坚持脚踏实地。我们从来就没有做成过一件事情——今天想做明天成功，或者今年做明年成功的事情，因为这样的机会永远轮不到我。今天你们最大的资本是年轻，因为年轻，你可以花10年时间打败阿里巴巴，打败淘宝，如果你有这个想法，也许只要5年，如果你希望明年就打败我们，你可能一辈子都打败不了。

【点评】

马云的理想主义，不在于成功的事实，而在于理想主义本身的魅力，因为所有的听众都明白，在场的绝大多数人都不可能取得马云这么辉煌的成功。在当今社会，每个人都提醒自己做一个现实主义者。然而做了现实主义者，你就会纠缠在现实中，还老是不相信别人，老是抱怨现实。而理想主义则可以让我们超越现实，暂时回避那么多不情愿看到的事实，这是"回避事实"。假如不在中国，我能成功吗？在中国，如果我依赖中国固有的规则、潜规则，绝不会有今天的局面，这是马云的"开始假设"。理想主义的最大魅力，就在于激励人战胜那些一般情况下无法战胜的困难，这是人生励志的基本逻辑，也是马云的"回到逻辑"。

理想主义和一切崇高的思想，说起来总被人冠以"高调""空谈"之名，其原因是在"低调"和"务实"中很难生发出激动人心的美好蓝图。要想让指向未来的崇高理想让人接受，我们不得不用"回避事实—开始假设—走入逻辑"这个范式，变被动为主动，最终用强大的逻辑力量来完成劝说，让浮在云端的理想和一切崇高目标，变得无比可亲可敬。

三、"历史现象—历史规律—现实问题"类文章结构模式

（一）经典示例

这类劝说，带有讽喻色彩，也就是带有托物言志类文章的特点。经典作家把它完善为"历史现象—历史规律—现实问题"模式，它就成了后人经常使用的劝说模式。

孟子曰："桀、纣之失天下也，失其民也；失其民者，失其心也。得天下有道：得其民，斯得天下矣；得其民有道：得其心，斯得民矣；得其心有道：所欲与之聚之，所恶勿施，尔也。民之归仁也，犹水之就下、兽之走圹也。故为渊驱鱼者，獭也；为丛驱爵者，鹯也；为汤、武驱民者，桀与纣也。今天下之君有好仁者，则诸侯皆为之驱矣。虽欲无王，不可得已。今之欲王者，犹七年之病求三年之艾也。苟为不畜，终身不得。苟不志于仁，终身忧辱，以陷于死亡。《诗》云：'其何能淑，载胥及溺。'此之谓也。"

（《孟子·离娄上》）

第一步：孟子指出桀、纣等因失民心而失天下这一现象，是用失天下、失民、失民心这一排比关系串成的，这一排比就形成了普遍性意义。
第二步：由此总结出历史规律"得天下有道：得其民，斯得天下矣；得其

民有道：得其心，斯得民矣；得其心有道：所欲与之聚之，所恶勿施，尔也。民之归仁也，犹水之就下、兽之走圹也"。第三步：指出许多君主日常生活中不注重对百姓施以仁德，其统治就会面临崩溃。

这类劝说可以针对具体人，也可以面向更多的人。越是面对更多人，其历史现象、历史规律就越显示出广泛的教育意义。

（二）考题分析

2014年高考北京卷

阅读下面文字，按要求作文。

北京过去有许多"老规矩"，如"出门回家都要跟长辈打招呼""吃菜不许满盘子乱挑""不许管闲事儿""笑不露齿，话不高声""站有站相，坐有坐相""作客时不许随便动主人家的东西""忠厚传世，勤俭持家"等，这些从小就被要求遵守的准则，点点滴滴，影响了一辈辈北京人。

世易时移，这些"老规矩"渐渐被人们淡忘了。不久前，有网友陆续把一些"老规矩"重新整理出来贴到网上，引发了一片热议。

"老规矩"被重新提起并受到关注，这种现象引发了你哪些思考？请自选角度，自拟题目写一篇文章，文体不限（诗歌除外），不少于700字。

【思路点拨】

（1）历史现象。

借助作文材料中的诸多"老规矩"，发掘自己记忆中的那些"老规矩"，以此形成现象链。或将几个"老规矩"进行排比式发挥（就像孟子那样），形成包含情感的语言，形成或绵延或浩荡的气势。

（2）历史规律。

提炼这些现象的实质含义：①它们在历史上曾经很好地塑造了一个城市人或一个乡村人的质朴形象。②它们出色地完成了亲人间、乡亲间厚道有礼的连接。③它们沉淀出了地域文化：内心的自觉和外在的约束，才能沉淀出规矩。规矩的稳定，形成了地域的文化特征。地域特征的鲜明，促进了人们的集体认同与个体的自律。于是老北京因"老规矩"而自豪，"老规矩"因老北京而"字正腔圆"。④它们是一种高贵的贫民文化，因而具有极强的生命力和粘合力，而且渗透着平等思想。比如尊贵者与贫贱者都能互相尊重，和谐共处于茶馆戏楼。

（3）当前现实。

当前的现实是，人们在匆忙中没有时间顾及形象，在人群里匆匆忙忙，与人交往时不知该如何沟通。皇城根变成了大都市，宽阔马路代替了小胡同，"北漂""临住"包围了"土著"，私人会馆代替了茶馆、戏楼，"大妈"由亲切的称呼变成了歧视性的类名词。这些变化，是挑战了先前的从容与修养，还是人们更需要这些从容与修养？重提这些"老规矩"，是老北京恍如隔世的发展变化后的追忆，还是外省、外国人对北京文化的稀罕和敏感？

（三）学生习作

大师的滞后效应

王璟涵

凡·高的油画埋藏在金色的麦田中，百年后人们才被穿梭时空的一身枪响惊醒，忙去寻找他让人叹为观止的画作；高迪用曲线构筑着一个个童话世界，风雨几度后才引来人们的观赏与惊奇，争先恐后地赞叹这一天才的旷世奇作，吟咏建筑与自然贯通的曲线之美；孔子穷困了一生，奔波了一生，努力地宣扬自己的政治主张，几经曲折仍不被重视，仁礼之道却在千年之后成了中华民族的精神基石；苏格拉底追求与捍卫法律，最终却被他所珍视的法律处置而死，一个奴隶社会中被遗弃的孤独智者的智慧，在如今是每个人心底的信条，这信条制约也带动着世界文明的前进。

大师们看上去总是那样的不幸，总是与自己的辉煌成就时空错位，穷困一辈子，潦倒一辈子，守着理想与抱负却只能抱憾而死，终究得不到社会的理解。而那珍贵的精神与作品往往滞后被人们重视，让人们遗憾大师与该有的荣誉擦肩而过。

一个伟人的出现冲破了一个社会的枷锁，枷锁上的镣铐往往禁锢着一个时代的普适价值观。这个时代的每个人自出生就恪守这枷锁上铭刻的信条，按照这种价值观让社会中的社交网络得以构建有序、排列整齐地行进在各自的人生轨迹上。当一个突兀的声音打乱了这一片和平秩序，有的人怕信条的崩溃而自我催眠，有的人为利益而拼命地打压抵抗，拿着鞭子举着火把才有底气吼出自己坚信的"真理"。

势单力薄的一个人被一大都所谓的时代正义者、所谓的真理捍卫者围困，被禁锢在那个时代的地狱中，没人体贴，没人宽慰。

时间一点一点地呵护着地狱中残留的一丝喘息，大师的脉搏开始在新生胎儿的躯体中震动，尽管皮肤是稚嫩的，躯体是易碎的，但总算有机会将被困的灵魂救赎，被世人重视。而此时的人们在漫长的等待之后，在枯燥与乏味以及无数次的自我审问后，也开始为新生命的萌生而惊喜。虽然智慧与认知还不够透彻，但敢于审美的勇气与学习的态度，让人群具备了鉴赏评价的能力，向大师致敬的道路终于打开，地狱的尸骨才被放入了灵堂，这实现了令万人敬仰的结果。

我们总在抱怨当代无大师，总在批判的同时无病呻吟，何不静下心来，去点亮地狱的星火之光，去等待明日的艳阳喷薄？

四、"必要性—可行性—预测性"类文章结构模式

（一）实用意义与文体完善

立项、请示报告类文章应该运用"必要性—可行性—预测性"这一模式。遗憾的是，我们所有的立项报告几乎只有"必要性""可行性"两部分，而没有"预测性"这一极为重要的部分。鉴于许多重大项目给可持续性发展带来越来越多副作用的情况，我们应该将请示报告的格式由"必要性—可行性"修改完善为"必要性—可行性—预测性"。按惯例，关于项目上马后的预测，都被充入到"必要性"里了，而且是从正面来讨论的，项目建成后的隐患等内容往往不被报告人和审批人所重视。"预测性"一直没能从"必要性"中独立出来的根本原因，是急功近利意识和政绩思维，在这种情况下，隐患和可能产生的副作用常常是被故意回避的。因而将"预测性"独立出来具有改革意义和创新意义。

三峡工程在上马论证时，关于工程建成后的生态环境影响之预测，就是放在"必要性"里来说明的，它充其量是被用来反证必要性的。在今天看来，三峡工程的生态环境变化和交通情况的变化，大大超出了论证上马时的预料。一方面是生态环境变化确实不好预测出来，如对水位抬高到最高位后库水对库侧水上水下的地质影响、生态影响不好预测，或预测要付出极高的科研考察论证成本，会耽误上马时间，影响决策者的信心。另一

方面是当时压根就没有预测隐患的意识，预测的都是乐观的情况。如对航运带来的利益预估得过高，而近十年来沿江高速公路大发展，使更多客运和物流放弃了航运，选择了更方便的陆运。未来出川高铁还会给三峡航运造成新的影响。如果我们在报告法定结构中增加独立的"预测性"部分，而且把"预测性"当作三大部分之一，那么三峡工程在今天出现的好多问题也许会在一定程度上得以避免。

另一个举世瞩目的南水北调工程的上马更是缺乏一个预测性论证的过程。仅就目前还远没有竣工的情况看，人们已经认识到，调水的成本高于运水成本，调水的风险也远远大于用其他方式补水的风险，调水的方式恰好是对水资源的浪费。以经过河流交汇这种方式，无论是北方的旱季还是雨季都不能让"南水"真正到达目的地而发挥应有作用，旱季输入即将断流的北方河道还不够蒸发渗漏，雨季则会被污浊的洪水冲走。于是人们开始怀疑，这一工程仅仅是为了解决北方极个别特大城市的生活用水问题而存在的。举全国之力、耗世纪之时的一个工程，却是为了远水解近渴，其中的副作用远远大于一般形象工程、政绩工程的副作用。若将这些耗费用在北方保持水土、节约用水、绿化环境上，也许能解决根本问题。

这让我们想起了明长城的意义，这个耗时三个世纪、耗费无穷国力的伟大工程，其修筑意图只是为了防御北方游牧民族的骚扰，然而它没能减少游牧民族的骚扰，更没能挡住满清朝力量的入关，最终只能留下一点"中华脊梁"的象征意义。这么大的耗费若用于真正的国防建设，那历史也许会被改写。与其说重修长城显示了明王朝巨大的雄心，还不如说是暴露了明王朝巨大的恐惧。

在强烈主观心理作用下的权力拍板，都是不顾客观预测的"拍脑门"决策。如果把"预测性"（包括各种反面预测）法定为请示报告、项目论证的独立篇章，就会有效阻止悲剧的不断上演。

反对"项目"上马是最常见的事情。不管反对者是否为审批者，对付反对者的最好做法就是在"预测性"上做足文章，他想到的反对理由我都想到了，他没想到的潜在反对理由我也想到了，通过我的论证打消他所有的疑虑，最终采纳我的主张。在成熟的投资环境下进行某一投资，应看重的是"预测性"，不能有大的亏损；在成熟的消费掌管者那里获得消费支持，也应看重的是"预测性"，不能造成过度消费等浪费；在成熟的建设管理体制里批准重大建设项目，更应看重"预测性"，不能被社会批评为

"面子工程"。

　　尽管"必要性—可行性—预测性"文章在中学阶段涉及不多，但作为一种具有科学严谨结构的文体，必须加以学习巩固。《给市长的一封信》之类的题目在各种练习和考试中时有出现，也能引起学生的广泛兴趣，不管是"劝退"还是"劝进"，这一结构模式无疑是训练的首选。当然，这一模式的训练，还可渗透到日常的生活中。

　　如一个中学生向父母要一个 iPhone 6 手机，他只有走完"必要性—可行性—预测性"这一过程才有可能说服父母。买 iPhone 6 有助于学习：学校许多课要求学生在网络环境下完成作业，iPhone 6 有强大的学习功能和储存、辅助记忆功能，班里"学霸"都有 iPhone 6（暗示"我"有了 iPhone 6 也能当"学霸"）。买 iPhone 6 很普遍、很省钱：目前 iPhone 6 正在打折，比当初便宜多了，班上好多同学都买了，楼下牛科长的儿子也用了好久了（老爸一直对牛科长不服，爱和他比消费能力）。买 iPhone 6 可督促我完成自我塑造：买了 iPhone 6，我可以和你们连接定位监控，你们可以更好地监督我，我要卸掉所有游戏软件和音影软件，旧手机其实有许多这些玩意，我每天或每周都会向您汇报我使用 iPhone 6 用来学习的情况。我保证使用 iPhone 6 后成绩逐次提高，若出现倒退情况，您立刻没收手机（让老爸知道我借此来自我塑造和自我监督，并能主动规避玩物丧志的风险）。没有督促、自我塑造这一"预测性"角度，家长很难下决心答应给孩子买 iPhone 6。

　　许多演讲词，都是遵循了"必要性—可行性—预测性"这一结构规律，使得原本无须证明的观点有了新的有力支撑，让听众在这一过程中充分体验演讲者主张的顺畅、合理性，最终欣然接受其主张。

（二）经典示例

我有一个梦想

马丁·路德·金

　　一百年前，一位伟大的美国人签署了《解放黑奴宣言》，今天我们就是在他的雕像前集会。这一庄严宣言犹如灯塔的光芒，给千百万在那摧残生命的不义之火中受煎熬的黑奴带来了希望。它之到来犹如欢乐的黎明，结束了束缚黑人的漫漫长夜。

然而一百年后的今天，我们必须正视黑人还没有得到自由这一悲惨的事实。一百年后的今天，在种族隔离的镣铐和种族歧视的枷锁下，黑人的生活备受压榨；一百年后的今天，黑人仍生活在物质充裕的海洋中一个穷困的孤岛上；一百年后的今天，黑人仍然蜷缩在美国社会的角落里，并且，意识到自己是故土家园中的流亡者。今天我们在这里集会，就是要把这种骇人听闻的情况公之于众。

就某种意义而言，今天我们是为了要求兑现诺言而汇集到我们国家的首都来的。我们共和国的缔造者草拟宪法和独立宣言时，曾以气壮山河的词句向每一个美国人许下了诺言，他们承诺给予所有的人以不可剥夺的生存、自由和追求幸福的权利。

就有色公民而论，美国显然没有实践她的诺言。美国没有履行这项神圣的义务，只是给黑人开了一张空头支票，支票上盖上"资金不足"的戳子后便退了回来。但是我们不相信正义的银行已经破产，我们不相信，在这个国家巨大的机会之库里已没有足够的储备。因此今天我们要求将支票兑现——这张支票将给予我们宝贵的自由和正义的保障。

我们来到这个圣地也是为了提醒美国，现在是非常急迫的时刻。现在绝非侈谈冷静下来或服用渐进主义的镇静剂的时候。现在是实现民主的诺言的时候。现在是从种族隔离的荒凉阴暗的深谷攀登种族平等的光明大道的时候，现在是把我们的国家从种族不平等的流沙中拯救出来，置于兄弟情谊的磐石上的时候，现在是向上帝所有的儿女开放机会之门的时候。

如果美国忽视时间的迫切性和低估黑人的决心，那么，这对美国来说，将是致命伤。自由和平等的爽朗秋天如不到来，黑人义愤填膺的酷暑就不会过去。1963 年并不意味着斗争的结束，而是开始。有人希望，黑人只要撒撒气就会满足；如果国家安之若素，毫无反应，这些人必会大失所望的。黑人得不到公民的权利，美国就不可能有安宁或平静；正义的光明的一天不到来，叛乱的旋风就将继续动摇这个国家的基础。

但是对于等候在正义之宫门口的心急如焚的人们，有些话我是必须说的。在争取合法地位的过程中，我们不要采取错误的做法。我们不要为了满足对自由的渴望而抱着敌对和仇恨之杯痛饮。我们斗争时必须永远举止得体，纪律严明。我们不能容许我们的具有崭新内容的抗议蜕变为暴力行动。我们要不断地升华到以精神力量对付物质力量的崇高境界中去。

现在黑人社会充满着了不起的新的战斗精神，但是我们不能因此而不信任所有的白人。因为我们的许多白人兄弟已经认识到，他们的命运与我们的命运是紧密相连的，他们今天参加游行集会就是明证；他们的自由与我们的自由是息息相关的。我们不能单独行动。

当我们行动时，我们必须保证向前进。我们不能倒退。现在有人问热心民权运动的人："你们什么时候才能满足？"

只要黑人仍然遭受警察难以形容的野蛮迫害，我们就绝不会满足。

只要我们在外奔波而疲乏的身躯不能在公路旁的汽车旅馆和城里的旅馆找到住宿之所，我们就绝不会满足。

只要黑人的基本活动范围只是从少数民族聚居的小贫民区转移到大贫民区，我们就绝不会满足。

只要密西西比仍然有一个黑人不能参加选举，只要纽约有一个黑人认为他投票无济于事，我们就绝不会满足。

不！我们现在并不满足，我们将来也不满足，除非正义和公正犹如江海之波涛，汹涌澎湃，滚滚而来。

我并非没有注意到，参加今天集会的人中，有些受尽苦难和折磨，有些刚刚走出窄小的牢房，有些由于寻求自由，曾在居住地惨遭疯狂的迫害和打击，并在警察暴行的旋风中摇摇欲坠。你们是人为痛苦的长期受难者。坚持下去吧，要坚决相信，忍受不应得的痛苦是一种赎罪。

让我们回到密西西比去，回到亚拉巴马去，回到南卡罗来纳去，回到佐治亚去，回到路易斯安那去，回到我们北方城市中的贫民区和少数民族居住区去，要心中有数，这种状况是能够也必将改变的。我们不要陷入绝望而不能自拔。

朋友们，今天我对你们说，在现在和未来，我们虽然遭受种种困难和挫折，我仍然有一个梦想。这个梦想是深深扎根于美国的梦想中的。

我梦想有一天，这个国家会奋起，真正实现其信条的真谛："我们认为这些真理及不言而喻的——人人生而平等。"

我梦想有一天，在佐治亚的红山上，昔日奴隶的儿子将能够和昔日奴隶主的儿子坐在一起，共叙兄弟情谊。

我梦想有一天，甚至连密西西比州这个正义匿迹，压迫成风的地方，也将变成自由和正义的绿洲。

我梦想有一天，我的四个孩子将在一个不是以他们的肤色，而是以他们的品格优劣来评价他们的国度里生活。

我今天有一个梦想。

我梦想有一天，亚拉巴马州能够有所转变，尽管该州州长现在仍然满口异议，反对联邦法令，但有朝一日，那里的黑人男孩和女孩将能与白人男孩和女孩情同骨肉，携手并进。

我今天有一个梦想。

我梦想有一天，幽谷上升，高山下降，坎坷曲折之路成坦途，圣光披露，满照人间。

这就是我们的希望。我怀着这种信念回到南方。有了这个信念，我们将能从绝望之岭劈出一块希望之石。有了这个信念，我们将能把这个国家刺耳的争吵声，改变成为一支洋溢手足之情的优美交响曲。

有了这个信念，我们将能一起工作，一起祈祷，一起斗争，一起坐牢，一起维护自由；因为我们知道，终有一天，我们是会自由的。

在自由到来的那一天，上帝的所有儿女们将以新的含义高唱这支歌："我的祖国，美丽的自由之乡，我为您歌唱。您是父辈逝去的地方，您是最初移民的骄傲，让自由之声响彻每个山岗。"

如果美国要成为一个伟大的国家，这个梦想必须实现。让自由之声从新罕布什尔州的巍峨峰巅响起来！让自由之声从纽约州的崇山峻岭响起来！让自由之声从宾夕法尼亚州阿勒格尼山的顶峰响起来！

让自由之声从科罗拉多州冰雪覆盖的落基山响起来！让自由之声从加利福尼亚州蜿蜒的群峰响起来！不仅如此，还要让自由之声从佐治亚州的石岭响起来！让自由之声从田纳西州的瞭望山响起来！

让自由之声从密西西比的每一座丘陵响起来！让自由之声从每一片山坡响起来。

当我们让自由之声响起来，让自由之声从每一个大小村庄、每一个州和每一个城市响起来时，我们将能够加速这一天的到来，那时，上帝的所有儿女，黑人和白人，犹太教徒和非犹太教徒，耶稣教徒和天主教徒，都将手携手，合唱一首古老的黑人灵歌："终于自由啦！终于自由啦！感谢全能的上帝，我们终于自由啦！"

【点评】

强大的感染力，不仅来自于火热的感情和优美的语言，更来自于符合听众接受心理的主题结构。

这篇虽不是实用文，但作者依然遵循了"必要性—可行性—预测性"

这一结构规律，只不过作者把"必要性"分为"重要性"和"迫切性"两个部分。"重要性"主要谈黑人要平等自由的法律的合理性和目前黑人的窘迫境遇。"迫切性"主要谈黑人怒火万丈，存在动乱风险。"可行性"主要谈美国政府有财力，黑人兄弟有忍耐力，白人兄弟在支持。"预测性"则是通过优美的文学语言，描述了各种族兄弟平等自由相处的未来美国图景，这一图景是全美国都受益的图景，而不是复仇图景。当然我们还可以把全文看作是"过去—现实—未来"的结构，不过"过去"只是一个引子而已。

（三）考题分析

1999 年高考全国卷

阅读下面文字，按要求作文。

随着人体器官移植获得越来越多的成功，科学家又对记忆移植进行了研究。据报载，国外有些科学家在小动物身上移植记忆已获得成功。他们的研究表明：进入大脑的信息经过编码贮存在一种化学物质里，转移这种化学物质，记忆便也随之转移。当然，人的记忆移植要比动物复杂得多，也许永远不会成功，但也有科学家相信，将来是能够做到的。假如人的记忆可以移植的话，它将引发你想些什么呢？

请以"假如记忆可以移植"为作文内容的范围，写一篇文章。注意：写作时可以大胆想象，内容只要与"假如记忆可以移植"有关就符合要求，具体的角度和写法也可以多种多样，比如编述故事，发表见解，展望前景，等等；题目自拟；除诗歌外，其他文体不限；不少于 800 字。

【思路点拨】

假如记忆可以移植，绝对不会有一个喜剧的结局，而是一连串悲剧的开始。原本设想的美丽童话，一定会演变成阴森怪异的恐怖大片，所以没必要移植记忆。也许，科学的进步使移植记忆越来越具备技术的可能性、可行性，但若任由移植这项技术发展推行，那就会出现各种可怕的麻烦，出现始料未及的严重后果。

（1）从纯技术角度看。

可以将一个博学者的知识移植。

可以将一个阅历丰富者的经验移植。

可以将众多博学者、众多阅历丰富者的知识与经验进行最大限度的移植，以至达到人记忆储存的极限。

然而，当技术和费用都不存在问题时，那么供体又将面临什么样的境况？被有钱人独占还是被众人无数次开颅取智？需要不断积累记忆的人是否要不断进行植入手术？

当移植手术进行时，我们还会碰到所有移植都会遇到的排异反应；我们也会遇到像骨髓移植那样的苛刻的配型问题。这些问题怎么解决？

另外，供体及记忆会不会越来越成为稀缺资源？

（2）从人的成长发展角度看。

移植而来的记忆能否真正转化成受体的能力智慧？

移植来的记忆会不会成为僵死老化的知识？会不会阻碍受体的成长？

离开了实践的基础，离开了学习过程，人获得的知识还有意义吗？

依赖于移植记忆，人自身的记忆功能会不会因此而严重退化？

（3）从心理人格角度看。

移植了知识记忆、经验记忆的同时，自然也意味着移植了情感记忆，供体的情感记忆会不会对受体造成巨大的干扰？

供体和受体的记忆冲突会不会引发人格冲突、人格错乱？

（4）从伦理角度看。

会不会引发不同身份的人的角色错乱？

会不会引发子辈移植父辈的记忆而导致的伦理灾难？

（5）从社会角度看。

这就像其他脏器移植一样，当移植记忆不仅是技术问题，同时也是费用问题的时候，是否会因此引发智慧资源的大掠夺、大侵占，在进一步加大贫富差距的同时也加大"愚智差距"？

纯技术的问题也许会逐步解决，然而解决得再好，也不会解决随之而来的成长发展问题、心理人格问题、伦理问题、社会问题，而只能使这些问题变得复杂而可怕。

一因多果、连锁反应，在这样的思维下，才能认清这类面向未来的技术进步的深远影响。

（四）范文展示

为世界许诺一个更好的未来
——论迈向人类命运共同体（节选）

国纪平

什么样的观念，才能让世界实现永久的和平？什么样的方式，才能让各国实现持续的发展？什么样的思想，才能让人类打破文化的隔阂？什么样的行动，才能让更多人共享发展的成果？

美国前国务卿基辛格曾经感叹，在每一个时代，政治家们都尝试着寻求和平，然而"和平总是地区性秩序，从未能建立在全球的基础上"。哥伦布发现新大陆以来500年里，无论是战船巡行大洋的西班牙还是号称"日不落"的大不列颠，无论是威斯特伐利亚体系还是维也纳体系，无论是两次世界大战的惨烈厮杀，还是冷战时代的两强争霸，国际秩序变迁背后的"世界观"始终无法突破一己的利益考量，持久和平成为难以实现的梦想。

1968年，年近八旬的英国历史学家汤因比在与日本哲学家池田大作进行的"展望二十一世纪"对话中，这样反省西方政治传统："自从罗马帝国解体以来，西方的政治并没有致力于重建统一，而是破坏性地企图阻止统一。"

如何建设"美好的世界"？有人提出"霸权稳定论"，主张打造一个无所不能的超级大国来统领国际事务；有人提出"全球治理论"，主张各国弱化主权，制定共同的规则来管理世界；有人提出"普世价值论"，主张推广某一种自认为"先进"的价值观和社会制度来一统天下。

然而，这些理论带来的，是近年来经济低迷、地缘动荡、恐怖危机、文明摩擦，西方学者甚至惊呼人类正在走进"失序的世界"。政治评论家米什拉在英国《卫报》发表文章指出，时至今日，西方仍然深受殖民时期"文明与野蛮"的二元思想影响，并自视为优越文明，把自身理念强加于世界各国。

如果说，大航海时代开始的列国竞逐是国际秩序的"1.0版"，西方取得优胜、世界分为南北是国际秩序的"2.0版"，那么，现在正是孕育"3.0版"国际新秩序的阶段。《联合国宪章》序言中说，为保护人类和尊重人权，需要"力行容恕，彼此以善邻之道，和睦相处"，这是人类和平的种子，是重构新秩序理当遵循的原则。

回望过往，不同宗教、种族、国家之间的割裂、冲突、战争在整部世界史中无处不在，如何走出陈旧思维的陷阱，避免重复历史的苦难？

"弱肉强食、丛林法则不是人类共存之道。穷兵黩武、强权独霸不是人类和平之策。赢者通吃、零和博弈不是人类发展之路。和平而不是战争，合作而不是对抗，共赢而不是零和，才是人类社会和平、进步、发展的永恒主题。"来自中国的思索，勾画了人类文明基本的价值坐标。人与人，国与国，需要守望相助，弘义融利，心心相印，风雨同舟，勇担责任。因为，命运休戚与共，梦想相连相通。

（选自《人民日报》2015年5月18日01版）

生命里，总会有一朵祥云为你缭绕

莫　言

这个世界，总有你不喜欢的人，也总有人不喜欢你。这都很正常。而且，无论你有多好，也无论对方有多好，都苛求彼此不得。因为，好不好是一回事，喜欢不喜欢是另一回事。

刻意去讨人喜欢，折损的，只能是自我的尊严。不要用无数次的折腰，去换得一个漠然的低眉。纡尊降贵换来的，只会是对方愈发地居高临下和颐指气使。没有平视，就永无对等。

当然了，极致的喜欢，更像是一个自己与另一个自己在光阴里的隔世重逢。愿为对方毫无道理地盛开，会为对方无可救药地投入，这都是极致的喜欢。这时候，若只说是脾气、情趣和品性相投或相通，那不过是浅喜；最深的喜欢，就是爱，就是生命内里的黏附和吸引，就是灵魂深处的执着相守与深情对望。

这是一场诡秘而又盛大的私人化进程。私人化的意思就是，即使无比错误，也无限正确。有时候，你的无数个回眸，未必能看到一个擦肩而过；有时候，你拿出天使的心，并不一定换来天使的礼遇。如果对方不喜欢你，都懒得为你装一次天使。谁也不需要逢场作戏。尽管，一时的虚情假意，也能抚慰人陶醉人，但终会留下搪塞的痛，敷衍的伤。

所以，这个世界最冒傻气的事，就是跑到不喜欢你的人那里去，问为什么。不喜欢就是不喜欢了，没有为什么。就像一阵风刮过，你要做的是，拍

228

拍身上的灰尘，一转身沉静走开。然后，把这个不喜欢自己的人忘掉。

一个人风尘仆仆地活在这个世界上，要为喜欢自己的人而活着，这才是最好的态度。不要在不喜欢你的人那里丢掉了快乐，然后又在喜欢自己的人这里忘记了快乐。

勉强不来的事情，不去追逐。你为此而累的时候，或许对方也很累。你停下来了，你放下了，终会发现，天不会塌，世界始终为所有人祥云缭绕。

谁都在世俗的泥淖里扑腾着。有的人天生是来爱你的，有的人是注定给你上课的。你苦心经营的，是对方不以为意的；你刻骨憎恨的，却是对方习以为常的。

喜欢与不喜欢之间，不是死磕，便是死拧。然而，这就是生活。

在辽阔的生命里，总会有一朵祥云为你缭绕。与其在你不喜欢或不喜欢你的人那里苦苦挣扎，不如在这朵祥云下面快乐散步。天底下赏心快事不要那么多，只一朵，就足够了。

公共辩论，求真比求胜更重要

范正伟

这几天，因"转基因食品该不该吃"产生骂战，方舟子和崔永元从微博转战至法庭，互指对方侮辱诽谤、侵害名誉。从斗嘴到说法，这场官司不管胜负如何，都有一定的标本意义，尤其是，比起一些人的"微博约架"，应该说是一种理性的回归。

只是，一场原本围绕科学命题的公共辩论，最终在互斥"流氓""骗子"的骂声中收尾，还是令人心生感慨。当严肃的科学探讨，变成关乎名誉尊严的捍卫之战；当对转基因的关注，成为"挺方还是挺崔"站队表态；当摊开手掌的公共辩论，成为攥紧拳头的相互攻击，这种戏剧性的结局，恐怕不是各方愿意看到的。

近些年来，公共辩论"剑走偏锋"的现象并不鲜见：心平气和的讨论，变为唾沫横飞的辱骂；同一话题的分歧，成了互揭隐私的竞赛；网络争吵的激化，导致赤膊上阵的"约架"，至于动辄质疑别人为"五毛""美分"，或者相互送上"卖国贼""爱国贼"的帽子，也是时有耳闻。类似现象，不仅拉低了公共辩论的价值，许多时候也冲破了法律道德的底线。究其原因，往往是伸张正义的急迫、求胜心切的冲动，让预设立场左右了事实选择，让站队逻辑取代了是非判断，让意气之争消解了话题本身。

捷克教育家夸美纽斯有句名言，"对于事实问题的健全的判断是一切德行的真正基础"。遗憾的是，在当下的现实中，许多时候事实还没搞清楚，就有了倾向性答案。君不见，从马航客机失事，到苹果手机定位，再到海南棉被捐赠，有人总是选择性相信，然后再以观点论证观点。至于真相如何，已经不再重要，重要的是观点的卓然不群，重要的是意见的抱团取暖，难怪有人发问：在雄辩"胜于"事实的时候，我们如何关心真相？而作家刀尔登在《中国好人》一书中，也忧心忡忡地写下了这样一段话："道德下降的第一迹象，就是不关心事实，毕竟，辨别真相，是累人的事。"

或许在一些人看来，偶尔对事实的忽略"无伤大雅"，重要的是自己观念的先进，高尚的是对正义底线的捍卫。毫无疑问，宽容是有底线的，但这个底线，只能是法律道德，而不是一己的好恶。如果一边高呼自由，一边却对不同声音没有起码尊重，充满了智商和道德的优越感；如果一边宣称平等，一边却认为别人不配有发言资格，摆出一副真理在握、不容分说的姿态；如果一边反思"文革"，一边却像"文革"一样，动辄给别人扣上吓人的大帽子，非此即彼、非友即敌、非红即黑，这种辩论和交锋，除了固化成见、撕裂共识，恐怕不会有别的意义，更难以收获新的东西。

事实上，即便是错误的意见，其内容往往也包括部分合理性。罗曼·罗兰说得好，"如果你想独占真理，真理就要嘲笑你了"。辩论的本质，不在于辩倒对方，而在于对真理的不懈探求；辩论的目的，不是让对方哑口无言，而是为了弄明白问题。想赢怕输是人之常情，但在公共辩论中，比输赢更重要的是，我们由此展现了什么，从中学到了什么；通过辩论，我们是否拓展了视野、开阔了思路、激发了思考。因此，我们期待，在公共辩论中，胜利的一方能够说："我从对方身上学到了新的东西。"失败的一方能够说："我错了，却得到了真理。"围观的人们能够说："我们又向真理迈进了一步。"

有人说，21世纪世界历史的最重要事件，可能是中国作为一个文明大国的重新崛起。从经济强国走向文明大国，呼唤着精神的勃发，观念的更新，理性的构筑。从社会来讲，这不仅需要探求真理的勇气，更需要探求真理的氛围；就个人而言，这不仅需要表达观点的技巧，更要和而不同的理念。唯其如此，我们方能搭建理性、建设性的讨论平台，提升中国社会的民主素养和公共精神，不辜负这个伟大的时代。

（选自《人民日报》2011 年 7 月 28 日 05 版）

【点评】

方舟子和崔永元因转基因食品展开论战，引发形成挺方、挺崔两大阵营及网络对骂，本文作者由这一事件联想思考近年的非理性公共辩论，提出公共辩论首先应求真而不是求胜这一主张。公共话语空间中人们的迷失与混乱近年渐显，2014 年尤甚。延续半年之久的转基因食品之争，乃至年末的意识形态之争，都很典型。评论之妙，在于拨开公共辩论的喧嚣，直面其本质与目的。

（五）下水作文

不教语法，声讨"工具性"的矫枉过正

李旭山

初中语文该不该教语法？

纵观十多年来关于语文的大讨论，每一次都是由外行发起的。可这些"外行"行动起来一点也不外行，而且神通广大，他们能代表广大"消费者"的声音，他们发现那繁难而又枯燥的语法等知识，就是添加在奶粉中的三聚氰胺，就是庸医处方中开出的假药和回扣药，所以他们要再一次将"受害者"——学生从庸师与虚假知识中解救出来。和以往几次不同的是，他们手里不仅有舆论监督的资源优势，而且多了课程标准这柄尚方宝剑。不过避开这些危言耸听的喧嚣，找回自诊自医的权利，凭着职业良知真正深入到语文教学中，我们会发现，初中语文不能不教语法，具体理由如下。

外语启蒙阶段就教语法，而母语教学到七、八、九年还不教语法还真说不过去。外语、汉语重视语法教学的差异，是当前国人对外语、汉语厚此薄彼的又一证据。厚此薄彼的结果是，中学生有半数以上的人，竟然不知道汉语里形容词可以作谓语，以为汉语像英语一样只有动词才能作谓语，当老师问到形容词的语法功能时，学生竟然以"表语"呼之。这简直让汉语在外语面前丢尽了丑。很难想象一个把母语汉语说得满口病句的人能学好外语。所以教不教语法是重视不重视语文的问题。

进入高中阶段的学习后，高考会考语法，有现代汉语的病句修改，有古汉语的语法考查。可实际情况是初中不重视语法教学，使得高中很多和语法有关的教学内容无法正常展开。讲到词性，大部分学生不知道"根据""按照""通过""依靠"还能作介词，不知道"简直""着实""算是""明明""幸亏"等是语气副词。讲到短语，大部分学生不知道什么是偏正短语，不知道介宾短语是介词带宾语。讲到句子成分更是一问三不知，常常弄得老师哭笑不得。所以教不教语法是能不能为高中学习以至大学学习打好基础的问题。

假如学生初中毕业以后不升学直接走向社会，外语离开学校两天就会变成与己无关的东西，数学只需要小学水平就能混社会了，唯独语文是最有用的东西，得时时刻刻温故知新。但他们将再也没有机会进行系统的语法训练了，所以义务教育阶段不教语法有失公平，教不教语法是关系到教育公平的问题。

初中教不教语法，表面看起来是受中考考不考语法的影响，其实不然。众所周知，在语文工具性和人文性大讨论的此消彼长中，语法时而被重视，时而不被重视。当十年前痛批语文教育"误尽苍生"时，人们将语文教育的失败归罪于语文工具性太强，为了突出人文性自然就要削弱其工具性，语法教育首当其冲。那些反对语法教育的雄文，语言颇为通顺，合乎语法规范，这明明是当年重视语法教学训练出来的功底，却用在了支持语法可不学的观点上，语法教学成了语文教育路线斗争中的牺牲品。所以教不教语法实质上是语文教育重不重工具性的问题。

这一工具性与人文性的路线斗争，一开始并没有在语文教育内部展开，甚至没有在教育领域展开，而是在遥远的外围展开，几个作家、记者呼风唤雨地掀起了这场斗争，由于话语权的优势，斗争从一开始就出现了一边倒的情形，全社会到处是批语文老师、批工具性的声音，因而语文教育、语文教师就像巴黎和会上的中国主权一样任人宰割。更重要的是，那场讨论大大地影响了课程标准关于语文性质的确定，因为所谓缺乏人文性，就在课程标准里加进了"人文性"。于是语文教育功能的双重性得到了法律文件的肯定，至于初中该不该教语法，事实上也成了整个中学教不教语法的问题了。所以教不教语法实质上是如何理解课程标准侧重点与倾向性的问题。

但实践中这只是一厢情愿，这一缺啥补啥的简单做法恰恰为语文内部的路线斗争埋下了伏笔。如果说十年前是语文和外部斗（其实是挨斗），那么今天则是语文内部在斗，这不能不说是一种"进步"。当然斗争的双方都没有弄明白是课程标准惹的祸，语文性质原本是三个统一："工具性和目的性（审美性）的统一""基础性和创造性的统一""科学性和人文性的统一"，课程标准却断章取义为一个"统一"——"工具性和人文性的统一"，生硬地将两个不同范畴的概念混搭在一起，并企图让"人文性"时时刻刻管住"工具性"。如此不伦不类的混搭，如此以新的简单化代替旧的简单化，就是今天还要为这个本来无须讨论的问题而再费口舌的政策原因。所以教不教语法，实质上是在实践中反思语文性质、反思课程标准的问题。

因而，"教不教语法"这一小题还必须大做。

第六节　过程的美丽源于主题结构

——过程描述类作文审题思维训练

一、过程描述类作文的思维构建

无论是描写情节过程的文章，还是展示情感思想过程的文章，其"过程"都应该有经过深思熟虑的结构。描写情节过程的文章的内在结构，我们可以从文体与表达方式角度加以说明。展示情感思想过程的文章的内在结构，我们就得充分发挥范畴思想的主观性，深入研究并整理文章已经表达和可能表达的意思，使之依次呈现在文章结构之中。

无矛盾冲突、无曲折情节的文章，回忆性文章，过程性描写文章，这几类文章往往需要琐细的描述。琐细描写往往处在文章的核心部位，之前和之后都是轮廓性的叙述，三者形成一个有变化但又很稳定的文体外在结构：轮廓—细节—轮廓。

轮廓，侧重线条化叙述，一般保持一种轻快的匀速节奏。细节，侧重某一点的详细描写，节奏是缓慢的，较之轮廓讲述几乎是停下来的节奏。而细节描写的对象，往往是原本不起眼，容易被人忽视的琐细之物、琐细之事。

如作家苏北曾这样描写文学大师汪曾祺："汪先生喝酒是出了名的。关于他喝酒，趣闻轶事也很多。最有名的就是，晚年老太太管着他，不让他多喝酒，有时馋极了，以下楼遛个弯、买个馄饨、买个菜的机会，溜到小区的小卖部，打一碗酒，站在那儿，一口饮尽，抹抹嘴，走人。"

没有推杯换盏、觥筹交错，没有酒前吟咏、酒后泼墨，没有任何吸引人眼球的地方，只是将日常生活中再平常不过的琐事细节串在一起，就成了汪曾祺先生最精彩的故事。寻常琐细之事，在叙事和写人之中却起着非同寻常的巨大作用。

记事写人兼顾的复杂记叙文，如没有什么矛盾冲突，那么最好的选择就是抓住寻常琐细之事，使故事有意思起来，使人物形象丰满起来。这对阅历尚浅，很少体会世间矛盾冲突的中学生来说尤为重要。

无　题

韩晓征

我小的时候是姥姥姥爷照看着的。

那些年我们住在一座小四合院里。

门口两个石头门墩儿，也许就是姥姥说的歌谣——"小小子儿，坐门墩儿，哭着喊着要媳妇儿"——里头的门墩。两扇木头街门上"凤鸣春日□"，"龙□海云高"的对联也斑斑驳驳的了。门上钉着铁环，听姥姥说，从前是一对黄铜的来着，木影壁也是斑驳的。绕过影壁和大杨树，三间北屋，分住着姥姥、姥爷和大舅一家子；爸爸妈妈带着我住小东屋。

西屋住着一家五口人。一个老头儿，总不爱说话，发起脾气来可非常吓人。我们小孩背地里就叫他"老驴"。"老驴"有两个老婆。我们管大老婆叫"小脚"，管小老婆叫"大脚"。"小脚"多年病在床上，"大脚"尽心尽意侍候她，也侍候两个外孙女儿。"小脚"有个女儿，"大脚"没有孩子。西屋在我印象里总昏暗着。也有时候夕阳斜射进那扇小后窗子，老座钟单调地走着。"老驴""小脚"和"大脚"都手托着长杆儿烟袋，"吧嗒吧嗒"地抽，半天谁也不说一句话。那时候，我多半儿正和他们的小外孙女在西屋门前玩儿呢。

院门并不临街，只隐在一条小过道里，很清静。过道尽头就是东院。

东院三间北屋，亮堂堂的，住着邻居三奶奶一家子。她的小孙女才算是我的小伙伴儿。我们老爱爬上她家迎门那两把红木椅子，过家家。椅背上的雕镂花纹润着一层乌亮的感觉。那些古旧大花瓶也都隐约闪着静静的光。三奶奶很老了。她常用一种我觉得很新奇的皂球儿洗手，只有姥姥知道那叫"猪胰子"。我记得三奶奶总躬着背，在黄昏的微光里忙着全家的晚饭。满是皱纹的手背上凸起着暗蓝的青筋。

东院东屋里住着张爷爷，一个孤老头儿，爱种花儿，还爱收集指甲。我们小孩儿指甲长了，都去他那儿剪。他就一块儿一块儿地收进一个小瓶儿里去，还说那是一味药。我可一直疑惑着……他窗前的阳光被一篷绿伞似的枸杞树挡着，屋里终年闷着一股潮味儿。就在那阴阴的潮味儿里，紫檀的桌面上放着些小古董。我问过姥爷，为什么有个小花瓶儿满身都裂纹了，张爷爷还舍不得扔。姥爷说，那"裂纹"是原来就有的，很名贵的品种呢；还说张爷爷保存下这些东西也许非常不易。我当时并不懂什么叫"名贵"，什么叫"不易"。不过看着张爷爷擦拭它们的时候，总那么微微颤着头又极专注的样子，就觉得那些小瓶小罐很神秘。可我不知道那里头都装着些什么。

东院南屋住着一家回民。屋里也很暗，我每次去玩儿都闻见浓浓的膻味儿。南屋叔叔闲了爱喝两盅儿。脸一红上来就在那种糅合着膻味儿的昏暗里，拍着大腿唱戏。我们小孩儿一边乐他，一边摘张爷爷门前树上的枸杞子吃。红的，甜的。

出了东院，再穿出那条过道，对面院子里三间西房，住着三舅一家。钩花的白帘儿是表姐的手艺；挂到窗子上，从屋里能看清楚外面，从外面却一点儿也看不见里头。

我家南边的院子有些特别：进门要过一段光线很暗的穿堂夹道，每次从那段夹道里过，老觉得面前的院子特别亮；站在院里那个葡萄架底下，又觉得刚走过的夹道很黑，很模糊。没事儿我也常爱在两者之间跑来跑去。

北边的院子，院门开在胡同口上。那儿的房子又高又大，临街的窗子却又瘦又小，上面还挡着铁栏杆。沈姓夫妇就住在里面。我在那窗根儿底下玩沙土和石子，总能听见有人随着钢琴练声。"咪—吗—咪"，那种重复了多次的声音，在薄阴的冬日正午，透过蒙尘的玻璃和生锈的铁栏杆，萦绕着漠然走过的路人。我忽觉得身处的地方，一下子遥远了。

这大致就是我小时候居住的环境，也几乎就是我的整个世界。

上小学之前，我只认识"大""小"两个字。不过我很快就能认不少字了。记得上二年级的时候，晚上常在姥姥屋里，捧着那本发黄的旧书（那是一种杂志的合订本，很可能是二十世纪六十年代初期的《人民文学》），读个没完。我所能记得的最早的一篇文章，叫作《白鹭和日光岩》……

以后我读的书越来越多。我们也搬出了那小四合院。可有一个感觉总那么不可思议，直到我要把它写下来了，就更觉得它奇怪。

如果我说，《红楼梦》里那个苦命的香菱曾去过我们那个东院，有谁会信呢？

我知道没人信，除了我自己。

其实我也觉得怪，可没办法。看书的时候，我总得给书里的人安排个地方。

于是——

香菱找黛玉问诗的时候，经过那棵挂着红果子的枸杞树，进的就是张爷爷那间窗子上爬满了牵牛花的东屋。那时候屋里没有张爷爷，只见黛玉，正擦拭那个有裂纹的小瓷瓶。

住着回民的南屋，在我读《孔乙己》的时候，暂时成了咸亨酒店的铺面，里头依然有膻味儿；孔乙己就在那儿"排出九文大钱"，也在那儿坐着个包袱喝下最后一碗酒。那时候院里其他几间屋子都虚成一片空旷。

三奶奶家的三间北屋，正是《祝福》里鲁四老爷祭祖的厅堂，旁边单有个小天井，一间小耳房，里头就住着回鲁镇来看望四叔的那个"我"。

至于南院，"武陵人"走啊走，钻过了那条狭长的昏暗夹道，眼前出现了很亮的世界。大葡萄架上新生的叶子在阳光里是透明的。

"大脚"给我们小孩儿讲过牛郎织女，说七月七夜里，蹲到雨中的葡萄架底下，会听见牛郎织女说着悄悄话儿。后来每逢阴雨夜，我总觉得"大脚"正溜到南院葡萄架底下去偷听……

三舅家住的那一排矮房，是童话《矮子鼻儿》里老巫婆的住所。里面已不是灰砖地，而是色深如水的玻璃铺地，上面有踩着胡桃壳的松鼠跑来跑去。老巫婆从三舅妈那个碗柜里拿出一枝奇香的花……而邻居们谁也看不见里面的世界。白色的钩花窗帘正轻轻晃动。

至于沈姓夫妇的屋子，是茶花女的卧房。而那院子又是爱丝梅拉达和那群穷苦吉卜赛人聚居的地方。她总"咪—吗—咪"唱着无词歌。

现在该回到我家的院子了。"大脚"他们住的西屋，是张爱玲的《留情》里那个新婚少妇造访过的地方；那昏暗的屋是一大一小两个老座钟以同样的频率和单调的钟鸣，记述着另一种时光。

说到姥爷姥姥和大舅他们住的，还有我们一家三口人住的几间屋子里——没有，从没有别的什么故事，除了我们自己的。

这究竟是怎么一回事？我总也想不通。

有一点是可以肯定的，对于这个稀奇古怪的想象世界，我心里一直充满怜爱。我知道我怀着一颗平民的心。我的"大观园"只能是我那个小小的东院。

现在，我偶尔也回去看看。

门墩儿还在，只是矮小了。当年那个爬上去又跳下来，晃着大脑袋的小男孩儿，他长我两岁，如今是我的男友。

老杨树已荫蔽着整个院落了。

姥姥早已离开了人世。

大舅在我上高三那年也去世了。

西屋的人早已搬走。在这之前，"老驴"早已死去。

东院三奶奶也去世了。

张爷爷不知道搬到什么地方去了。

这院里又新搬进了两家人。有新的小孩儿，叽叽喳喳，笑闹着跑来跑去。

枯草到了春天，也有再绿的时候。

大杨树飘下来的叶子，轻轻打在我的肩上。

——1989 年春写于三元桥

（选自《人民文学》1989 年第 5 期，略有删改）

【点评】

这篇作品没有跌宕起伏的故事，也没有复杂的人物关系，更没有贯穿始终的矛盾冲突。整个叙述都是些很不起眼的日常琐事和简单细节。这些琐细之事几乎每个人都经历过，但作家敏锐地抓住了它们，并精选出记忆最深刻的典型细节和画面。这就启发我们，记忆最深的那些片段和画面，进入文中定会大放异彩；我们选择琐细素材，不必刻意追求新奇和有意义，而应首先瞄准记忆最深刻的东西。

而这些生活琐事在文中的处理却有讲究。前半部分主要写大院里各家人的基本模样和生存状态。邻居们的特色形象、家里陈设、房屋光线、家中气味、生活习惯，是描写刻画的重点，有关这些方面的客观细节都放在了这一部分。后半部分主要写"我"的成长和"我"读书的联想，因而由主观感受到的细节都集中到了这一部分。

从"我"的角度看大院子，是这样的过程：接受—联想—创造"。而这三个过程，分别放入了"记忆类细节""感受类细节""发挥类细节"。

事实上，人成长的不同阶段的记忆和感受，常常是叠加重复的，选入文章，就要区别不同阶段的不同特点进行安排，做到琐细而不杂，琐细而不乱，琐细而有序，最终实现琐细而精致，琐细而传神，琐细而有力。

二、过程描述类作文写作技法点拨

无矛盾冲突、无曲折情节的文章，回忆性文章，过程性描写文章，这几类文章往往需要在轮廓性讲述中设置细节的描述。

1. 无矛盾冲突、无曲折情节的文章的写作

无情节冲突的文章，要有将琐细描述当作连接写人和叙事的桥梁的意识，要在流水账般的素材里，选择极具代表意义的细节，使得叙事和写人高度融合。《红楼梦》中写林黛玉进贾府那一回有这样的细节："这熙凤携着黛玉的手，上下细细打谅了一回，仍送至贾母身边坐下，因笑道：'天下真有这样标致的人物，我今儿才算见了！况且这通身的气派，竟不像老祖宗的外孙女儿，竟是个嫡亲的孙女，怨不得老祖宗天天口头心头一时不忘。只可怜我这妹妹这样命苦，怎么姑妈偏就去世了！'说着，便用帕拭泪。""仍送至贾母身边坐下"是个很不起眼的细小动作，但它既描述了动作行为，又连接了王熙凤、林黛玉、贾母三个人，同时反映了王熙凤的机巧细致：其一，此刻最想搂黛玉的是贾母；其二，松开黛玉之手是不至于让黛玉别扭；其三，便于她下文的演讲，吸引众人目光于自己一人身上。因而这个读者不曾注意的小动作，对塑造王熙凤形象的意义，绝不亚于后面那几句精彩的演讲。因而我们应特别重视细节在叙事与写人之间的重要作用。

2. 回忆性文章的写作

回忆性文章，不必追逐"有意义""有价值"的叙述，要抓取常人捕

捉不到的细节，这些细节是作者亲历观察所得，这些细节能揭示人物的个性特点。莫泊桑在《福楼拜的星期天》里这样写左拉："接着来的是左拉。他爬了六层楼的楼梯累得呼呼直喘。一进来就歪在一把沙发上，并开始用眼光从大家的脸上寻找谈话的气氛和观察每人的精神状态。他很少讲话，总是歪坐着，压着一条腿，用手抓着自己的脚踝，很细心地听大家讲。当一种文学热潮或一种艺术的陶醉使谈话者激动了起来，并把他们卷入一些富于想象的人所喜爱的却又是极端荒谬、忘乎所以的学说中时，他就变得忧虑起来，晃动一下大腿，不时发出几声：'可是……可是……'然而总是被别人的大笑声所淹没。过了一会儿，当福楼拜的激情冲动过去之后，他就不慌不忙地开始说话，声音总是很平静，句子也很温和。"这里作者没有写他们谈话的内容，只写神态动作，一个与众不同的左拉的形象便深深刻在了读者的心里。因而我们应明确只要记忆深刻就有价值这个道理。

3. 过程性描写文章的写作

过程性描写文章，应该在文章的有关位置添加细节描写。如《无题》"接受—联想—创造"结构中分别放入了记忆类细节、感受类细节、发挥类细节。如《项脊轩志》的细节以"描写环境—塑造人物—深化主题"为序贯穿全文。以写景为主的文章，应在文章的核心位置强化细节的描写，形成"轮廓→细节→轮廓"的结构模式，如《荷塘月色》《再别康桥》《梦游天姥吟留别》的开头、结尾都是轮廓线条式的，文章的中心部位全是细节描写。所以我们应该知道，所有重视细节描写的文章，都特别重视细节与文章结构的关系。

我上小学的时候，家里的餐桌是玻璃表面的，底下隔着一块一块的小方格。其中在一个小方格中放了许多的玻璃小球。那是爸爸每喝完一瓶酒后，我把酒瓶的口在地上砸碎，就会从中滑出一个小玻璃球。每收集到一个，我就会将它放入餐桌的小方格中。这样不仅可以用来玩，还可以记数爸爸喝了多少瓶酒。每到请别人吃饭的时候，我都很高兴。我对爸爸说："爸爸，今天你们喝三粮液酒。"爸爸也每次都微笑地看着我说："好！就听你的！"每次吃饭时，我也总要坐在能看见酒瓶的位置，这样只要最后一滴酒一倒完，我就飞快地冲过去拿起酒瓶开始砸。别的小孩就会站在一旁用兴奋的眼神看着我，也紧盯着瓶口，只要玻璃球一出来，就开始抢，而我也会很霸道地说："这是我的酒瓶，玻璃球也是我的，不许抢！"拿到

玻璃球后，别的小孩会用恳求的目光看着我说："借我玩一下，我一会儿就给你。"（郝昱《那件事》）

【点评】

短文中写了三件平常小事——父亲喝酒，收集玻璃球，与同伴争小球，核心线索是收集玻璃球。童年意趣、家庭氛围、邻里关系、人物形象等丰富的信息，都包含在这段生动的短文中了。如果大人也参与争球"纠纷"，就更有意思了。

每次送爱人走的时候，她都不肯去车站，只站在窗帘后看他提着行李一点点走远，消失在路口的灯光里。别人都说她不够好，她也不争辩，没有说她只是害怕面对别离的场景，怕那种无力抵挡的悲伤正面袭来。只站在窗边看着，看到爱人偶尔停下脚步向窗口回望的样子，就算在这边哭到肿了眼花了妆，也不会被谁看到。

【点评】

这是一个表现力极强的细节，动作、神态、心理、旁人反应、对方理解汇集在一起。而顺序是"发生事儿—评价事儿—感受事儿"，生动的人物形象，饱满的叙述感情，在不动声色的这三个细节环节中得以体现。

三、范文展示

老屋记

余 璠

姥姥家的老屋已有六七十个年头，打记事起我就在里面生活。穿过一条树木、杂草掩映下的小道便来到老屋院内，院子四面环墙。北边是姥姥家的两栋老房；东边是姥姥兄弟家的房子，已人去房空；南边是另几家的房屋，背向院内，也只剩一户人家；西边是院子的大门和一间老厨房，厨房早已废弃，堆满了杂物。

通过小道，门前有一棵核桃树。核桃成熟时，姥爷便拿着长长的竹竿，用顶端绑着的一个铁丝弯成的钩敲核桃，我和姥姥就站在树下指指点点，既想看核桃打落没有，又怕被打下的核桃砸着。躲闪着伸长手在浅草中翻找捡起，迫不及待地剥开青壳，洗干净后砸开享受胜利的果实，总会把手染得乌黑，好几天才能洗白。走进木质大门，抬头便能看见纵横交错的藤架。每到夏天，葡萄和佛手瓜便悄悄地爬满支架，制造出一方翠绿的屏障，有时鸟儿也飞来偷吃葡萄，小时候我总会跑去把它们轰走，现在却再未那样做了。有的葡萄上了房顶，姥爷就搬来梯子，一个不剩地剪下来。向前几步，是一棵枇杷树，原来那里种了一簇月季，终因生虫难打理，只留下两株孤零零地与枇杷树为伴。枇杷树总是长高却很少结果。对面是一垄小菜地，种着小葱和萝卜。前面是一个压水式的水井，虽然早通上了自来水，但姥姥他们还用着它压水，已成了习惯。水井前又是一垄菜地，还种着几棵茶花和栀子树，是以前从一棵大栀子树上折技扦插来的，六岁时我还因贪玩在摘花时被几只蜜蜂蜇肿了脖子。

与两垄菜地相对的是姥姥家的老屋，三岁前我一直住在里面，之后上了幼儿园、小学，只在周末和假期回来；再到初中、高中，终是越来越少回来。住在这里，总会在某个时节的黄昏，和姥姥姥爷静坐在园中闲谈，谈喜怒哀乐，拉家长里短，直到夜幕来临。身处院中，我最爱仰头注视天空，看云跟随着风的步伐飘浮变幻，看雨和风锁在半空中的邂逅。那是一片完整而澄澈的天空，没有被高楼大厦的棱角掩盖分割，鸟儿会悠闲地掠过天空，最后栖息在树干或电线上。夜晚的天空也璀璨静谧，不似城市像是被烟灰蒙蔽的幕布。我会独自一人立在庭院的不同角落，安静地凝视天上的每一颗星，呼吸随着它们闪动的频率，想曾经、现在、将来；会默默许下期盼已久的愿望，不奢望实现，只求可以寄托；也会不知所以地流下眼泪。最后，归于平静，无迹可寻。

站在院内向大门外望，以前可以看见不远处铁路上的火车，现在却因渐渐多起的房屋，再也数不清火车有几节车厢、几对轮子。

变的总在路过，不变的还在原地静立，对老屋的记忆没有因时间而淡忘，却是越发清晰到每个细节。我听得见时光交错间的欢声笑语和喃喃低语，看得见光影斑驳中的朝夕相处和嘘寒问暖。我愿一直守护这老屋，守住老屋中的人和事。

【点评】

真情和意趣，永远浓缩在那些点点滴滴的记忆碎片里，把这些片段还原放大，就是对真情、意趣的重现和再度释放，那间小小的老屋，就成了回忆童年、纪念亲人的永恒空间。这些片段有序地放入"描写环境—塑造人物—深化主题"的模式中，富有层次感和递进感。凝练传神的语言也给文章增色不少。

未装铁丝网的阳台

毛嘉慧

童年时，我随外祖父住在郊外的一幢家属楼里，第四层。房屋面积不大，却有两个阳台，一个与厨房相连，堆满了杂物；另一个连于卧室，空荡荡的，只有一把老式木椅默默地立于此。两个阳台均未安装铁丝网和用于封闭的玻璃，连卧室的阳台向南，光照充足，时不时有阵小风吹过。

那时我就读于城郊的小学，没有多少课业负担，只要不是寒冷的冬天，或是大风大雨的天气，我总是在向南的阳台上写作业，这时，那把老式木椅是我的桌子，另一把小椅子才是我的椅子。功课不多，太阳落山之前总能写完。然后，我就坐在老式木椅上，读那些母亲寄来的，或可读懂，或绞尽脑汁也无法理解的书。

从南阳台向下望，有一条东西向的公路，公路两旁有一些年久失修的平房。还可以看见这个家属院通向公路的一条较宽阔的碎石路，穿过公路变成了乡间土路，往南一直延伸，似乎可以通向远处的小山。印象中，除了雨天，从阳台上仰望的天空总是那么蓝（夜晚自然是漆黑一片，但有繁星点点）。

漫长的暑假里，我更喜欢将整段的时间置于这个狭小的阳台上，铺上一张狭小的凉席，再将外祖父的两只八哥——我给它们起名"碎砖"和"烂瓦"——提来。外祖父喜欢串门，于是我常常一个人一整天坐在凉席上看书，白天有阳台的围栏遮住阳光，夜晚自然是凉爽与惬意的。有时候，两只八哥也摆出看书的架势，典型的不懂装懂。

然而我很快就发现了变化，家属楼里的住户越来越少了，原来每逢傍晚都能看见许多散步的人，却逐渐变少了。那条碎石路不经意间变成了水泥路，不过我听外祖父说，那完全没有必要修，因为这里很快就会人去楼空了。

一个普通的下午，我正在阳台上享受午后的宁静，忽然隐约间听见一阵嘈杂声，我从阳台往下看，只见公路边的几间平房正在被拆除，正好此时外祖父过来看我，他说农民收入增加了，自然要翻盖楼房，还说我们很快就要搬家了。外祖父是事业单位的职工，单位准备在城里盖家属楼，组织最后一批职工搬家。外祖父说了很多，当时我听不太懂，只看见天空逐渐被晚霞染得晕红。

公路边上，一座三层小楼取代了原来的破平房，它把远处的小山"砍"去了一大块。

阳台上的那把老式木椅坏掉了。为了让我适应新的学校，外祖父特意给我买了许多辅导书和习题集，我就很少去阳台了。

突然间，我变得很渴望搬家。

终于，在一个阴沉沉的上午，我们搬走了。

新的阳台安装了封闭窗，并且套着一层防盗的铁栅栏。我知道，那段在未装铁丝网的阳台上度过的日子一去不复返了。

【点评】

一窗，一椅，一小凳，一小姑娘成天向外张望和傻想。有限的空间，却成了独特的视角，无法展开故事，却有意趣盎然的动、静之细节，想搬家的愿望，则使这个阳台成了无法再次返回的永恒记忆。

四、升格示例

华灯初上

李 玥

冬日的太阳总带有一定的欺骗性、懒惰性，还未到傍晚，余晖便已开始淡去。光线从室内到室外、从低处到高处慢慢引退，好像一眨眼之间太阳就消失不见了。（暗示在冬日人们更长的时间将在灯下度过。）

突然，一道带着温度的光线照在你的身上，你一抬头，发现整个街道逐渐亮了起来，各种各样的灯工作着。从住宅区、从便利店、从商场中照了出来，带着特有的柔和，拥进这个寒冷的冬日。（华灯初上，让人敏感地意识到自己的存在现状。）

漫步在白茫茫的街道上，周遭的一切都在不断变化着。你或许会注意到街上移动的车辆，你或许在观察一个摆摊的小贩，你或许会被从你身旁路过的一对情侣所吸引，甚至一片飘落在你肩上的树叶，都会引起你的深思。然而当夜幕降临，华灯初上时，那些看不清面目的人，他们突然从你的身后冒了出来，你却并未注意到他们，此刻最吸引你眼球的东西，是华灯照耀街道时的绚丽、招摇和诱惑。在黑暗的庇护下，你尽情地欣赏着他们纵情的身姿，不留下一丁点儿的遗憾。那些大大小小、强弱分明、五彩斑斓的光线映入你的眼睛，向你炫耀着它的野性、大胆，这些都无不令你向往、迷恋。或许这条街正是你白天走过的街道，可给你深刻印象的还是华灯初上时的景象。（华灯初上，为富贵有闲阶层提供了奢靡与炫耀的时空。感触敏锐，文笔精彩，能有一两个细节描写就更好了。）

行走在各个城市之间，每个城市都有其特有的文化，但"黑暗"绝对是每个城市所共有的。灯光在黑夜里展现得淋漓尽致，然而极致的美总是附带着危险，那些隐藏在灯光下的黑暗，是我们从未涉及的世界，城市越繁华，那些没有光照的地方就越显得黑暗，越显得模糊。你看那些在人群中穿梭的小人儿，他们并不属于这个繁华的时间段，他们或许正了一整天工才下班，他们或许是刚进入高三的学生，他们或许还在为明日的生计做打算……他们来不及欣赏那华灯初上时的美丽，面对他们的是现实，是生活。一切的一切在此刻都显得太不真实，与他们的身份地位太不相称。
（华灯初上，将窘迫者纷纷逐出繁华，与上一段形成鲜明对比。仍需增加典型细节，使原本精彩的叙述锦上添花。）

华灯是城市的标志，它用它的身影包裹着城市，虚幻得难以触摸，唯一确定的只是它会在夜幕时分降临在城市之中。（其实是张扬的同时又在掩盖着什么。）

华灯初上是"浮躁"的标志，它缠绕在人们的眼前，急功近利的人们总是被眼前的景象所迷惑，殊不知去其华丽，方见其本质。（应该还有"浮躁"映衬下的实实在在的艰辛。）

在华灯初上的夜晚，有人歌唱，有人哭泣，属于你我的，应该是一个好梦。（"应该"应为"但愿"。）

【诊断】

优点：立意高远，运用对比手法，试图将华灯初上时不同人群的不同生存状态揭示出来，引发读者对城市发展带来的诸多问题的思考，表达了对弱势群体的深切关怀。全文描写行云流水，有很强的整体感，起承转合自然而不露痕迹。

缺点：对比的典型性不强，缺少代表性画面和具体人物，使主题不能进一步深化；过程描写流于一般轮廓式描写，缺少描写的内核、细节。

对策：在画横线的两段中增加代表性画面和具体人物的细节描写。

【化蝶之作】

华灯初上

李 玥

冬日的太阳总带有一定的欺骗性、懒惰性，还未到傍晚，余晖便已开始淡去。光线从低处到高处慢慢引退。一眨眼间太阳就消失不见了。

突然，一道带着温度的光线照在你的身上，你一抬头，发现整个街道逐渐亮了起来，各种各样的灯工作着，从住宅区、从便利店、从商场中照了出来，带着柔和，拥进这个寒冷的冬日。

漫步在白茫茫的街道上，周遭的一切都在不断变化着。你或许会注意到街上移动的车辆，你或许在观察一个摆摊的小贩，你或许会被从你身旁路过的一对情侣所吸引，甚至一片飘落在你肩上的树叶，都会引起你的深思。然而当夜幕降临，华灯初上时，那些看不清面目的人，他们突然从你的身后冒了出来，此刻最吸引你眼球的东西，是华灯照耀街道时的绚丽、招摇和诱惑。时尚的人出现在眼前这条最繁华的街头，这里挤满了商店、酒店、各种娱乐场所。这家"云河"舞厅，五光十色的灯光摇摇晃晃，像醉汉没有固定方向的摇摆。有几个舞女正在扭动她们的美妙身姿。不一会儿，又多了一些打扮时髦的年轻人，也在灯光闪烁的照耀下，晃动着精力旺盛的四肢。在黑暗的庇护下，你尽情地欣赏着他们纵情的身姿，不留下一丁点儿的遗憾。那些大大小小、强弱分明、五彩斑斓的光线映入你的眼睛，向你炫耀着它的野性、大胆，这些都无不令你向往、迷恋。或许这条街正是你白天走过的街道。

行走在各个城市之间，每个城市都有其特有的文化，但"黑暗"绝对是每个城市所共有的。灯光在黑夜里展现得淋漓尽致，然而极致的美总是附带着危险，那些隐藏在灯光下的黑暗，是我们从未涉及的世界，城市越繁华，那些没有光照的地方就越显得黑暗，越显得模糊。你看那些在人群中穿梭的小人儿，他们并不属于这个繁华的时间段。他们或许打了一整天工才下班，匆匆挤上末班公交车。车上很拥挤，没有人说话，一只手抓着扶手杠，腾出另一只手护住拎着的东西。那塑料袋里也许是孩子爱吃的蛋糕，晚上八点后打五折，买了只能坐末班车。下车后，又步行长时间的路，才到了他们的出租屋。以前租住的屋子可没有这么远，现在已经住不起了，多次换地方，越换越远。城市每扩展一圈，他们的住地就远一圈，他们随时准备搬到更远的边缘的地方。

他们或许是刚进入高三的学生，他们或许还在为明日的生计做打算……他们来不及欣赏那华灯初上时的美丽，面对他们的是现实，是生活。一切的一切在此刻都显得太不真实，与他们的身份地位太不相称。

华灯初上是城市的标志，它用它的身影炫耀着城市、包裹着城市，虚幻得难以触摸，唯一确定的只是它会在夜幕时分降临在城市之中。

华灯初上是"浮躁"的标志，它缠绕在人们的眼前，迷惑着急功近利的人们。而"浮躁"映衬下的艰辛则显得无比漫长。

【升格小结】

增加上述细节，总体上使文章内容更加生动、厚实，主题更加深刻，表现力更加强大。

第一，华灯初上后的景色，绝不只是浮光掠影的轮廓形式，它应有更具体的内容。

第二，只有细节才可反映出城市不同人群的不同生活状态。

第三，细节强化了叙事与写人之间的关联。无矛盾冲突的复杂记叙文离开了细节和意蕴深远的琐事，就不成其为复杂记叙文。

第四，写景经典作品显示，当你沉浸在某一景色中时，一定有一个"轮廓—细节—轮廓"的结构模式，就像《荷塘月色》《再别康桥》《梦游天姥吟留别》一样。本文则是轮廓有余而细节不足，因而要在描写的核心部分确定细节描写的位置，并补上合理的细节描写。

增加上述细节内容的方法是，按照"轮廓—细节—轮廓"的模式，处理琐细素材。

　　学习写作，离不开对经典的研读。为了在经典中学习大智慧，领会掌握叙述逻辑，强化叙述中的思维训练，我们还得用范畴思想来研究经典，探究学习经典作品的主题结构。主题结构注重作者的主观意图，注重读者在共鸣基础上的新发现、新总结，更需要高度的分类思想才能将它揭示。一旦能揭示经典的主题结构，就会使我们对经典有更透彻的认识，会将解读经典带到一个全新的境界。

第一节　经典作品的主题结构探究

　　学习写作，离不开对经典作品的研读。为了在经典作品中学习大智慧，领会掌握它的叙述逻辑，强化叙述中的思维训练，我们还得用范畴思想来研究经典作品，探究学习经典作品的主题结构。主题结构，是深化主题的内在递进结构。越是经典作品，越善于用结构来深化主题，尤其是展示情感过程的叙述文章更是如此。

　　既然是叙述的过程，自然就少不了"开端—发展—结局"这样的基本文体外在结构，将主题的丰富内涵，放在文体外在结构中逐次展开，形成作品特有的"一分为三"的内在主题结构。

　　过程自然有其时间意义，作者可以在时间的变化中抒发情感。"现在时—过去时—将来时"经常作为经典作品的结构，杜甫的《蜀相》《兵车行》就是很好的范例。触景生情，遇事感慨，难免让人回忆过去和联想未来，这是一个极自然的过程。如生活中，母亲因儿女表现不佳，会经常这样数落孩子："看你现在这个样子，都成什么了！想当初我一把屎一把尿把你拉扯大，多不容易！赶明儿你流落街头，我喝西北风。"经典作品的语言和生活语言，都注重叙述抒情过程的主题结构。

　　主题结构在经典作品里很隐蔽，既不是"开门见山"，也不是"卒章显志"，更不是刻意安插"段落大意"。"开门见山"，会把叙述当成证明观点的论据，破坏了文体，降低了叙述本身的意义，轻视了过程的结构意义。"卒章显志"，则会落入"《读者》体"的"一事一体会"的窠臼，素材化也成了这类文章的显著特点，要知道整个《读者》就是一个素材库。"段落大意"，只是就事论事，知其然不知其所以然，无法将思想主题深挖与提升。

　　主题结构更注重作者的主观意图，更注重读者在共鸣基础上的新发现、新总结，更需要高度的分类思想将它揭示出来。一旦能揭示经典作品的主题结构，就会使我们对作品有更透彻的认识，会将我们的解读带到一个全新的境界。说来也巧，许多经典短文的主题结构都呈现为"一分为三"的递进模式，这将给学生的写作带来无穷的启发。

以下我们将运用范畴思想对一些经典作品做解读，为了阅读方便，我们在解读文字后附上作品原文。

一、"物我相对—物我相融—物我相对"的《再别康桥》

寄托情感、寻求解脱的诗歌有个共同的抒情特点，其抒情结构大体表现为"物我相对—物我相融—物我相对"。读者在诗的开头往往能看到一个清晰的抒情主体，因某种现实原因而面对着一个或物像或情境的客体。然后，因出神于这些物像或情境，使抒情主体融于客体中，或神与物游，或物我皆忘。当神游或忘我到达极致，不能继续维持这种物我和谐时，抒情主体会幡然回到与客体的相对之中。这种抒情结构常常被诗人用来表达失意之后的虚幻寄托、抑郁萦怀的短暂解脱。

接下来就以徐志摩的《再别康桥》为例来说明这一抒情结构的特点。

从意象上看，全诗有一个由概括到具体再到概括的过程：从第一节的"我轻轻的招手，作别西天的云彩"到第二节"那河畔的金柳，是夕阳中的新娘"，再到第三节"软泥上的青荇，油油的在水底招摇"，意象逐渐由大到小，由概括到特写。而第四、五节的寻梦放歌则进入了更具体的意象特写之中，然后由第六节的"悄悄是别离的笙箫，夏虫也为我沉默"到第七节"我挥一挥衣袖，不带走一片云彩"，逐渐由具体的特写回到概括的大景描写之中。这里，不愿打扰康河的"我"因金柳艳影荡入心中而走近康河，看着向自己招手的水草，竟忘了不愿打扰康河的初衷，想象自己成了一株康河的小草，进而漂向自己如诗如梦的遥远青春。于是，此时不管是撑长篙漫溯还是载星辉放歌，都已是景中有我、我中有景，康河就是我、我就是康河。游梦的极致为放歌，放歌却让自己走出了梦境，于是又开始走向大景，走向主体和客体互为呵护的相对画面。

从情感抒发上看，与意象变化相对应，有一个抒情主体与客体之间感情交流的由浅到深再到浅的过程。由第一节的"轻轻的我走了"到第二节的"波光里的艳影，在我的心头荡漾"，再到第三节的"我甘心做一条水草"，逐渐由较浅的交流到较深的交流。再由第五节的"寻梦""在星辉斑斓里放歌"到第六节"夏虫也为我沉默"，再到"悄悄的我走了，正如我悄悄的来"，正是一个由深入交流到较浅交流的过程。全诗开始的交流，一个在天上，是彩云，一个在地上，是康桥，与其说是遥相交流，还不如说是一厢情愿的倾述。当金柳艳影荡入"我"心中，是康河走向了"我"，进入了两相交流的约会中。随着"我"走向水底青荇，并愿做一株小草，而陷入了最深的交流，此时已忘了"再别"，忘了"轻轻的来"和"轻轻的走"了，于是进入了我心即康河、康河即我心的寻梦与放歌的境界。一声放歌或许惊醒了康河，或许惊醒了诗人，由情景化重新回到主客相离、各自收敛激情的状态，于是只轻轻地互祝安宁，愿永远保存那份美好的情感记忆。

从审美境界来看，全诗则是一个"物我相对—物我相融—物我相对"的过程。这一过程，与意象的由概括到具体再到概括和情感寄托的由浅到深再到浅正好吻合。意象的概括和交流的浅泛，正好反映出抒情主体、客体不得不面对分离的现实，并且要轻轻、悄悄地离别，离别这只能在今后漫长岁月里遥相思念的康桥。为了排遣这种离别的感伤和寂寞，作者又凝神于具体意象的描述和深挚的情感交流，不知不觉回到了当年的情境中，寻梦神游、放歌星辉，进入物我相融的境界。然而放歌却又打破了寻梦的和谐神游，只好再次回到现实中来。面对难耐的漫长分离，只愿保存完整的美好记忆，这美好的青春记忆绝不愿散淡成若隐若现的时光残片，因而"轻轻的来""悄悄的走"，在物我相对中，完整地保留这段美好的时光。但保留不是封存，而是为了有朝一日能重新体验那魂牵梦绕的境界，这体验尽管非常短暂，但却是完整而主客相融的生命体验，在这短暂的神游中会产生永恒的意义。

这正如李白的《梦游天姥吟留别》，首尾处于清醒的物我相对的现实中，中间彻底忘却一切经验中的感受，尽情体会那些从未体验的非经验感觉，借以表达自己寻求、忘却和寄托之情。还有白居易的《琵琶行》，首尾皆是描写自己的伤心，中间忘我地欣赏琵琶曲而获得的暂时的忘却，同样体现了这种生命体验的审美意蕴。就连散文《荷塘月色》也是如此，荷塘上的月色、月色下的荷塘的无我之境，难道不是朱自清寻求暂时寄托，哪怕是一瞬间的寄托的努力吗？这种抒情结构往往是那些自伤自怜，寻求精神独立或寻找灵魂家园的诗人的欣然选择。

再别康桥

徐志摩

轻轻的我走了，

正如我轻轻的来；

我轻轻的招手，
作别西天的云彩。
那河畔的金柳，
是夕阳中的新娘；
波光里的艳影，
在我的心头荡漾。

软泥上的青荇，
油油的在水底招摇；
在康河的柔波里，
我甘心做一条水草！

那榆阴下的一潭，
不是清泉，是天上虹
揉碎在浮藻间，
沉淀着彩虹似的梦。

寻梦？撑一支长篙，
向青草更青处漫溯，
满载一船星辉，
在星辉斑斓里放歌。

但我不能放歌，
悄悄是别离的笙箫；
夏虫也为我沉默，
沉默是今晚的康桥！

悄悄的我走了，
正如我悄悄的来；
我挥一挥衣袖，
不带走一片云彩。

十一月六日，中国海上

二、"清醒—装醉—真醉"的《将进酒》

《将进酒》是李白思想情感最复杂的一首诗。在天宝三年被逐出长安到安史之乱爆发前这段时间，李白的思想、人生态度及情感世界最为复杂。他时而藐视失意，豪迈地唱"长风破浪会有时，直挂云帆济沧海"（《行路难》），时而愤懑地直抒胸臆"安能摧眉折腰事权贵，使我不得开心颜"（《梦游天姥吟留别》），时而向往归隐"君思颍水绿，忽复归嵩岑。归时莫洗耳，为我洗其心"（《送裴十八图南归嵩山（其二）》），时而充满愁绪"抽刀断水水更流，举杯销愁愁更愁"（《宣州谢朓楼饯别校书叔云》）。

这些不同的情感态度分散在不同的作品里，可《将进酒》一篇就囊括了多样的情感态度。"君不见黄河之水天上来，奔流到海不复回"是豪迈，"君不见高堂明镜悲白发，朝如青丝暮成雪"是伤感，"天生我材必有用，千金散尽还复来"是自信，"人生得意须尽欢，莫使金樽空对月"是乐观，"钟鼓馔玉不足贵，但愿长醉不复醒"是愤懑厌世，"古来圣贤皆寂寞，惟有饮者留其名"是渴望超脱，"五花马，千金裘，呼儿将出换美酒，与尔同销万古愁"是沉醉于癫狂。

明明是自己心里不痛快，却口口声声劝别人洒脱些，明明是不可调和的各种情绪，却要将它们大集结、大汇合，杂然相呈。如何真正让"天生我材必有用，千金散尽还复来"与"古来圣贤皆寂寞，惟有饮者留其名"统一在一起却成了问题。可是天才李白通过喝酒中的情绪起伏，成功地反映了自己的人生态度的复杂和变化：清醒时斗志昂扬一人自语道"天生我材必有用"，朋友来了以后装醉说"人生得意须尽欢"，几杯过后半醉半醒无奈地说"惟有饮者留其名"，最后真醉了呼喊"五花马，千金裘，呼儿将出换美酒"。就是说李白清醒时不服气说真心话；曾对自己还寄予厚望的朋友来了，他不好意思再说"天生我材必有用"，按常理应尽兴欢乐而不自傲、不言愁，自然就说些不爱做官的话；酒喝到一定程度"真""假"参半的语言就出来了，"钟鼓馔玉不足贵"未必是他的真心话，可起码反映了他的矛盾心理；到最后李白才真正进入纯粹的醉态中，这时情感倒也真实，就像开始的情形，是一样真实。

李白喝酒有几种情况。一人独酌，几位知己喝交心酒，邀请众人一起豪饮，参加别人的聚会助兴。独酌，想象与语言不受限制，飘逸绝尘；邀众豪饮，则会渗透狂放与天才的优越感；为人助兴，难免多说溢美之词。这几种饮酒抒怀诗一般每次只能确定一种情感基调，只有数位知己互相劝饮，才能将各种复杂的情感说出来。但是说得复杂却有序，则得益于"清醒—装醉—真醉"的主题结构，同时这一结构恰好和"独白—交流—宣泄"巧妙对应，使全文流畅自如，浑然天成。

将进酒

李　白

君不见黄河之水天上来，奔流到海不复回。
君不见高堂明镜悲白发，朝如青丝暮成雪。
人生得意须尽欢，莫使金樽空对月。
天生我材必有用，千金散尽还复来。
烹羊宰牛且为乐，会须一饮三百杯。
岑夫子，丹丘生，将进酒，杯莫停。
与君歌一曲，请君为我倾耳听。
钟鼓馔玉不足贵，但愿长醉不复醒。
古来圣贤皆寂寞，惟有饮者留其名。
陈王昔时宴平乐，斗酒十千恣欢谑。
主人何为言少钱，径须沽取对君酌。
五花马，千金裘，呼儿将出换美酒，
与尔同销万古愁。

三、"道启—儒承—佛终"的《赤壁赋》

"超然—伤感—参禅"是《赤壁赋》的主题结构。这篇内涵极为丰富的散文，展示了苏轼在黄州时的复杂的人生态度，有道家的超然，有儒家的伤感，有佛家的顿悟。这些不同的人生态度，在他当时不同的作品中分别有所体现。《念奴娇·赤壁怀古》集中反映了自己的伤感情怀，感慨人生的短暂。《记承天寺夜游》则可看出苏轼面对眼前的许多事物都能顿悟出人生真谛，达到了禅悟的境界。《定风波·莫听穿林打叶声》寄寓着他超凡脱俗的人生理想，风雨阴晴毫无差别，荣辱得失不足挂齿。

而《赤壁赋》一篇文章则反映了几种人生态度，通过对话情景依次展现。作品首先展示的，是一个既无现实感又无历史感的羽化而登仙的绝对超然境界，接着借"客"之口由缅怀历史说出"哀吾生之须臾，羡长江之无穷"的感慨，然后回答"客""物与我皆无尽也"的道理。这是一个"超然—伤感—参禅"的过程，由于作者让"客"与"苏子"摆开了辩论的阵势，一方发言另一方竟没有插话，因而各方观点的阐述都较为充分，于是我们看到了《定风波·莫听穿林打叶声》里的超然在这里变得更加纯粹，能羽化而登仙了，《念奴娇·赤壁怀古》里对人与历史的思考在这里深化成了人与自然的思考，《记承天寺夜游》里的朴素彻悟在这里上升到了佛道相融的辩证关系之中。

苏轼情感态度变化的过程，原本是"伤感—参禅—超然"的结构，是苏轼内省的自然过程，如果把这以"伤感"为开头的过程作为对话的结构，就会变成一个自我独白的形式，就会有回到《念奴娇·赤壁怀古》里的嫌疑，就容易使伤感成了全文的感情基调，就会破坏了第一段的写景节奏和文章整体的美感。所以《赤壁赋》将"超然"提到了前面，成了"超然—伤感—参禅"的结构，这不仅可以避免以"伤感"开头造成结构的严谨性不足，而且还能强调"超然"在本文里的重要，并增强行文的情趣。

当苏子陶醉于仙境般的体验中，并吟唱仙乐时，那位"客"却一点也不理解苏子，而是沉浸在缅怀历史的伤感之中，以至于他为苏子和奏的音乐竟然是如泣如诉之音。苏子与"客"互不理解，但"客"不绝如缕的悲声最终惊扰了苏子，于是苏子才问起了原由。这一妙趣横生的对比也恰好体现出苏子的"超然"之纯粹，看出"客"的伤感之深远，同时也给苏子为"客"谈禅提供了理由。于是就妙不可言地出现"客"被苏子说服并饮酒到"相与枕藉乎舟中，不知东方之既白"的情景。

"苏子独赏仙境—苏子与'客'各说其言—苏子说服了'客'共享无限"，这一妙趣纵横的对话情节结构，自然地融入道、儒、释的情怀与思绪，形成"超然—伤感—参禅"的主题结构，且体现得既有层次感，又有对称感。气势磅礴的儒，悠闲超然的道、佛前协后制于中间，最终形成"道启—儒承—佛终"的范式。人生境界的旷达竟与人之本性有关，人生境遇的悲惨也能生发别样的乐观。其间有关人生理想的昂扬与伤感，只能在超然与智慧的前提下适度表达。不管是安慰自己，还是安慰朋友，还是安慰世界，这样做不失为一种智慧的做法。

赤壁赋

苏　轼

壬戌之秋，七月既望，苏子与客泛舟游于赤壁之下。清风徐来，水波不兴。举酒属客，诵明月之诗，歌窈窕之章。少焉，月出于东山之上，徘徊于斗牛之间。白露横江，水光接天。纵一苇之所如，凌万顷之茫然。浩浩乎如冯虚御风，而不知其所止；飘飘乎如遗世独立，羽化而登仙。

于是饮酒乐甚，扣舷而歌之。歌曰："桂棹兮兰桨，击空明兮溯流光。渺渺兮予怀，望美人兮天一方。"客有吹洞箫者，倚歌而和之。其声呜呜然，如怨如慕，如泣如诉，余音袅袅，不绝如缕。舞幽壑之潜蛟，泣孤舟之嫠妇。

苏子愀然，正襟危坐而问客曰："何为其然也？"客曰："'月明星稀，乌鹊南飞'，此非曹孟德之诗乎？西望夏口，东望武昌，山川相缪，郁乎苍苍，此非孟德之困于周郎者乎？方其破荆州，下江陵，顺流而东也，舳舻千里，旌旗蔽空，酾酒临江，横槊赋诗，固一世之雄也，而今安在哉？况吾与子渔樵于江渚之上，侣鱼虾而友麋鹿，驾一叶之扁舟，举匏樽以相属。寄蜉蝣于天地，渺沧海之一粟。哀吾生之须臾，羡长江之无穷。挟飞仙以遨游，抱明月而长终。知不可乎骤得，托遗响于悲风。"

苏子曰："客亦知夫水与月乎？逝者如斯，而未尝往也；盈虚者如彼，而卒莫消长也。盖将自其变者而观之，则天地曾不能以一瞬；自其不变者而观之，则物与我皆无尽也，而又何羡乎！且夫天地之间，物各有主，苟非吾之所有，虽一毫而莫取。惟江上之清风，与山间之明月，耳得之而为声，目遇之而成色，取之无禁，用之不竭，是造物者之无尽藏也，而吾与子之所共适。"

客喜而笑，洗盏更酌。肴核既尽，杯盘狼籍。相与枕藉乎舟中，不知东方之既白。

四、"盛况—美景—深情"中的《滕王阁序》

应景而生真情，情发而作文，并成为传世之作，在文学史上不乏其例，《滕王阁序》就是最杰出的代表。受人邀托，作捧场文章，文章还能达到高境界实属不易：盛情之下，言人之美，写几段满堂喝彩的文字不难，难的是既让主人满意，又能超越应景、超越现实，形成深刻而个性化的文字。王勃破解这一难题的根本智慧就在于将本文主题结构设定为"盛况—美景—深情",当然我们也可以理解为"世俗之景—雅俗共赏之景—唯我独品之心景"。

只有盛况空前、高朋满座,才能显示主人的尊贵与显赫,而设宴之地的物华天宝、人杰地灵,则更衬托了主人的尊贵,极言设宴之地的灵秀绝美景色与不同凡响的人文传统自然会博得主人和各位嘉宾的欢心。"物华天宝""人杰地灵"这些词汇用在南昌以外好多地方都可以,甚至比南昌还要合适,然而历史却把这个机会给了南昌,谁让南昌在此时与天才会面呢?与其说是王勃在人生低谷遇上了南昌对他的尊重,还不如说并非政治文化都市的南昌在此时遇上了天才王勃。因而这一聚会即使不是盛会,也在王勃的笔下成为盛况空前的聚会,并被后人所称道。

按理,夸赞了地理,夸赞了历史,夸赞了人物,也就基本完成了应景的任务。然而天才已收不住笔了,进入了对滕王阁及周围美景的尽情赞美中,竟忘了评价《滕王阁诗》。与前面纯应景文字相比,赞美美景则是发自内心的。赞美盛况的兴奋进一步促发了他更多的情感,捕捉到了常人难以发现的美景,说出了常人难以表达的观景感受。

"潦水尽而寒潭清,烟光凝而暮山紫",将对日常环境的整体感知进行了新的排列组合,环境的不同元素在新的组合中焕发出意想不到的效果,让人倍感新奇,赞叹不已。"落霞与孤鹜齐飞,秋水共长天一色",此话一出立刻引起了所有人的共鸣,从此成了南昌人共同的审美记忆。"渔舟唱晚,响穷彭蠡之滨;雁阵惊寒,声断衡阳之浦",此景早已没有了热闹与喧嚣,有的是只有作者才能体会和联想到的幽深旷远,这是南昌在单独接待王勃,是王勃在单独与南昌神交。

神交之余,悲从中来。天高地迥、宇宙无穷之感,使他开始了历史的感慨,开始了个人的伤怀。"关山难越,谁悲失路之人?"似乎此时所有的人都被他的孤单寂寞所打动。"时运不齐,命途多舛。冯唐易老,李广难封",小小年纪竟有如此苍凉的心境,还自况冯唐、李广,人们早已被这位少年才俊的才情所折服,与他一起走入时间的纵深隙缝中,感慨历史,遥揣未来。历史上那么多先贤生不逢时,既给作者以安慰,又给作者以后继者的豪情;面对历史的伤感,转而却又生发出对未来的强烈渴望。

三尺微命,一介书生,情贯古今,义满乾坤,数百字的文章却蕴藏了无比博大的思想情感。

百废待兴，但暂无出路，知识分子只能把个人置于大千世界的坐标上，把此时放在纵深历史的环节中，何去、何从、何为来处，关于人与宇宙的思考扑面而来，这是初唐诗人独特的宇宙意识和哲学情怀。"闲云潭影日悠悠，物换星移几度秋。阁中帝子今何在？槛外长江空自流。"如此的宇宙意识和哲学情怀，只有初唐和王勃、陈子昂、张若虚等旷世天才相遇才能生成。

滕王阁序

王　勃

豫章故郡，洪都新府，星分翼轸，地接衡庐，襟三江而带五湖，控蛮荆而引瓯越。物华天宝，龙光射牛斗之墟；人杰地灵，徐孺下陈蕃之榻。雄州雾列，俊采星驰。台隍枕夷夏之交，宾主尽东南之美。都督阎公之雅望，棨戟遥临；宇文新州之懿范，襜帷暂驻。十旬休假，胜友如云；千里逢迎，高朋满座。腾蛟起凤，孟学士之词宗；紫电青霜，王将军之武库。家君作宰，路出名区；童子何知，躬逢胜饯。

时维九月，序属三秋。潦水尽而寒潭清，烟光凝而暮山紫。俨骖騑于上路，访风景于崇阿；临帝子之长洲，得天人之旧馆。层峦耸翠，上出重霄；飞阁流丹，下临无地。鹤汀凫渚，穷岛屿之萦回；桂殿兰宫，即冈峦之体势。

披绣闼，俯雕甍，山原旷其盈视，川泽纡其骇瞩。闾阎扑地，钟鸣鼎食之家；舸舰弥津，青雀黄龙之舳。云销雨霁，彩彻区明。落霞与孤鹜齐飞，秋水共长天一色。渔舟唱晚，响穷彭蠡之滨；雁阵惊寒，声断衡阳之浦。

遥襟甫畅，逸兴遄飞。爽籁发而清风生，纤歌凝而白云遏。睢园绿竹，气凌彭泽之樽；邺水朱华，光照临川之笔。四美具，二难并。穷睇眄于中天，极娱游于暇日。天高地迥，觉宇宙之无穷；兴尽悲来，识盈虚之有数。望长安于日下，指吴会于云间。地势极而南溟深，天柱高而北辰远。关山难越，谁悲失路之人？萍水相逢，尽是他乡之客。怀帝阍而不见，奉宣室以何年？

嗟乎！时运不齐，命途多舛。冯唐易老，李广难封。屈贾谊于长沙，非无圣主；窜梁鸿于海曲，岂乏明时？所赖君子见机，达人知命。老当益壮，宁移白首之心？穷且益坚，不坠青云之志。酌贪泉而觉爽，处涸辙以犹欢。北海虽赊，扶摇可接；东隅已逝，桑榆非晚。孟尝高洁，空余报国之情；阮籍猖狂，岂效穷途之哭！

勃，三尺微命，一介书生。无路请缨，等终军之弱冠；有怀投笔，慕宗悫之长风。舍簪笏于百龄，奉晨昏于万里。非谢家之宝树，接孟氏之芳邻。他日趋庭，叨陪鲤对；今之捧袂，喜托龙门。杨意不逢，抚凌云而自惜；钟期既遇，奏流水以何惭？

呜呼！胜地不常，盛筵难再，兰亭已矣，梓泽丘墟。临别赠言，幸承恩于伟饯；登高作赋，是所望于群公。敢竭鄙怀，恭疏短引，一言均赋，四韵俱成。请洒潘江，各倾陆海云尔。

> 滕王高阁临江渚，佩玉鸣鸾罢歌舞。
> 画栋朝飞南浦云，珠帘暮卷西山雨。
> 闲云潭影日悠悠，物换星移几度秋。
> 阁中帝子今何在？槛外长江空自流。

（王勃《滕王阁诗》）

五、"归故乡—归自然—归自由心灵"的《归去来兮词》

用"弃官归隐田园"，来描述《归去来兮词》的主题未免有些笼统，不足以反映陶渊明在归隐过程中的复杂体验和不断追求，因为陶渊明在作品里给我们呈现的是"归故乡—归自然—归自由心灵"的完整过程。在阅读中，读者很难注意到这一递进变化的过程，需要我们细加分析才可显现。

只要弃官返乡，似乎就实现了陶渊明的个人目的，似乎就完成了陶渊明归隐的意义。我们总是把陶渊明人生意义的转折放在"弃官归乡"这一环节，而他归乡后的转折已不在我们的关心和研究之列了，这恰好是对陶渊明人生意义的弱化甚至消解。这样做，既不利于我们认识陶渊明之人生意义，也不利于写作上的学习借鉴。

他对官场的态度，只有第一段涉及了，而且并没有像"误落尘网中，一去三十年"那样的痛心疾首。陶渊明多次在诗文里提及贫穷的童年，一方面看出他留恋故乡，另一方面也看出他对曾经的理想的念念不忘。中国知识分子的少年理想无非是建功济世，少年的美好往往是因为理想的美好，那时的美好不一定与田园有关。弃官可能就意味着对理想的否定，因而在本文里陶渊明并未对仕途表达太多的厌恶和反感,不是离开官场就可立即摆脱"以心为形役"的窘境,而是离开官场后还有更多其他人生意义上的追求。

回故乡并没有完全满足陶渊明的期待。没有乡亲发小的迎接,只有"僮仆欢迎,稚子候门",没有茶酒相待的团圆,只能"引壶觞以自酌"。这一点都不像我们想象中的归乡,相比返乡途中的愉快,这时清冷了许多,也许这是作者故意曲折表达对归故乡后的不满足,也许他还有比归故乡还重要的别的寻求。归故乡只是离开官场的动力,并不是整个人生追求的终极目标。

人已回乡,却不事稼穑,成天琢磨自己与环境的关系,"倚南窗以寄傲,审容膝之易安",既想融于这个小小空间,又觉得自己无比高大。远离官场的实质是远离复杂的人群,回乡之后也"请息交以绝游"。不做广泛交往,只是"悦亲戚之情话,乐琴书以消忧",并没能真正融入到田园之中,连时令与农活的关系都搞不清(或不在意),"农人告余以春及,将有事于西畴"。凡此种种,陶渊明哪像一个农民?

归乡之意不在农,而在乎山水之间也,于是脚步开始迈向没有人烟的自然,"既窈窕以寻壑,亦崎岖而经丘",体会"木欣欣以向荣,泉涓涓而始流"的纯自然意蕴。

然而越体会自然的无限,就会越感到人生的短暂,无法享受无限的自然:"善万物之得时,感吾生之行休。"于是又引导自己回归到自白的心灵世界,获得心灵上的无限与自如的感觉:看庄稼可爱时,就"植杖而耘耔";诗意袭来时,就挥毫清流;情感填膺时,就"登东皋以舒啸"。于是陶渊明完成了继归故乡、归自然之后的归自由心灵。与官场世俗难以相融,与故乡难以全融,与自然力不及融,与心灵世界则可彻底相融,实现真正的自由。否则我们就不能认同"人生无根蒂""草盛豆苗稀",无法理解"心远地自偏""悠然见南山"和"远我遗世情"了。

归去来兮词

陶渊明

归去来兮,田园将芜胡不归?既自以心为形役,奚惆怅而独悲?悟已往之不谏,知来者之可追。实迷途其未远,觉今是而昨非。舟遥遥以轻飏,风飘飘而吹衣。问征夫以前路,恨晨光之熹微。

乃瞻衡宇，载欣载奔。僮仆欢迎，稚子候门。三径就荒，松菊犹存。携幼入室，有酒盈樽。引壶觞以自酌，眄庭柯以怡颜。倚南窗以寄傲，审容膝之易安。园日涉以成趣，门虽设而常关。策扶老以流憩，时矫首而遐观。云无心以出岫，鸟倦飞而知还。景翳翳以将入，抚孤松而盘桓。

归去来兮，请息交以绝游。世与我而相违，复驾言兮焉求？悦亲戚之情话，乐琴书以消忧。农人告余以春及，将有事于西畴。或命巾车，或棹孤舟。既窈窕以寻壑，亦崎岖而经丘。木欣欣以向荣，泉涓涓而始流。善万物之得时，感吾生之行休。

已矣乎！寓形宇内复几时？曷不委心任去留？胡为乎遑遑欲何之？富贵非吾愿，帝乡不可期。怀良辰以孤往，或植杖而耘耔。登东皋以舒啸，临清流而赋诗。聊乘化以归尽，乐夫天命复奚疑！

六、"想追寻—想沟通—想超脱"的《墙上的斑点》

《墙上的斑点》给读者留下强烈的印象后，却未能给读者留下重新梳理内容的清晰线索，或者说它给读者留下诸多强烈印象中，最深刻的是它迷宫一般的讲述过程和令人难以琢磨的人生冥想。因而好多读者要么因过程的难以梳理而否认过程背后的人生思索，要么因看不到作者对人生的深刻思索而认定小说的全过程是毫无意义的意识流动。因此我们有必要将《墙上的斑点》的意识流动特点及其与主题的关系做一些说明。作者的思想隐含于本文特有的结构中，特有的结构所形成的张力使内容上原本异常含糊的思想渐渐浮升。

1. 想追寻，想体验，却又每每中断

每一次意识的流动总是从眼前启动而逐步流向与现实毫无关系的纯意识状态。这纯粹的意识是最自由的状态，也是作者最为愉快的状态，而愉快和自由只能持续少许时间就由顶峰向下急速滑行，重新回到眼前的现实状态。

我们来看作者的第一次意识流动：

"大约是在今年一月中旬，我抬起头来，第一次看见了墙上的那个斑点。为了要确定是在哪一天，就得回忆当时我看见了些什么。现在我记起了炉子里的火，一片黄色的火光一动不动地照射在我的书页上；壁炉上圆形玻璃缸里插着三朵菊花。对啦，一定是冬天，我们刚喝完茶，因为我记得当时我正在吸烟，我抬起头来，第一次看见了墙上那个斑点。我透过香烟的烟雾望过去，眼光在火红的炭块上停留了一下，过去关于在城堡塔楼上飘扬着一面鲜红的旗帜的幻觉又浮现在我脑际，我想到无数红色骑士潮水般地骑马跃上黑色岩壁的侧坡。这个斑点打断了我这个幻觉，使我觉得松了一口气，因为这是过去的幻觉，是一种无意识的幻觉，可能是在孩童时期产生的。墙上的斑点是一块圆形的小迹印，在雪白的墙壁上呈暗黑色，在壁炉上方大约六七英寸的地方。"

这看似既无目的又无清晰逻辑的文字，却有这样的提示及转折标志："为了确定……就得回忆……对啦，一定是……我透过香烟的烟雾望过去……这个斑点打断了我这个幻觉"，恰好是一个不断追寻直到中断的过程。

每一次意识的流动都会因想象的过分自由，不经意地走入岔道，中断了起初的追寻意图，而不得不再次期待新体验的到来。

如第二次联想，"但是，我还是弄不清那个斑点到底是什么；……十之八九我也说不出它到底是什么；因为一旦一件事发生以后，就没有人能知道它是怎么发生的了……人的生活带有多少偶然性啊"，接着对那些偶然发现的东西进行了充分的联想，那永远遗失的最神秘的浅蓝色罐子，"哪只猫会去咬它们，哪只老鼠会去啃它们""还有那几个鸟笼子、铁裙箍、钢滑冰鞋、安女王时代的煤斗子、弹子戏球台、手摇风琴"。然而逐一展开体验已不被越来越快的联想所允许，它们全都"丢失了"，因而她的追寻和体验无异于"一个人以一小时五十英里的速度被射出地下铁道"而毫发不剩了。

过去和现时的"飞快速度""永不休止的消耗"，使她想到来世。"粗大的绿色茎条慢慢地被拉得弯曲下来，杯盏形的花倾翻了，它那紫色和红色的光芒笼罩着人们。"这是一个超越于联想、超越于经验的无文明痕迹的自由家园，如此灿烂的花朵与色彩，却是生命极致之末梢，这里的人"不会行动、不会说话、无法集中目光"，甚至难分男女，这里"别的什么都不会有，只有充塞着光亮和黑暗的空间"，而它们瞬间又变成了墙上的斑点。

每一次的追寻和体验也因主客观不能统一而最终中断。逝去的一切永远不可能重现，我们无法回到当时的情境中，逝去的世界只留下一些毫无意义的残片，对它的描述也是无意义的。

因而所有人的追寻正如那位收藏古物的退休上校的追寻，他对那些箭镞进行了长期的研究，证明了这里不是坟墓而是营地，醒来时想到这个箭镞已经被收藏进当地的博物馆"和一只中国女杀人犯的脚、一把伊丽莎白时代的铁钉、一大堆都铎王朝时代的土制烟斗、一件罗马时代的陶器，以及纳尔逊用来喝酒的酒杯放在一起"，而不能知道它到底证明了什么。唯一一个逻辑线索清晰的联想，出人预料而又合理地在此中断了。

总之，作者欣喜于意识流动的自由愉快，却苦恼于每次流动最终要违背意识流动的初衷；意识到过去的一切都是难以寻找的，却困惑于对过去事物的联想冲动总是大于对未来情境的联想冲动。

2. 想沟通，想交流，无奈距离太远

主客观世界的交流受阻，使作者自然地寄希望于人与人的交流，即精神与精神的交流，将过去变为现时，于是就幻想着与莎士比亚等伟人的心灵彻底重合，这一最大限度的自由交流，必然出现一个"形象"的问题，顾及伟人的形象，更顾及自己的形象。那些随时随地都可对"我"做出评价的古今人物是"我"的镜子，他们也很顾及形象地把"我"当作了他们的镜子，于是所有的人在镜子面前封闭了自己，呈现在人面前的只是一个"形象"，这一形象就像镜子一样将你拒于交流的另一端而无法真正走近对方。

"我希望能静静地、安稳地、从容不迫地思考，没有谁来打扰，一点也用不着从椅子里站起来，可以轻松地从这件事想到那件事，不感觉敌意，也不觉得有阻碍。"这是在追寻遗迹，是与客体交流失败后转向与精神交流的企图，作者希望这种交流能够"深深地，更深地沉下去"。这是什么样的交流，又如何"深深地交流"呢？和莎士比亚这样的精神大师交流，"稳住自己"让自己变成莎士比亚，稳稳地坐在扶手椅里，凝视炉火，交流念头如从天国倾泻而下，进入"我"的头脑。但是却有人向这里张望，于是不得顾及这些将"我"张望的人，希望将"直接恭维自己"变成让人恭维。和他们谈植物学时"一直在头脑里把自己的形象打扮起来，是爱抚地、偷偷地，而不是公开地崇拜自己的形象"，可是这既违背了深入交流的初衷，又给双方设置了距离。

越想交流，越愿以某种"形象"或"原型"出现来面对另一个形象化了的交流对象。人们互为"镜子"，不但难以和他人进行交流，而且无法和自己的灵魂进行交流，不但不能消除心灵的距离，而且在不断地加大心灵之间的距离。若要消除距离只能落个镜破人亡的下场。雷同化的概括"毫无价值"，使交流渴望自然落空，这个"制定了标准"和"尊卑序列表"的世界，还能交流吗？那"令人陶醉的非法的自由感"还真能存在吗？

3. 想超脱，想弃俗，而现象世界却无法逃离现实的牵制

意识流动的快乐，是因它远离现实，可意识流动的触发点往往是现实中的某一事物，意识流动的终结者也往往是现实的物象和情景。

那些冷不防受触动而产生的联想，让我们看到意识现象世界的流动是由"钉子""小孔"和"花瓣"等现实物象触发；那些作者主动要呈现的现象流动过程，也是从眼前的现实物象开始的，如在联想莎士比亚之前那段关于宁静的描写，与其说是联想情绪的诱因，还不如说是作者所需要的现实氛围；那些中途为"打断那些不愉快的思想"而改变方向的联想，总要重新回到现实中这墙上的斑点上，然后由这斑点又开始新的联想。

联想的终止也总是由一个现实的存在来执行，如"但是，我还是弄不清那个斑点到底是什么""可是墙上的斑点不是一个小孔，它很可能是什么暗黑色的圆形物体""在某种光线下看墙上那个斑点，它竟像是凸出在墙上的，它也不完全是圆形的"。如果现象世界某种意识流动给你带来不快，你应主动通过"斑点"这一物象进入现实之中："不要为此（每一个人都必须排在某人的后面）感到恼怒，而要从中得到安慰；假如你无法得到安慰，假如你一定要破坏这一小时的平静，那就去想想墙上的斑点吧。""我们也不妨注视墙上的斑点，来打断那些不愉快的思想。"然而使我们彻底终止联想的不单单是斑点的谜底蜗牛的出现，更有那"该死的战争"，而战争曾使作者在很长一段时间里无法摆脱噩梦般的现实，为了摆脱这噩梦般的现实，作者定会进入或喜欢或不喜欢的现象世界。如此纠缠不止，周而复始。

起于现实止于意识的现象流动，其中间总能出现最自由的美妙境界，如最后两节关于理想社会和田园风光的遐想。短暂的时间却换来无限的空间，得以完成最现象化的纯意识的流动，于是每一次的联想都呈现为"现实—现象—现实"的模式，也就是"有我—忘我—有我"的模式。

流动的自由精神必然要与现实背离，而现实一定会钳制自由的精神：

现实中小小的墙上之斑点竟能引出如此自由而丰富的神游联想，自由丰富的神游联想却被这现实哪怕是小小的墙上之斑点所左右。此间的敏感焦虑与被动无奈，正是 20 世纪上半叶，感性世界与理性世界、精神世界与物质世界空前激烈冲撞下的人类心理特征。

上述三种联想结构及主题意义，总体上都是贯穿全文的，追寻体验与联想中断的矛盾侧重展示在前两节中，交流渴望被"形象"和"概括"永恒地排斥主要体现在中间两节，上升到精神现象与现实世界矛盾的高度来揭示主题则被重点放在最后两节。所以，全文的过程，从内容类型看，是一个"物质联想—情感联想—哲学联想"的过程；从时间意义看，是一个"联想过去—联想现在—联想未来"的过程；从意图及方式上看，是一个"力求追寻—力求交流—力求超越"的过程。

而表面上的淡化思想是为了和理性传统划清界线，也是为了给精神世界中最具有自由价值的感性体验提供更合理、更充分的舞台。用感性体验的无序性和非逻辑性来冲击那个令人窒息的物质世界和理性世界。因而通过特有的结构，《墙上的斑点》总在一种离心于现实的企图中，在敏感焦虑与被动无奈中，呈现冥想状态，享受冥想权利，体会冥想自由。

墙上的斑点

弗吉尼亚·伍尔芙

大约是在今年一月中旬，我抬起头来，第一次看见了墙上的那个斑点。为了要确定是在哪一天，就得回忆当时我看见了些什么。现在我记起了炉子里的火，一片黄色的火光一动不动地照射在我的书页上；壁炉上圆形玻璃缸里插着三朵菊花。对啦，一定是冬天，我们刚喝完茶，因为我记得当时我正在吸烟，我抬起头来，第一次看见了墙上那个斑点。我透过香烟的烟雾望过去，眼光在火红的炭块上停留了一下，过去关于在城堡塔楼上飘扬着一面鲜红的旗帜的幻觉又浮现在我脑际，我想到无数红色骑士潮水般地骑马跃上黑色岩壁的侧坡。这个斑点打断了我这个幻觉，使我觉得松了一口气，因为这是过去的幻觉，是一种无意识的幻觉，可能是在孩童时期产生的。墙上的斑点是一块圆形的小迹印，在雪白的墙壁上呈暗黑色，在壁炉上方大约六七英寸的地方。

我们的思绪是多么容易一哄而上，簇拥着一件新鲜事物，像一群蚂蚁狂热地抬一根稻草一样，抬了一会，又把它扔在那里……如果这个斑点是一只钉子留下的痕迹，那一定不是为了挂一幅油画，而是为了挂一幅小肖像画——一幅卷发上扑着白粉、脸上抹着脂粉、嘴唇像红石竹花的贵妇人肖像。它当然是一件赝品，这所房子以前的房客只会选那一类的画——老房子得有老式画像来配它。他们就是这种人家——很有意思的人家，我常常想到他们，都是在一些奇怪的地方，因为谁都不会再见到他们，也不会知道他们后来的遭遇了。据他说，那家人搬出这所房子是因为他们想换一套别种式样的家具，他正在说，按他的想法，艺术品背后应该包含着思想的时候，我们两人就一下子分了手，这种情形就像坐火车一样，我们在火车里看见路旁郊外别墅里有个老太太正准备倒茶，有个年轻人正举起球拍打网球，火车一晃而过，我们就和老太太以及年轻人分了手，把他们抛在火车后面。

但是，我还是弄不清那个斑点到底是什么；我又想，它不像是钉子留下的痕迹。它太大、太圆了。我本来可以站起来，但是，即使我站起身来瞧瞧它，十之八九我也说不出它到底是什么；因为一旦一件事发生以后，就没有人能知道它是怎么发生的了。唉！天哪，生命是多么神秘；思想是多么不准确！人类是多么无知！为了证明我们对自己的私有物品是多么无法加以控制——和我们的文明相比，人的生活带有多少偶然性啊——我只要列举少数几件我们一生中遗失的物件就够了。就从三只装着订书工具的浅蓝色罐子说起吧，这永远是遗失的东西当中丢失得最神秘的几件——哪只猫会去咬它们，哪只老鼠会去啃它们呢？再数下去，还有那几个鸟笼子、铁裙箍、钢滑冰鞋、安女王时代的煤斗子、弹子戏球台、手摇风琴——全都丢失了，还有一些珠宝，也遗失了。有乳白宝石、绿宝石，它们都散失在芜菁的根部旁边。它们是花了多少心血节衣缩食积蓄起来的啊！此刻我四周全是挺有分量的家具，身上还穿着几件衣服，简直是奇迹。要是拿什么来和生活相比的话，就只能比作一个人以一小时五十英里的速度被射出地下铁道，从地道口出来的时候头发上一根发针也不剩。光着身子被射到上帝脚下！头朝下脚朝天地摔倒在开满水仙花的草原上，就像一捆捆棕色纸袋被扔进邮局的输物管道一样！头发飞扬，就像一匹赛马会上跑马的尾巴。对了，这些比拟可以表达生活的飞快速度，表达那永不休止的消耗和修理；一切都那么偶然，那么碰巧。

那么来世呢？粗大的绿色茎条慢慢地被拉得弯曲下来，杯盖形的花倾翻了，它那紫色和红色的光芒笼罩着人们。到底为什么人要投生在这里，而不投生到那里，不会行动、不会说话、无法集中目光，在青草脚下，在巨人的脚趾间摸索呢？至于什么是树，什么是男人和女人，或者是不是存在这样的东西，人们再过五十年也是无法说清楚的。别的什么都不会有，只有充塞着光亮和黑暗的空间，中间隔着一条条粗大的茎干，也许在更高处还有一些色彩不很清晰的——淡淡的粉红色或蓝色的——玫瑰花形状的斑块，随着时光的流逝，它会越来越清楚、越——我也不知道怎样……

可是墙上的斑点不是一个小孔。它很可能是什么暗黑色的圆形物体，比如说，一片夏天残留下来的玫瑰花瓣造成的，因为我不是一个警惕心很高的管家——只要瞧瞧壁炉上的尘土就知道了，据说就是这样的尘土把特洛伊城严严地埋了三层，只有一些罐子的碎片是它们没法毁灭的，这一点完全能叫人相信。

窗外树枝轻柔地敲打着玻璃……我希望能静静地、安稳地、从容不迫地思考，没有谁来打扰，一点也用不着从椅子里站起来，可以轻松地从这件事想到那件事，不感觉敌意，也不觉得有阻碍。我希望深深地、更深地沉下去，离开表面，离开表面上的生硬的个别事实。让我稳住自己，抓住第一个一瞬即逝的念头……莎士比亚……对啦，不管是他还是别人，都行。这个人稳稳地坐在扶手椅里，凝视着炉火，就这样——一阵骤雨似的念头源源不断地从某个非常高的天国倾泻而下，进入他的头脑。他把前额倚在自己的手上，于是人们站在敞开的大门外面向里张望——我们假设这个景象发生在夏天的傍晚——可是，所有这一切历史的虚构是多么沉闷啊！它丝毫引不起我的兴趣。我希望能碰上一条使人愉快的思路，同时这条思路也能间接地给我增添几分光彩，这样的想法是最令人愉快的了。连那些真诚地相信自己不爱听别人赞扬的谦虚而灰色的人们头脑里，也经常会产生这种想法。它们不是直接恭维自己，妙就妙在这里。这些想法是这样的：

"于是我走进屋子。他们在谈植物学。我说我曾经看见金斯威一座老房子地基上的尘土堆里开了一朵花。我说那粒花籽多半是查理一世在位的时候种下的。查理一世在位的时候人们种些什么花呢？"我问道——（但是我不记得回答是什么）也许是高大的、带着紫色花穗的花吧。于是就这样想下去。同时，我一直在头脑里把自己的形象打扮起来，是爱抚地，偷偷地，而不是公开地崇拜自己的形象。因为，我如果当真公开地这么干了，就会马上被自己抓住，我就会马上伸出手去拿过一本书来掩盖自己。说来也真奇怪，人们总是本能地保护自己的形象，不让偶像崇拜或是什么别的处理方式使它显得可笑，或者使它变得和原型太不相像以至于人们不相信它。但是，这个事实也可能并不那么奇怪？这个问题极其重要。假定镜子打碎了，形象消失了，那个浪漫的形象和周围一片绿色的茂密森林也不复存在，只有其他的人看见的那个人的外壳——世界会变得多么闷人、多么浮浅、多么光秃、多么凸出啊！在这样的世界里是不能生活的。当我们面对面坐在公共汽车和地下铁道里的时候，我们就是在照镜子；这就说明为什么我们的眼神都那么呆滞而朦胧。未来的小说家们会越来越认识到这些想法的重要性，因为这不只是一个想法，而是无限多的想法；它们探索深处，追逐幻影，越来越把现实的描绘排除在他们的故事之外。认为这类知识是天生具有的，希腊人就是这样想的，或许莎士比亚也是这样想的——但是这种概括毫无价值。只要听听概括这个词的音调就够了。它使人想起社论，想起内阁大臣——想起一整套事物，人们在儿童时期就认为这些事物是正统，是标准的、真正的事物，人人都必须遵循，否则就得冒打入十八层地狱的危险。提起概括，不知怎么使人想起伦敦的星期日，星期日午后的散步，星期日的午餐，也使人想起已经去世的人的说话方式、衣着打扮、习惯——例如大家一起坐在一间屋子里直到某一个钟点的习惯，尽管谁都不喜欢这么做。每件事都有一定的规矩。在那个特定时期，桌布的规矩就是一定要用花毯做成，上面印着黄色的小方格子，就像你在照片里看见的皇宫走廊里铺的地毯那样。另外一种花样的桌布就不能算真正的桌布。当我们发现这些真实的事物、星期天的午餐、星期天的散步、庄园宅第和桌布等并不全是真实的，确实带着些幻影的味道，而不相信它们的人所得到的处罚只不过是一种非法的自由感时，事情是多么使人惊奇，又是多么奇妙啊！我奇怪现在到底是什么代替了它们，代替了那些真正的、标准的东西？也许是男人，如果你是个女人的话；男性的观点支配着我们的生活，是它制定了标准，订出惠特克的尊卑序列表；据我猜想，大战后它对于许多男人和女人已经带上幻影的味道，并且我们希望很快它就会像幻影、红木碗橱、兰西尔版画、上帝、魔鬼和地狱之类东西一样遭到讥笑，被送进垃圾箱，给我们大家留下一种令人陶醉的非法的自由感——如果真存在自由的话……

在某种光线下面看墙上那个斑点，它竟像是凸出在墙上的。它也不完全是圆形的。我不敢肯定，不过它似乎投下一点淡淡的影子，使我觉得如果我用手指顺着墙壁摸过去，在某一点上会摸着一个起伏的小小的古冢，一个平滑的古冢，就像南部丘陵草原地带的那些古冢，据说，它们要不是坟墓，就是宿营地。在两者之中，我倒宁愿它们是坟墓，我像多数英国人一样偏爱忧伤，并且认为在散步结束时想到草地下埋着白骨是很自然的事情……一定有一部书写到过它。一定有哪位古物收藏家把这些白骨发掘出来，给它们起了名字……我想知道古物收藏家会是什么样的人？多半准是些退役的上校，领着一伙上了年纪的工人爬到这儿的顶上，检查泥块和石头，和附近的牧师互相通信。牧师在早餐的时候拆开信件来看，觉得自己颇为重要。为了比较不同的箭镞，还需要作多次乡间旅行，到本州的首府去，这种旅行对于牧师和他们的老伴都是一种愉快的职责，他们的老伴正想做樱桃酱，或者正想收拾一下书房。他们完全有理由希望那个关于营地或者坟墓的重大问题长期悬而不决。而上校本人对于就这个问题的两方面能否搜集到证据则感到愉快而达观。的确，他最后终于倾向于营地说。由于受到反对，他便写了一篇文章，准备拿到当地会社的季度例会上宣读，恰好在这时他中风病倒，他的最后一个清醒的念头不是想到妻子和儿女，而是想到营地和箭镞，这个箭镞已经被收藏进当地博物馆的展柜，和一只中国女杀人犯的脚、一把伊丽莎白时代的铁钉、一大堆都铎王朝时代的土制烟斗、一件罗马时代的陶器，以及纳尔逊用来喝酒的酒杯放在一起——我真的不知道它到底证明了什么。

不，不，什么也没有证明，什么也没有发现。假如我在此时此刻站起身来，弄明白墙上的斑点果真是——我们怎么说才好呢？——一只巨大的旧钉子的钉头，钉进墙里已经有两百年，直到现在，由于一代又一代女仆耐心的擦拭，钉子的顶端得以露出到油漆外面，正在一间墙壁雪白、炉火熊熊的房间里第一次看见现代的生活，我这样做又能得到些什么呢？——知识吗？还是可供进一步思考的题材？不论是静坐着还是站起来我都一样能思考。什么是知识？我们的学者除了是蹲在洞穴和森林里熬药草、盘问地老鼠、记载星辰的语言的巫婆和隐士们的后代，还能是什么呢？我们的迷信逐渐消失，我们对美和健康的思想越来越尊重，我们也就不那么崇敬他们了……是的，人们能够想象出一个十分可爱的世界。这个世界安宁而广阔，旷野里盛开着鲜红的和湛蓝色的花朵。这个世界里没有教授、没有专家、没有警察面孔的管家，在这里人们可以像鱼儿用鳍翅划开水面一般，用自己的思想划开世界，轻轻地掠过荷花的梗条，在装满白色海鸟卵的鸟窠上空盘旋……在世界的中心扎下根，透过灰暗的海水和水里瞬间的闪光以及倒影向上看去，这里是多么宁静啊——假如没有惠特克年鉴——假如没有尊卑序列表！

我一定要跳起来亲眼看看墙上的斑点到底是什么？——是只钉子？一片玫瑰花瓣？还是木块上的裂纹？

大自然又在这里玩弄她保存自己的老把戏了。她认为这条思路至多不过白白浪费一些精力，或许会和现实发生一点冲突，因为谁又能对惠特克的尊卑序列表妄加非议呢？排在坎特伯里大主教后面的是大法官；而大法官后面又是约克大主教。每一个人都必须排在某人的后面，这是惠特克的哲学。最要紧的是知道谁该排在谁的后面。惠特克是知道的。大自然忠告你说，不要为此感到恼怒，而要从中得到安慰；假如你无法得到安慰，假如你一定要破坏这一小时的平静，那就去想想墙上的斑点吧。

我懂得大自然耍的什么把戏——她在暗中怂恿我们采取行动以便结束那些容易令人兴奋或痛苦的思想。我想，正因如此，我们对实干家总不免稍有一点轻视——我们认为这类人不爱思索。不过，我们也不妨注视墙上的斑点，来打断那些不愉快的思想。

真的，现在我越加仔细地看着它，就越发觉得好似在大海中抓住了一块木板。我体会到一种令人心满意足的现实感，把那两位大主教和那位大法官统统逐入了虚无的幻境。这里，是一件具体的东西，是一件真实的东西。我们半夜从一场噩梦中惊醒，也往往这样，急忙扭亮电灯，静静地躺一会儿，赞赏着衣柜，赞赏着实在的物体，赞赏着现实，赞赏着身外的世界，它证明除了我们自身以外还存在着其他的事物。我们想弄清楚的也就是这个问题。木头是一件值得加以思索的愉快的事物。它产生于一棵树，树木会生长，我们并不知道它们是怎样生长起来的。它们长在草地上、森林里、小河边——这些全是我们喜欢去想的事物——它们长着、长着，长了许多年，一点也没有注意到我们。炎热的午后，母牛在树下挥动着尾巴；树木把小河点染得这样翠绿一片，以至于使我们觉得当一只雌红松鸡一头扎进水里去的时候，它应该带着绿色的羽毛冒出水面来。我喜欢去想那些像被风吹得鼓起来的旗帜一样逆流而上的鱼群；我还喜欢去想那些在河床上一点点地垒起一座座圆顶土堆的水甲虫。我喜欢想象那棵树本身的情景：首先是它自身木质的紧密干燥的感觉。然后感受到雷雨的摧残；接下去就感到树液缓慢地、舒畅地一滴滴流出来。我还喜欢去想这棵树怎样在冬天的夜晚独自屹立在空旷的田野上，树叶紧紧地合拢起来，对着月亮射出的铁弹，什么弱点也不暴露，像一根空荡荡的桅杆竖立在整夜不停地滚动着的大地上。六月里鸟儿的鸣啭听起来一定很震耳，很不习惯；小昆虫在树皮的折皱上吃力地爬过去，或者在树叶搭成的薄薄的绿色天篷上面晒太阳，它们红宝石般的眼睛直盯着前方，这时候它们的脚会感觉多么寒冷啊……大地的寒气凛冽逼人，压得树木的纤维一根根地断裂开来。最后的一场暴风雨袭来，树倒了下去，树梢的枝条重新深深地陷进泥土。即使到了这种地步，生命也并没有结束。这棵树还有一百万条坚毅而清醒的生命分散在世界上。有的在卧室里，有的在船上，有的在人行道上，还有的变成了房间的护壁板，男人和女人们在喝过茶以后就坐在这间屋里抽烟。这棵树勾起了许许多多平静的、幸福的联想。我很愿意挨个儿去思索它们——可是遇到了阻碍……我想到什么地方啦？是怎么样想到这里的呢？一棵树？一条河？丘陵草原地带？惠特克年鉴？盛开水仙花的原野？我什么也记不起来啦。一切在转动、在下沉、在滑开去、在消失……事物陷进了大动荡之中。有人正在俯身对我说：

"我要出去买份报纸。"

"是吗？"

"不过买报纸也没有什么意思……什么新闻都没有。该死的战争；让这次战争见鬼去吧！……然而不论怎么说，我认为我们也不应该让一只蜗牛爬在墙壁上。"

哦，墙上的斑点！那是一只蜗牛。

第二节　范畴思想下的主题结构综合练习

一、范文展示

追忆炭火

骆　爽

炭火边养育了我们的童年。当我们长大时，我们漂泊异乡。在北方，我们已很久很久忘却了炭火。现在，我又重见到炭火，听到了炭火燃烧的声音。听到了南方的声音。

那声音就是冷雨的声音。

冷雨淅淅沥沥地滴落在南方的屋檐下，南方黑色的屋瓦和青色的油毡上。

雨珠滚动在天上，云上，地上。泪珠洒落在青石板上、青泥苔上。碧色在南方的冷雨中生长。春天来临了，那就是我们南方的生命力。

生命力在冬天的冷雪和冷风中成长。

炭火初燃时"滋滋"的声音多么像雪晶静静地敲打在黑色的屋瓦和黄色的茅草屋上。

炭火明灭，雪晶粒粒。

我又仿佛听到了童年时屋外的风雪，夜里，屋外的风刮得真大，刮走了一个孩子的梦幻。

我们围着炭火听爷爷讲远古年代悲怆的传说；我们围着炭火听父亲讲当代英雄的故事。我们在闪耀的火光中产生幻想，幻想支撑着我们童年时代的故事，如同我们童年时只能依靠着炭火。在雨雪交加的日子里，一柄黑色的破伞支撑着整个云天。

我们南方的炭火！我们南方不熄的炭火！只要有风，有空气，就能熊熊燃烧起来。

风就是空气。空气就是生命。炭火，我们南方生命力的象征！而今，我又重见了炭火。

南方的天气，是雨夹雪的天气；南方的南方，是梦魂依依的南方；南方，是我们年迈的故里。

我们在晴朗的日子里，在踏上异地他乡的土地之时，我们在北方晴空的明媚或者风沙漫漫里，忘却了冬天的南方。

漫长的冬天——冬日，冬夜。漫长的潮湿黝黑之路，养育我们的潮湿黝黑的小屋。

当我们再次回到南方，见到父辈们脸上苍老的皱纹，仿佛看见了风霜雨雪，在我们父亲的脸上，在历史平淡的一页上，写下两个刀刻般的字——

南方！

南方的乡亲们是在冷雨中成长的。南方无数个孩子曾在寒风中成长。

于是炭火的记忆重回我的心中，铭刻在我心中。我们的父亲，就是整个南方。当我们幼小的时候，我们害怕黑夜，害怕寒冷，害怕孤独。父辈们的心律的搏动便是寒夜里熊熊燃烧的炭火。无论是冷风冷雨冷霜冷雪，父辈们佝偻的脊梁永远驮着南方的希望。父亲从爷爷苍老的手中，接过山中千寻万掫的炭火；父亲又在儿子的脸上，看到了炭火红红的光芒……

听听那冷雨！

看看那炭火！

雪停了，天亮时分，推门看看，屋檐下渐渐沥沥，下不完的是南方三月的雨。

从白天到黑夜，

从清晨到黄昏；

在冷雨冷雪中，炭火就是温暖。我们这些南方的游子，无论漂泊到何时，无论漂泊到何地，忘不了的只有——

冷雨。

炭火！

二、练习导引

"行走人间"写作指导

【写作借鉴】

1. 回忆起头，逐层深化

《追忆炭火》是一篇很有借鉴意义的佳作，取材于个人记忆，并非为作文而作文。每一位学生都有永远不能忘怀的记忆，还有那些形成于记忆中挥之不去的情怀，写来都会真挚感人，起笔、落笔可信笔抒情。文章主题结构呈现为"炭火的形象记忆—炭火的情感记忆—炭火的文化情结"，这是一个具有举一反三功能的抒情叙事结构，可供借鉴。

2. 结构递进，主题深化

《初冬过三峡》依次写了激流中勇敢的纤夫，远景中祥和的三峡，由修水库想未来的平湖，出峡后的疏朗水面，盘旋和依恋着这片山川的苍鹰。这恰好是人与自然相融的三峡、人要征服它的三峡、征服后的留恋和回忆中的三峡，形式上的移步换景很好地服务了思想的逐步深化。

3. 对比联想，形成递进

《风景如画的韦姆兰》中对韦姆兰的观感进行了多重对比：当地人和

观光者的观感，韦姆兰和其他山水风景，不同季节下韦姆兰的不同风景，残缺和完美，壮美和优美，与人对立的风景和与人相融的风景。这些对比一步步将风景如画的韦姆兰描绘得非同一般，并对与人相融的风景给予了最高的礼赞。

【文题亮相】

以"穿行"为话题，用游记的方式，写一篇反映你对人间体验的文章，字数在800字以上。

【思路点拨】

行文框架，可以是空间的横向穿越，体会在不同地方的感受；也可是时间的纵向穿越，展现同一空间的不同故事。

主题立意，可以用矛盾法写体验：丰富多彩与单调乏味，人间真情与世态炎凉，和谐统一与矛盾重重，顺达通畅与艰难险阻，现代新潮与落后陈陋；追时尚与守本色，图变化与求永恒，"伤不起"与"hold住"；竞争与退缩，愤青与小资，炫富与比惨……任选一组或几组矛盾来展开。

防止以偏概全。要有宏观意识，不以特例代替普遍现象。

防止陷于描摹。应抓取典型特征，无须周全详尽其情态。

防止喧兵夺主。重点是风土人情，和主题无关的景物无须描写。

【学生习作】

行走京城

白　云

一直以来，喜欢长安的阜盛与离愁，喜欢金陵的柳。直到站在北京的中央，看见皇城繁华与胡同文化的交织，我懂了京城的庞大。

过紫禁城第一道门，虽然游人肩踵相接，但依旧可以感受到一种来自封建时代建筑的肃穆感。高天之下琉璃反射的光线都皇族味十足。那是上则上的道，无法撼动。王朝终结，却留下了庄严。这便多了一层文化回味在里面。中国人都有文化情结，有不愿放下古时一砖一瓦的文气。这就是为何国外游客专注于结构与用材，而国内游客却喜欢一目四野，登上高处感受整城的沧桑。

午门重地，有着出乎意料的热闹。封建的头在这里砍下，现代的头在这里攒动。

走进了颐和园。没有抬头看它的匾额，进入情境很慢，燥热的艳阳与城市因人口过多而散发出的浮躁，让我只能走进自己，和无数个失眠的夜一样，与自己对话。

我在昆明湖边伫立良久，仿佛是在等着远处曹雪芹踏舟而来。那是他的朝代，诗意蔓延，桃艳雪洁。是谁在月前饮酒，是谁在酒后望月？谁在冬季冻着了手还续着正楷的书稿？文化迫害，虽是已然成伤，他在那一刻脊梁挺立，保住了文化的延续。诗不灭，酒不灭，灵魂不熄。昆明湖泛起的丝波仿佛文明的酝酿。阳光下廊瓦蝶木都着上画意诗情，肆意流散。

去王府井的路上，大巴司机醇厚的京腔，朴实无华的音调，左右都是亲切。街道转角处交通拥挤，司机也啐了一句，依旧是京腔，绕着弯的脏话，让我们都不觉一惊。任人如何细闻，都听不出半点火药味。

在圆明园祭奠过历史的残缺后，我们在园中喝着大碗茶听起京戏。戏词中听不出年代，听不懂几经沉淀，却是字字绝音，听得到东方的魂。

北京人有太多种生活，样样如戏。他们年迈，可以在北海公园练剑，或像史铁生一样坐在地坛回忆母亲，或带着儿孙去到故宫、长城，居高临下地讲述这漫长无边的历史。他们年轻，便有更多的事可做：游走在城市的街道、地铁，发掘身边的感动，或去打球、溜冰、看电影，或泡在全国闻名的博物馆、图书馆邂逅文明。

离京之时，我轻抚一株老树的主干。坚硬肌肤，历经了沧桑，覆盖着四季的风花雪月，在寂静午夜托起月光。

【点评】

北京不同景点的横向行走，却展示出纵向的信息，存在于不同历史时期、不同地域的风貌和意韵。文物保存与时代变迁，文学经典与人文情怀，京腔与市民文化，由物质到精神再到心理性格，依次递进写来，逐步走入真正的北京人间。笔墨不多却写出了北京人间的基本特征，充分显示了作者非同一般的观察能力和文章的组织能力。叙议结合的语言也为文章增色不少。

时光的痕迹

欧阳城

每个人都有自己记忆中的一个个原点，一个城市也如此。过街楼、水码头的熙攘，七星寺长明不熄的烛光和朗朗书声，钟楼的轰然倒下和同它一起被吞噬的生命，街心花园自行车上响得有些夸张的机器，搅出一代孩子晶莹蓬松甜蜜的想望……东关似乎成了所谓"历史""城市记忆"的代名词。

其实我们唯一能做的不过像大惊小怪的游客,留下别人日复一日清苦重复生活的掠影。东关更像独立在高楼间的一座废城,一代代人走出便不再回来,剩下走不掉的如同东关的建筑般随时光老去。

秃顶的男人敞着怀拎着酒瓶从被时间所蚀刻将尽的石板地中呓语着摇晃而出,带过门板后老妇哀哀的《打牌五更》"……再过三天茶采完,郎回湖广姐回川,相见一面难上难……"黑白电视机里关于中国经济奇迹的报道的新闻在打烊的小店中响得有些夸张。孩子们在街边围拢,在"三国杀"的纸牌游戏中大呼小叫,他们或许是即将走出东关老街巷的最后一代。

端着相机的青年如同迫降在闹市的外星人,与这里格格不入。在舒适房间中向朋友炫耀所谓"人文作品"的我们,大概未曾体验东关居民逢雨必漏的无奈,或是面对城区疯长的房价、夸张的广告和没有产权拿不到半点拆迁补偿的酸楚。然而,每天同样绞在各自生活麻烦中的拍摄者们,自然不必对此愧疚什么,他们不是救世主,只是记录这个城市曾经以这样的形式存在过,仅此而已。记忆,照片,或者最终能在推土机下幸存的老建筑,构成城市在时光中的痕迹。

穷街陋巷刻着许多人成长的痕迹。那么我呢?我的痕迹又曾刻在哪儿?想起了老厂矿。"三线"的波澜壮阔或是日渐萧条,看似宏伟而又唏嘘的话题,其实是无数同我一样平凡的人记忆中的痕迹。与时代的大变迁比,一个人记忆的长度真的短到感受不出那种剧变。

楼宇间的铁丝上各家的被子吸饱了阳光变蓬松,溢出温暖的气息。小鸟觊觎叶底的葡萄,却被嬉笑声惊飞。小孩子们就在这被子组成的迷宫间穿梭,手里的树枝被当作冲锋枪,我们都是无畏的战士,欢叫呼号仿佛攻占了斯大林格勒。谁家的竹筛被撞倒,一地的萝卜干成了这次冲锋中的牺牲品。纱门的弹簧声混响着东北口音的叱骂……

这便是记忆中的全部痕迹,我们刻在老厂矿的时光里,老厂矿作为背景也将它刻在两代人的记忆中。偶然得以重访,温暖的记忆在镜头中留下的却是萧条衰败。或许人真的是容易忘本的动物,或者是在眼下的冰冷中润饰着一个虚幻和温暖的记忆。其实老厂无非还是那样,不曾因为一个人的情感而变得冰冷或温暖——它作为舞台早已看惯无数大演员或小演员来了又去的匆匆。留下的痕迹或深或浅，其实更多是没有痕迹，如同它自己在时代变迁的大舞台上的痕迹同样的微乎其微。

【点评】

无疑，这是一篇对"痕迹"感触异常强烈的文章。作者选取了两个记忆空间：一个是作为"城市记忆"的汉中东关老街，一个是作为"成长记忆"的"三线"老厂。前一个是集体记忆，后一个是个人记忆。在"城市记忆"痕迹中，作者感受到了骄傲、遗憾、惋惜，看到了粗野、浮躁、造作；在"成长记忆"痕迹中，作者体验到了快乐、萧条、破败，目睹了慵懒、匆匆、冷漠。

我们背叛了曾经是美好的过去，能迎来一个什么样的未来呢？无论是集体选择还是个人诉求，我们会如愿吗？文章将我们带入深深的思索之中。

行走人间

徐瑞东

轻柔的微风吹开朦胧的迷雾，吹拂到你的脸颊，渐渐地将你从沉睡中唤醒，你睁开尘封许久的双眼，想极目眺望，可眼前仍是一片黑暗。空间似乎停止了跃动，一切都安静下来，丝丝柔柔宛如蚕丝般细腻的光线，从你身后那无尽的深渊中穿刺出来，一点一点地吞噬着眼前的黑暗。你惊异地望着眼前景物的变化，茫然不知所措。也许光线读懂了你的意思，丝一般的光缠绕着你，你不知不觉受到光的引导，开始了自己的人间之路。

起初的路途，都有那光的陪伴。你每走一步，光似乎加深一点。就这么一点一点，一步一步。终于，万千小流汇成海洋，那丝丝柔柔的光线相互交织，在你头上汇成一道光的海洋，不停地流淌，为你冲刷前方无尽的黑暗。你顿时觉得光明无限，对于未来的路途充满了希望，脚步也多了几分轻松和灵动。

继续前行……

走着走着，从不知名的角落吹出一阵微风，轻轻划过你的身躯。你似乎觉察到它的存在，想伸手去抓，可惜，你却找寻不到它的踪迹，更无法解读它所带来的信息。你不禁有一丝疑惑，便抬头望向天空，望着那浩瀚的光海，你的疑惑顿时荡然无存。

继续前行……

似乎未过多久，又有一阵微风划过，而此时的你再也没有关注它的心思。也许是你的无视，点燃了它的怒火，风势渐渐加大，吹动了路上的沙石，漫天黄沙伴着肆虐的狂风，在空中狂舞，大有一种吞天之势。虽然风势猛烈，但你依旧能缓步前行，那光围绕着你，为你遮挡一切。可惜情形越变越糟，身上的光线暗淡下来，你不禁抬头望去，顿时大惊失色，那滚滚黄沙宛若巨石一般横亘在光海中央。身上的光线越来越暗，你开始害怕，一种绝望和悲怆从心底蔓延，你似乎嗅到死亡的味道。正当你把持不住，就要随风远去时，头顶上的光海彻底沸腾起来，滔天巨浪不断包裹压在身上的巨石，一次次冲击之下，狂风和黄沙败下阵来，你再一次依偎在光的怀抱中，感觉到了前所未有的温暖。

继续前行……

此时，你变得沉稳许多，脚步也多了几分沉重，本想今后的路会好走一些，可惜异变再生，那围绕你的光环突然熄灭。最可怕的事终究发生了。猛地抬头，眼中充满悔恨，而那光海也开始干枯，变得异常稀薄。你不愿再看下去，默默低下头流着泪水。天上的光海明白你的想法，垂下了所剩不多的几束光线，你珍而重之捧在手中，明白了其中的意思。终于，光海还是无法挽回逝去的颓势，就这么安安静静地走了……

继续前行……

没有光海的牵引，你步履维艰。

继续前行……

就这么一路披荆斩棘，历经千辛万苦，终于踏上那相同的悬崖。

你站在崖边，双目缓缓闭上，你伸出双手把仅存的几束光抛向深渊。时间在这一刻停止了流动，那熟识的感觉再次荡漾在自己的心头，你追寻那感觉纵身跃下悬崖。身体在不断地下落，可自己的灵魂却在那几束光的牵引下脱体而出，缓缓上升。在上升中，你看见了自己的一生，看见了自己一生的路途。你又不禁望向那不断坠落的身躯，凝视片刻，在上升与下降中，你似乎明白了生命的真谛。此时的你，再也没有丝毫疑惑，上升的速度越来越快，向着那无尽虚空中挺进。而到底你要去往何处，那就无从知晓。也许会步入下一轮回，也许将永远不会停下，这又有谁能说的清楚？

【点评】

文章貌似写孤独的人生，实则在写人间的爱恨情仇、温暖严酷，那光，那风，那旷野，那悬崖，哪样不是象征人间之险象或风光？全文只见到一处"人间"的字样，但几乎无处不在讲述行走"人间"。拥光随风行走于旷野险峰，象征着一个人行走于人间的大千世界，光与风象征爱与恨、情与仇，旷野、悬崖象征艰辛与险恶。象征手法的成功运用，使"行走人间"的见识和感触更加形象，使"行走人间"的主题更加崇高而神圣。

华灯初上

孙旖旎

暮色渐沉，城市的灯光眨眨眼睛，一盏一盏地亮起来，像是在街巷楼宇中，接连撑起千万把暖黄色的小伞，各自笼着一团光晕，在暗色的背景里凸显得愈加温暖。

和月光一样黯然的，是那些游离在喧闹繁华之外的人，在夜色中行色匆匆，带着一脸倦容。或许是羁旅他乡，即使仰头也忆不起故乡月明是何模样，只顾低头踽踽而行，在陌生的城市里缄默着，匆忙着。或许是疲于奔命，为前路而忧，为生计而苦，被重担压得直不起腰，在这城市中沉寂如尘埃，只能看到脚下的一片黑暗。

但是，即使是这样，也不要说繁盛流光只是城市的表象，他们什么都没有。

总有一点微光是为了他们点亮。毋需耀眼，只一点温暖便足矣。

无数的等待与守望就这样在无数个夜晚上演着，主角不同，情节各异，那散布于楼宇间的星点灯光便是各自的剧场。点一盏灯，照亮一条路，即使再远，也要让他看到这里是家的方向。

于是，地球这端的灯灭掉，那端的灯亮起，世界各处怀着爱与思念的灯光循环往复，亮成一个巨大的光圈，依次照亮整个世界、每个角落。

夜幕中，她的窗前也亮起了一盏灯。

她在窗前仔细拆开爱人从远方寄来的装着新衣与信件的包裹，将新衣置于一边，独拿了信来一字一句地念，信很短，寥寥数句写了大城市的繁华与工作的奔忙，那并不规整的字迹她来来回回看了很多遍，像是硬要从字缝中拼凑出别的什么意义。

　　每次送爱人走的时候，她都不肯去车站，只站在窗帘后看他提着行李一点点走远，消失在路口的灯光里。别人都说她不够好，她也不争嘴，没有说她只是怕面对那样别离的场景，怕那种无力抵挡的悲伤正面袭来。只站在窗边看着，看到爱人偶尔停下脚步向窗口回望的样子，就算在这边哭到肿了眼花了妆，也不会被谁看到。她从不是擅于表情达意的人，装得固执而坚强，爱与思念都沉在心底，深潭一般沉静。

　　公寓里的空调呼呼地吹着热风，吹皱了她指尖的皮肤。终于看累了，她揉揉眼睛，将信折好放在书架上，宽衣入眠。

　　而同是此时，在城郊的一间小平房前，还是一片漆黑。

　　镜头转入房间，小屋里的他抬起头看了看墙上的老挂钟，是孩子将下晚自习的时候了。他有些微颤地起身，从窘迫的小平房里挪出去。由于多年积劳留下的病痛，他的动作像是被按下了慢放的片段。就这样略显笨拙的走到院门口，几次都险些跌倒在冬夜积起的薄冰上，踉跄几下又勉强站稳。他呵出一口气，拉亮了院门口的那盏灯，然后站在那里半扶着门，向小路尽头的方向张望了一会儿，直到被寒气逼到那间小屋里去。

　　他将蛋羹又放到炉火上，然后侧身望着门口那盏灯，苍老而浑浊的眼眸里仿佛也映出了点点闪动的光亮。

　　她，从极浅的梦境中睁开眼，也许是附近的学校刚下自习，也许是那临街的车行人声吵醒了她。她揽衣推枕，揉着睡眼走到窗前，吸进一口凉夜中的空气，凝神看着这城市的熙攘和灯光。

　　看着看着，那些灯光在她眼前忽然亮成了一片模糊的光斑，那些光线在泪水中被拉得很长。她似乎想起了什么，坐在桌前铺展信纸，提笔写下几行字——

　　"如果你在外面的世界看到万家灯火的热闹，一定要想起我，因为我也在那遥远的万家灯火里亮一盏灯，等你回家。"

　　他，关了电视，半推开门，等着每天出现在门口的明眸。大概他还不知道，从初中开始，女儿每次走到门口，看着那暖黄色的灯光就会很感动，知道那是父母对她的爱和无声关怀。那份感动一直持续至今，无论什么时候想来，都是盈盈满怀的温暖。

【点评】

　　这篇艺术气质极佳的作品选取了一个女子思念丈夫，一位父亲等孩子下自习作为重点内容，很典型地概括了普通人的真实生活、真实情感。在城市的富丽繁华之下，普通人的生活越发需要得真正的关注和关怀。华灯越亮，越容易掩盖艰辛者的真实生存状态。本文出色的细节描写，感人至深，大大深化了主题。

三、延伸训练

1. 请以"南腔北调"为话题，通过调查研究，叙议结合，写一篇不少于800字的文章。

【思路点拨】

南腔北调是方言，也是观念论调，还是思维方式、文化性格，由此可看出南方人与北方人不同的生存状态、生存内容；南腔北调是历史，是现实，也预示着未来，因而凝固在方言、观念和性格中的文化基因，会主导不同地方人的事业走向和生活内容。叙议结合，是指或夹叙夹议，或用思考的笔调展开叙述，或在叙述中融合思考。可以充分发挥对比手法的作用，从各种角度将调查研究中发现的南北差异凸显出来，也可以通过写一个人的"方言串烧"习惯，看不同地域对他的影响。

2. 阅读下面的材料，按要求写一篇文章。

一年春节前夕，冯骥才进行了一次寻找传统"年味"的旅行。从天津市区出发，丝毫感觉不到什么年味。到了县城，见有人趁着新年置办新婚娶嫁物品，但还不是年味本身。到了集镇，看到了置办年货的人群，感觉有了亲切的年味，但还不是记忆中的传统年味。最后来到了一个乡村民间艺术品集散地，才看到了久违的真正能代表正宗年味的民间年画、窗花、剪纸等。这些几乎失传的文化遗产产品却销售到了欧美各地，一种非物质文化遗产竟然要远涉重洋来求生存，这让他百感交集，顿觉身上的担子无比沉重。

要求：以"寻找传统文化味"为话题，写出你对社会变化的体验认识，800字以上。

【思路点拨】

选择那些逐渐消失的非物质文化遗产来立意；仿照材料的叙述顺序来安排作文的结构，并让这一结构呈现为递进式；运用叙议结合和对比的手法来揭示社会变化，体现出一切变化中最大的变化就是人的变化这一认识。

3. 阅读下面的材料，完成作文。

不管是走出大山游历城市，还是离开城市游玩山水，还是行走在城市之间领略异地风情，你一定有不少旅游的经历。在这些经历里，你一定会有与众不同的发现。这些发现可能是那里的人的精神面貌，可能是那里的人面对游客释放的热情，可能是那里的人的风俗习惯，可能是由那里的人类踪迹、文化遗存引发的无限联想，可能是那里的不会说话的山水草木教会了你思考人与自然的关系。

那么你在旅游中的发现或思考是什么呢？请自选角度，自拟题目，写一篇不少于 800 字的文章。

【思路点拨】

你的旅游，可能属于增长见识、享受风光的消费资源型，也可能属单车背包沿途捡拾垃圾的呵护资源型，还可能是参观科技馆、农业展览馆的创造资源型，这正是人与自然资源和文化遗存间的三种关系。假如你的作文想从宏观上勾勒你对整个旅游的认识，不妨按照这三种类型依次写出你的发现和思考，并在这种递进结构中深化主题。

你的旅行，可能是一次独立的游历过程，那么在结构上可采用"轮廓—细节—轮廓"的模式，开头、结尾都是轮廓线条式的，中心部位全是细节描写，如《再别康桥》《梦游天姥吟留别》。与此类似的结构是"看景—品景—看景"，看景时，人与景是相对立的主体与客体的关系，品景时，人与景物是相融的关系，甚至人彻底被景物所融化，出现了无我的境界，如《荷塘月色》。

西南师范大学出版社
《名师工程》系列丛书目录

系列	序号	书　　名	主编	定价
陕西系列	1	《让教育走进灵魂深处——一位优秀教师的教育心语》	刘跃红	30.00
	2	《教育与梦想同行——宝鸡"国培计划"项目成果精选》	李春杰	30.00
	3	《中小学教师师德素养提升80讲》	张军学　曹永川　国晓华	30.00
	4	《轻松突破作文瓶颈——构建范畴思想下的作文思维》	李旭山	35.00
	5	《爱在人生伊始——幼儿教师培训指导手册》	张　昭	35.00
	6	《为儿童的终身发展奠基——幼儿教师必备的幼教技能》	靳存安	30.00
	7	《如何成为一名专家型教师》	孙铁龙　党　纳	35.00
教研提升系列	8	《语文教师必备的音韵学素养》	李明孝	30.00
	9	《校本教研的7个关键点》	孙瑞欣	30.00
	10	《教师怎样做小课题研究——高效助力教师专业化成长》	徐世贵　刘恒贺	30.00
	11	《今天我们应怎样评课》	张文质　陈海滨	30.00
	12	《今天我们应怎样进行教学反思》	张文质　刘永席	30.00
	13	《一节好课需要的教育智慧》	张文质　姚春杰	30.00
鲁派名师系列·教育探索者	14	《追问历史教学之道》	钟红军	36.00
	15	《灵动英语课——高效外语教学氛围创设艺术》	邵淑红	30.00
	16	《校园，幸福教育的栖居》	武际金	30.00
	17	《复调语文——尊重生命自我成长的语文教学》	孙云霄	30.00
	18	《智趣数学课——在情感深处激发学生的数学智能》	王冬梅	30.00
	19	《高品位"悦读"——让情感与心灵更愉悦的阅读教学》	马彩清	30.00
	20	《品诵教学——感悟母语神韵的阅读教学》	侯忠彦	30.00
	21	《智趣化学课——在快乐中提升学生的科学素养》	张利平	30.00
码名师解系列	22	《教育需要播种温暖——谢文东与儒雅教育》	余　香　陈柔羽　王林发	28.00
	23	《为了未来设计教育——梁哲与探究教育》	冼柳欣　肖东阳　王林发	28.00
	24	《真心是教育的底色——谭永焕与真心教育》	谭永焕　温静瑶　王林发	28.00
	25	《做超越自我的教师——刘海涛与创新教育》	王林发　陈晓凤　欧诗停	28.00
	26	《打造灵动的教育场——张旭与情感教育》	范雪贞　邹小丽　王林发	28.00
高效课堂系列	27	《让数学课堂更高效——教研员眼中的教学得失》	朱志明	30.00
	28	《从教会到教慧——小学生数学学习能力的培养艺术》	滕　云	30.00
	29	《用什么提高课堂效率——有效数学课必须关注的10大要素》	赵红婷	30.00
	30	《让作文更轻松——小学作文高效教学36锦囊》	李素环	30.00
	31	《让研究性学习更高效——研究性学习施教指导策略》	欧阳仁宣	30.00
	32	《让母语融入学生心灵——提升学生语文素养的高效施教艺术》	黄桂林	30.00

系列	序号	书　　　名	主编	定价
创新课堂系列	33	《重塑课堂生命力——小学新课堂教改成功之路》	陈华顺	30.00
	34	《小学语文"三环节"阅读教学法——自学、读讲、实践》	薛发武	30.00
	35	《个性化课堂教学艺术：小学语文》	商德远	30.00
	36	《如何实现三维目标——让学生与文本共鸣的诵读教学》	张连元	30.00
	37	《想说　会说　有话可说——突破作文瓶颈的三维教学法》	杨和平	30.00
	38	《综合课的整合创新教学》	周辉兵	30.00
	39	《如何打造学生喜欢的音乐课堂》	张　娟	30.00
	40	《理想课堂的构建与实施——一个教研员眼中的理想课堂》	张玉彬	30.00
	41	《小学语文：决定教学质量的关键策略》	李　楠	30.00
	42	《用〈论语〉思想提升数学教育智慧》	胡爱民	30.00
	43	《童化作文——浸润儿童心灵的作文教学》	吴　勇	30.00
名校系列	44	《人本与生本：管理与德育的双重根基》	广州市广外附设外语学校	30.00
	45	《生本与生成：高效教学的两轮驱动》	广州市广外附设外语学校	30.00
	46	《世界视野与现代意识：校本课程开发的二元思维》	广州市广外附设外语学校	30.00
	47	《让每个生命都精彩——生命教育校本实践策略》	王鹏飞	30.00
	48	《好学校，从关注每个学生开始——石梅小学优质教育多元感悟》	顾　泳　张文质	30.00
思想者系列	49	《回归教育的本色》	马恩来	30.00
	50	《守护教育的本真》	陈道龙	30.00
	51	《教育，倾听心灵的声音》	李荣灿	30.00
	52	《心根课堂——让教育随学生心灵起舞》	刘云生	30.00
	53	《做一个纯粹的教师》	许丽芬	26.00
	54	《率性教书》	夏　昆	26.00
	55	《为爱教书》	马一舜	26.00
	56	《课堂，诗意还在》	赵赵（赵克芳）	26.00
	57	《今日教育之民间立场》	子虚（扈永进）	30.00
	58	《教育，细节的深度反思》	许传利	30.00
	59	《追寻教育的真谛——许锡良教育思考录》	许锡良	30.00
	60	《做爱思考的教师》	杨守菊	30.00
鲁派教育名校探索者系列·名师教学手记系列	61	《让生命异彩纷呈——差异教育的构建与实施》	张晓琳	30.00
	62	《博弈中的追求——一位中学校长的"零"作业抉择》	李志欣	30.00
	63	《大教育视野下的特色课程构建——海洋教育的开发实施》	白刚勋	30.00
	64	《唤醒生命的对话——孙建锋语文教学手记》	孙建锋	30.00
	65	《让作文教学更高效——王学东写作教学手记》	王学东	30.00
名校长核心思想系列	66	《智圆行方——智慧校长的50项管理策略》	胡美山　李绵军	30.0
	67	《做一个智慧的校长》	孙世杰	30.00
	68	《成为有思想的校长》	赵艳然	30.00

系列	序号	书　　　名	主编	定价
创新班主任系列	69	《班主任专业化成长策略》	杨连山	30.00
	70	《班级活动创新与问题应对》	杨连山　杨照 张国良	30.00
	71	《班集体建设与创新人才培养》	李国汉	30.00
	72	《神奇的教育场——打造特色班级文化创新艺术》	李德善	30.00
创新语文教学系列	73	《曹洪彪新概念快速作文》	曹洪彪	30.00
	74	《小学语文：享受对话教学》	孙建锋	30.00
	75	《小学语文：名师教学目标落实艺术》	刘海涛　王林发	30.00
	76	《小学语文：名师魅力教学设计艺术》	刘海涛　王林发	30.00
	77	《小学语文：名师魅力课堂激趣艺术》	刘海涛　豆海湛	30.00
	78	《小学语文：单元整体教学构建艺术》	李怀源	30.00
	79	《小学作文：名师情趣课堂创设艺术》	张化万	30.00
优化教学系列	80	《高效教学组织的优化策略》	赵雪霞	30.00
	81	《高效教学方法的优化策略》	任　辉	30.00
	82	《高效教学过程的优化策略》	韩　锋	30.00
	83	《让教学更生动——激发兴趣让学生快乐认知》	朱良才	30.00
	84	《让教学更高效——策略创新让教学事半功倍》	孙朝仁	30.00
	85	《让教学更开放——拓展延伸让学生触类旁通》	焦祖卿　吕　勤	30.00
	86	《让教学更生活——体验运用让学生内化知识》	强光峰	30.00
	87	《让知识更系统——整合与概括让学生建构体系》	杨向谊	30.00
	88	《让思维更创新——思辨与发散让学生思维活跃》	朱良才	30.00
名师名课系列	89	《名师如何炼就名课》（美术卷）	李力加	35.00
教师成长系列	90	《做会研究的教师》	姚小明	30.00
	91	《学学名师那些事》	孙志毅	30.00
	92	《给新教师的建议》	李镇西	30.00
	93	《教师心灵读本：成为有思想的教师》	肖　川	30.00
	94	《教师心灵读本：教师，做反思的实践者》	肖　川	30.00
幼师提升系列	95	《全国优秀幼儿健康教育活动课例评析》	教育部教育管理信息中心	30.00
	96	《全国优秀幼儿艺术教育活动课例评析》	教育部教育管理信息中心	30.00
	97	《全国优秀幼儿社会教育活动课例评析》	教育部教育管理信息中心	30.00
	98	《全国优秀幼儿语言教育活动课例评析》	教育部教育管理信息中心	30.00
	99	《全国优秀幼儿科学教育活动课例评析》	教育部教育管理信息中心	30.00
教师修炼系列	100	《班主任工作行为八项修炼》	杨连山	30.00
	101	《教师心理健康六项修炼》	李慧生	30.00
	102	《教师专业化五项修炼》	杨连山　田福安	30.00
	103	《课堂教学素养五项修炼》	刘金生　霍克林	30.00
	104	《高效教学技能十项修炼》	欧阳芬　诸葛彪	30.00
	105	《教师新师德六项修炼》	王毓珣　王　颖	30.00
创新数学教学系列	106	《小学数学：名师教学目标落实艺术》	余文森	30.00
	107	《小学数学：名师高效教学设计艺术》	余文森	30.00
	108	《小学数学：名师易错问题针对教学》	余文森	30.00
	109	《小学数学：名师魅力课堂激趣艺术》	余文森	30.00
	110	《小学数学：名师同课异教》	林高明　陈燕香	30.00
	111	《小学数学：名师抽象问题艺术教学》	余文森	30.00

系列	序号	书　　名	主编	定价
教育心理系列	112	《做最好的心理导师——中学生心理健康咨询手册》	杨　东	30.00
	113	《每天学点教育心理学》	石国兴　白晋荣	30.00
	114	《学生心理拓展训练与指导》	徐岳敏	30.00
	115	《好心态成就好学生——学生心理问题剖析与对症教育》	李韦遘	30.00
教学新突破系列	116	《把教学目标落实到位——名师优质课堂的效率管理》	冯增俊	30.00
	117	《拿什么调动学生——名师生态课堂的情绪管理》	胡　涛	30.00
	118	《零距离施教——名师和谐师生关系的构建艺术》	贺　斌	30.00
	119	《一个都不能落——名师提升学困生的针对教学》	侯一波	30.00
	120	《让学习变得更轻松——名师最能吸引学生的情境设计》	施建平	30.00
	121	《让知识变得更易学——名师改造难学知识的优化艺术》	周维强	30.00
教育通识系列	122	《用心做教师——青年教师快速成长的十大定律》	王福强	30.00
	123	《做最受学生欢迎的老师》	赵馨　许俊仪	30.00
	124	《做有策略的校长——经典寓言与学校管理智慧》	宋运来	30.00
	125	《做有策略的教师——经典故事中的教育启示》	孙志毅	30.00
	126	《从学生那里学教书》	严育洪	30.00
	127	《突破平庸——提升教育质量的31个跳板》	严育洪	30.00
	128	《教育，诗意地栖居》	朱华忠	30.00
	129	《好班规打造好班级》	赵　凯	30.00
	130	《做学生成长的引领者——学生终身成长的素质培养》	田祥珍	30.00
	131	《如何管出好班级——突破班级管理的四大瓶颈》	刘令军	30.00
	132	《青春期性教育教师实用手册》	闵乐夫	30.00
高中新课程系列	133	《高中新课程：教师角色转变细节》	缪水娟	30.00
	134	《高中新课程：班主任新兵法细节》	李国汉　杨连山	30.00
	135	《高中新课程：教学管理创新细节》	陈　文	30.00
	136	《高中新课程：更有效的评价细节》	李淑华	30.00
名师讲述系列	137	《施教先施爱——名师讲述班主任的核心教导力》	杨连山　魏永田	30.00
	138	《在欢乐中成长——名师讲述最具活力的课堂愉快教学》	王斌兴	30.00
	139	《让学生做自己的老师——名师讲述如何提升学生自主学习能力》	徐学福　房慧	30.00
	140	《引领学生高效学习——名师讲述如何提高学生课堂学习效率》	刘世斌	30.00
	141	《教育从心灵开始——名师讲述最能感动学生的心灵教育》	张文质	30.00
教育管理力系列	142	《名校激励管理促进力》	周　兵	30.00
	143	《名校安全管理执行力》	袁先潋	30.00
	144	《名校师资团队建设力》	赵圣华	30.00
	145	《名校危机管理应对力》	李明汉	30.00
	146	《名校校本研究创新力》	李春华	30.00
	147	《学校文化力建设策略》	袁先潋	30.00
	148	《名校长核心教育力》	陶继新	30.00
	149	《名校长高绩效领导力》	周辉兵	30.00

系列	序号	书　　　　名	主编	定价
教育管理力系列	150	《名校行政管理细节力》	杨少春	30.00
	151	《名校教学管理提升力》	张　韬　戴诗银	30.00
	152	《名校学生管理教导力》	田福安	30.00
	153	《名校校园文化构建力》	岳春峰	30.00
大师讲坛系列	154	《大师谈教育心理》	肖　川	30.00
	155	《大师谈教育激励》	肖　川	30.00
	156	《大师谈教育沟通》	王斌兴　吴杰明	30.00
	157	《大师谈启蒙教育》	周　宏	30.00
	158	《大师谈教育管理》	樊　雁	30.00
	159	《大师谈儿童人格塑造》	齐　欣	30.00
	160	《大师谈儿童习惯培养》	唐西胜	30.00
	161	《大师谈儿童能力培养》	张启福	30.00
	162	《大师谈早恋与性教育》	闵乐夫	30.00
	163	《大师谈儿童情感教育》	张光林　张　静	30.00
教育细节系列	164	《名师最具渲染力的口才细节》	高万祥	30.00
	165	《名师最有效的沟通细节》	李　燕　徐　波	30.00
	166	《名师最有效的激励细节》	张　利　李　波	30.00
	167	《名师培养学生好习惯的高效细节》	李文娟　郭香萍	30.00
	168	《名师人格教育的经典细节》	齐　欣	30.00
	169	《名师营造课堂氛围的经典细节》	高　帆　李秀华	30.00
	170	《名师最有效的赏识教育细节》	李慧军	30.00
	171	《名师最有效的批评细节》	沈　施	30.00
教学提升系列	172	《方法总比问题多——名师转变棘手学生的施教艺术》	杨志军	30.00
	173	《用特色吸引学生——名师最受欢迎的特色教学艺术》	卞金祥	30.00
	174	《让学生爱上课堂——名师高效课堂的引导艺术》	邓　涛	30.00
	175	《拿什么打开思路——名师最吸引学生的课堂切入点》	马友文	30.00
	176	《没有记不牢的知识——名师最能提升学生记忆效果的秘诀》	谢定兰	30.00
	177	《让学生的思维活起来——名师最激发潜能的课堂提问艺术》	严永金	30.00
国际视野系列	178	《行走在日本基础教育第一线》	李润华	26.00
	179	《润物细无声——品鉴国外德育智慧》	赵荣荣　张　静	30.00
	180	《不让一个学生掉队——国际视野下的教育均衡实践》	乔　鹤	28.00
	181	《从白桦林到克里姆林宫——俄罗斯中小学教育纪实》	赵　伟	30.00